本书为“国家社科基金资助项目”项目编号：07BJL038

本成果受2013年广东省学科建设专项资金资助

清代广东农业产业经营研究

(1644—1911)

陈伟明 著

暨南大學出版社
JINAN UNIVERSITY PRESS

中国·广州

图书在版编目（CIP）数据

清代广东农业产业经营研究（1644—1911）/ 陈伟明著．—广州：暨南大学出版社，2013. 11
ISBN 978 - 7 - 5668 - 0716 - 8

Ⅰ. ①清…　Ⅱ. ①陈…　Ⅲ. ①农业产业—农业经营—研究—广东省—1644—1911　Ⅳ. ①F329. 65

中国版本图书馆 CIP 数据核字（2013）第 180147 号

出版发行：暨南大学出版社

地　址：中国广州暨南大学
电　话：总编室（8620）85221601
　　　　营销部（8620）85225284　85228291　85228292（邮购）
传　真：（8620）85221583（办公室）　85223774（营销部）
邮　编：510630
网　址：http：//www. jnupress. com　http：//press. jnu. edu. cn

排　版：弓设计
印　刷：佛山市浩文彩色印刷有限公司

开　本：787mm × 960mm　1/16
印　张：14. 625
字　数：220 千
版　次：2013 年 11 月第 1 版
印　次：2013 年 11 月第 1 次
印　数：1—1000 册

定　价：32. 00 元

前 言

本书主要是对清代（1644—1911）广东农业产业经营的历史发展作较为全面、系统的探讨和研究。

所谓农业产业经营，主要是指以农产品生产、加工、销售为主要内容，具有一定经济规模和经济效益的产业组合。中国是一个历史悠久的农业大国，农业是中国社会重要的经济命脉。本书所称的农业概念，并不仅仅局限于农业种植业的层面，而是包括种植业、林业、渔业、副业等行业在内的大农业概念。所以，本书所要探讨、研究的农业产业经营，也就是大农业的产业经营概念，是包括种植业、林业、渔业、副业等行业在内，以有关产品的生产、加工、销售为主要内容的产业组合。

明中叶以来，广东地区随着社会生产力水平的提高，其农业商品生产不断扩大，农村商品经济日趋活跃，导致了农村经济结构进一步发生调整与变化，更加刺激和推动了农业产业经营的发展。本书通过探讨清代广东农业产业经营的发展内容与发展趋势，归纳、总结清代广东农业产业经营的模式、特点、规律及其重要的历史作用与历史影响，更好地说明了农业产业经营是清代广东社会经营发展的一个热点、重点内容，也是清代广东农村经济发展变迁的一个重要标志与方向。

关于清代广东农业产业经营的研究，从目前有关广东社会经济史的研究成果来看，也有不少专题论及类似的问题，但总体上应该说还是缺乏较为全面和深入的研究。

第一，有关清代广东农业产业经营的研究，总体上还是相对较为单一。大多都是把农业产业经营的三个有机部分，即农产品的生产、加工、销售各自分割，独立地进行考察分析，尚显偏颇。我们认为，应该从较为宏观的角度，从总体上考察、分析农业产业经营中行业的多层组合和产业链的关系环节。本书希望能够综合农业产业经营的各个方面与构成，进行较为全面与深入的探讨。

第二，有关清代广东农业产业经营的研究，过去较多地注重通过某一个产业部门进行探讨与研究。我们认为，在研究个别产业部门的同时，也应该在大农业的概念基础上，从宏观上对清代广东农业产业各个经营组合部门，包括种植业、林业、渔业、副业等产业部门，进行全面、综合、细致的考察，总结和分析各个产业部门的共性与差异性，以反映清代广东农业产业经营的多元化发展内容与特色。

第三，过去有关清代广东社会经济史的研究中，对农业产业经营的历史地位的评价似乎不高，有的只是将其作为区域经济发展的历史条件或历史背景，去反映和论证清代广东商品经济已经发展到一个新的历史阶段。而实际上，区域农业产业经营，只有在区域商品经济发展到相当程度的条件下，才可能进一步扩大有关农业产品的生产、加工和销售规模，从而形成一定规模和效益的农业产业经营。清代广东农业产业经营，已经成为广东社会经济发展的重要商业市场动力，不仅具有内向型的经济特点，同时更具有外向型经济的发展趋势。尤其是鸦片战争后，中国的商业市场被西方列强打开，更加速了清代广东农业产业经营外向型经济的发展步伐，在清代广东社会经济的发展中具有重要的历史地位，本书也希望进一步说明清代广东农业产业经营所具有的深远的历史意义和重要的历史地位。

第四，过去有关清代广东农业产业经营的研究中，较多地注重农业产业经营本身的发展，或者是孤立地看待清代广东农业产业经营的运行轨迹，没有更多地从社会全方位的角度来考察清代广东农业产业经营的历史辐射与历史作用。如农业经营和农村市镇化程度提高与发展的关系；在农业产业经营的发展条件下，清代广东社会经济、文化发展有哪些变化，出现哪些新特点；农村社会生活发展的状况与水平如何等。类似的问题尚有不少的空白，有继续深入探讨的必要。

第五，有关清代广东农业经济的研究中，过去较多地以鸦片战争作为研究的分界线，难以把握清代广东农业商品经济发展的历史规律与历史趋势。本书希望把清代广东农业产业经营放在整个清代的广阔历史视野与历史范畴中去考察，进行更多的比较研究，以更好地总结历史经验，深化本书的研究。

本书重点突出在商品经济发展的基础上，清代广东大农业内部的一些生产部门，如种植业、林业、渔业、副业等行业，如何突破传统的经济桎梏，形成具备一定规模和数量、以市场为主导、具有可持续发展态势的产业组合，进一步全面、深入地探讨和认识清代广东农业产业经营的发生、运行、发展的过程与机制，总结清代广东农业产业经营发展的历史进程、历史特点和历史规律，以及为地区社会经济及农村、农业、农民社会变迁所带来的影响力和冲击力。通过研究，进一步说明在一个历史悠久的传统农业国度，不管如何封闭、如何专制，在内外力的合力作用下，一些条件比较好的地区也会自觉不自觉地走上市场经济的发展道路，形成相当规模和数量的农业产业经营组合，从而推动区域社会、经济、文化的发展进步。

在清代广东农业产业经营的研究中，有几个问题值得重视和考察。

第一，清代广东农业产业经营的发展，是在商品经济发展的基础上逐步成长、壮大的。它的发生、发育，应该有自身的市场特点与市场规律，形成商业机制与商业运作，从而推动社会经济的发展。但是在封建社会的国度里，任何新生事物、新兴产业，都不可避免地受到中央和地方封建政权力量的束缚与限制。那么，在经济基础与上层建筑这一组矛盾的发展过程中，农业产业经营是如何反映两者的对立统一的辩证关系的呢？一方面，假如我们说清代广东农业产业经营对社会经济发展起了重要作用，实际上也应该看到，农业产业经营对封建政权的运行也发挥了一定的调节作用，给日趋没落的封建社会经济注射了强心针；另一方面，农业产业经营的商业市场动力与商业市场辐射，也进一步刺激了商品经济发展的细胞，给社会注入了新的经济元素，导致社会经济结构的变化，人们的思想观念不断更新，经济活力持续加强，封闭的社会转向开放，产业经营行业更进一步走向市场、走向世界，成为封建政权最终走向灭亡的重要催化剂。如何通过农业产业经营发展的研究，总结经济基础与上层建筑这一对立统一辩证关系中社会变迁的动力和历史发展规律，应当引起人们的关注与重视。

第二，在清代广东农业产业经营的历史发展过程中，是如何通过实行资源的优化配置与合理利用，包括人力资源与自然生态资源，从而使农业产业经营结构不断优化和持续发展的。农业产业经营集约程度的提高和工艺技术的发展，对农业产业经营者的素质与技能提出了更多的要求，对资本的需求也进一步扩大，由此加速了清代广东社会物质与精神面貌的更新，农业产业经营的管理水平不断提高，竞争能力不断加强。同时，在清代广东农业产业经营的发展过程中，注重生物资源的利用和保护，生产规模不断扩大，产品质量进一步提高，专业化、综合化、商业化程度不断深化，产品流通量进一步提高，流通领域进一步拓展，从而形成了清代广东农业产业经营中资源优化配置与合理利用的特点及发展规律，对于清代广东农业产业经营的可持续发展，具有重要的意义。

第三，大体来说，清代处于中国从封建社会逐步走向半殖民地半封建社会的历史转折时期。在这样的一个历史巨变的过程中，清代广东农业产业经营会出现什么变化，受到什么样的影响，发展方向与前景如何，不同的产业组合和产业竞争会出现哪些新的变化，形成什么样的新的发展格局，应该值得我们深入思考和探讨。如香港被割让后，西方殖民者利用政治、军事上的优势以及香港的区位优势，给中国内地，尤其是华南市场带来了新的冲击，这些冲击必然给清代广东农业产业经营带来巨大的影响。清代广东农业产业经营是如何面对新的冲击与竞争的，都是研究中必须重点考虑的问题。通过鸦片战争前后清代广东农业产业经营发展的比较研究，或许会有新的创新与突破。

本书主要通过对清代广东农业产业经营发展历史的回顾和探讨，进一步论证农业产业经营是农村社会发展的必然趋势和必然结果，也是社会发展的标志与方向。中国作为一个历史悠久的传统农业大国，在一些农业经济发展较为发达的地区，农业要维持可持续发展，农业产业经营是不可替代的推动力。因为农业产业经营可以进一步优化农村经济结构，促进农村社会发展的良性循环与转型，提高地区商品经济的发展水平，加速社会发展进步的步伐。清代广东农业产业经营的发展，真实地说明了这一点。由于笔者能力有限，对此课题深感力不从心，很多问题在本书中仍悬而未决，希望能得到专家的批评与指正，更进一步修改与完善，以深化本课题的研究。

目　录

第一章

清代广东农业生产经营的发展与变化

清代广东农业生产经营的发展与变化，最主要的是在商品经济的刺激与推动下，逐步出现了产业化经营的发展趋势。清代广东的社会经济，尤其是商品经济，经过明中叶以来的不断发展与进步，开始进入一个新的历史阶段。虽然清初政权颁行迁海令，而一度令广东经济出现衰退，但随着全国统一秩序的逐步恢复，广东社会经济重现生机，很快又进入了高速发展的运行轨道。

中国是一个传统的农业大国，主要以小农经济自给自足为基本特征。农业生产经营的产品，除了少量进入市场，或者对某些农业产品进行小型加工，供农业社会内部或小地区范围简单交换外，主要是在农村社会内部农民的自我消费，体内循环。类似的农业生产经营，不可能出现较大规模的商品生产，也不可能形成真正意义上的农业产业化经营。直至明清时期，随着社会生产力的发展和生产技术的提高，在一些经济发达地区，如广东地区，商品经济十分活跃，给传统小农经济带来了新的冲击，农业生产经营状况开始出现较大变化。农产品的生产经营开始出现了结构性的调整与变化，生产经营规模不断扩大，促使农产品开始大量地通过市场交换转化为商品；专业化生产逐步兴旺，从而促进了农业产业化经营的形成与发展。农业生产的产业化经营，不仅必须扩大农业生产经营的规模，而且还必须对农产品进行规模较大的加工与销售，从而形成了农产品生产、加工、销售的产业经营链条和产业组合。清代广东农业社会经济的飞跃发展，商品化、专业化程度的不断提高，为农业生产经营的产业化奠定了雄厚的基础，广东农业产业经营进入了一个新的历史发展时期。

第一节　农业结构调整与生产规模扩大

农业产业化经营发展的一个重要标志和内容，就是农业生产结构的调整与生产规模的扩大。清代广东农业社会经济中，由于社会生产力的提高和内外贸易的刺激，农业生产逐步走向商品化和专业化，农业生产结构调整就不可避免。随着商品经济的活跃，农业生产规模不断扩大，产业经营逐步在农业生产各个部门形成并发展。

一、种植业

作为传统的农业生产部门，种植业在清代广东出现了较大的结构调整，主要表现在广东农业种植业继续明中叶以来的发展趋势，即从单纯的粮食作物种植不断地转向发展和扩大经济作物的种植，即使是粮食作物种植，其商品化程度也随社会发展的需要不断提高和深化。在一些社会经济条件较好的地区，经济作物的产能更是大大超过了一般的粮食作物种植。而且，经济作物种类之多、生产规模之大，更是盛况空前。当经济作物的产能扩张到一定程度，商品化程度不断提高时，经济作物必然大量投向市场，形成农业产业化经营的规模与方向。

1. 水果种植业

广东地处热带、亚热带地区，气候湿热，雨量充沛，天然物种丰富。一般水果生产不仅产量大、周期长，而且还是广东的特产，在商品经济发展的大前提下，更具经济价值与市场价值，从而形成了产业化经营。如顺德陈村，“居人多以种龙眼为业。弥望无际。约有数十万株。荔支、柑、橙诸果。居其三四。比屋皆焙取荔支、龙眼为货。以致末富。又尝担负诸种花木分贩之。近者数十里。远者二三百里。他处欲种花木。及荔支、龙眼、橄榄之属。率就陈村买秧。又必使其人手种搏接。其树乃生且茂。其法甚秘。故广州场师。以陈村人为最”[1]。广东荔枝品种繁多，成熟期有先有后，市场经营周期较长，有利于生产经营的产业化持续发展。对于一些优良品种，市场上还推出期货，以便商家掌握产品销售的主导权。有谓：“荔支以增城沙贝所产为最。土黄润多沙。潮味不到。故荔支绝美。自挂绿以下数十种。色、香、味迥异他县。好事者当未熟时。先以兼金购之。乃得。其状元红等。贱如菽粟。岁收数千万斛。贩于他方。非所急矣。自挂绿至状元红。皆山枝。火山之属也。火山善变。滋味百出。随其土为高下。然迟熟。熟必在水枝之后。水枝以黑叶为上。黑叶又以番禺古坝所产为上。顺德之三贵次之。龙眼以顺德之陈村北滘为上。番禺之韦涌次之。”[2]这些特有经济作物的种植，已经逐步取代粮食作物的种植地位，而且由于其经济价值高，也推动了地区商品经济的发展，成为地区致富的重要途径。据载：“东粤故多荔枝。问园亭之美。则举荔枝以对。家有荔枝千株。其人与万户侯等。”所以“广州凡矶围堤岸。皆种荔支、龙眼。或有弃稻田以种者。田每亩。荔支可二十余本，龙眼倍之”[3]。此外，其他水果种植生产也十分发达，形成了重要的产业经营态势。比如橄榄，“有青、乌二种。闽人以白者为青果。粤中止名白榄。不曰青果也。白榄利微。人少种。种者多是乌榄。下番禺诸乡为多。种至两岁。乌榄秧长八九尺。必扦之乃子。扦至三年而子小收。十年而大收矣”[4]。种植生产周期长，必定以专区专业种植为前提。又如高要地区所产之柑，“皮厚有粗点，及近蒂起馒头尖者最美。桔绝类柑，味较酸，而形略小。又有金橘一种，或呼柑橘，形小而稍长圆。儿童尤喜玩之。岁之正月，广利墟买金橘秧者数十百人，其土良，所产者甜美，其种散往他处者，味迥殊，以故居民擅其利”[5]。海南地区的商品经济虽然起步较晚，但其生产种植的特产水果，也成为重要的产业经营产品。如槟榔，“产琼州。以会同为上。乐会次之。儋、崖、万、文昌、澄迈、定安、临高、陵水又次之。若琼山则未熟而先采矣。会同田腴瘠相半。多种槟榔以资输纳。诸州县亦皆以槟榔为业。岁售于东西两粤者十之三。于交趾、扶南十之七。以白心者为贵”[6]。又如莽果，“一名蜜望树，高数丈，花开极繁，蜜蜂望之喜，故名。其实黄，味酸甜，能止船晕，海船兼金购之”[7]。一些地区可能因为自然环境的制约，粮食种植业受到较大限制，只能以本地区的自然资源为基础，进行农业生产的结构调整。如广州市郊罗岗，“其地田狭山多，居民种果为业，而梅、荔为独。盛夏时，荔火流舟，全洞皆赤，有火山、田岩、贵味数种，各墟市鬻之，辄两月余”[8]。又如饶平地区，“饶之渔村，四面皆山，土田不足资耕种，山间多植杨梅，果树有荔核者，入口核辄破，洵属异品。又古墩，乌洋、杨坑诸乡，植者甚多，但非苏核，其味亦极爽口”[9]。类似的水果种植生产，表面上似乎因为受自然环境制约而导致生产结构的调整，而实际上也是商品经济推动的结果。因为假如类似的农产品不能投放到商业市场，而只是在小农经济内部消化，就不可能形成较大规模的发展，也难以形成地区产业经营特色。只有依赖商品经济的推动，农业生产结构才可能进行以市场为主导的调整，形成产业经营发展。所以，经过明中叶以来广东社会商品经济的发展，清代广东水果种植业产品种类众多，产能巨大，面向市场，形成了生产、加工、销售的农业经营结构组合。有谓：“番禺鹿步都。自小坑火村至罗冈。三四十里。多以花果为业。其土色黄兼砂石。潮咸不入故美。每田一亩。种柑桔四五十株。粪以肥土。沟水周之。又采山中大蚁。置其上以辟蠹。经三四岁。桔一株收子数斛。柑半之。柑树微小于桔。桔茂盛可至二十余岁。柑亦半之。熟时黄实累累。远近照映。如在洞庭包山之间矣。自黄村至朱村一带。则多梅与香蕉、梨、栗、橄榄之属。连冈接阜。弥望不穷。史所称番禺多果布之凑是也。吾粤自昔多梅。梅祖大庾而宗罗浮。罗浮之村。大庾之岭。天下之言梅者必归之。若荔支。则以增城为贵族。柑、橘、香橼。以四会为大家。岁之正月。广利墟卖柑橘秧者数十百人。其土良。其柑甜美。胜于四会、新兴。其种散在他处。香味迥殊。以故居人擅其利。番禺土瘠而民勤。其富者以稻田利薄。每以花果取饶。"[10]由此可见，广东农业生产结构已有了较大调整和重组。

2. **花卉种植业**

花卉种植生产在清代广东也得到了迅速发展。花卉种植主要是作为家居或人体装饰之用。一般也是在社会经济有了较大发展的基础上，在民众温饱生活基本得到满足的情况下，花卉装饰需求旺盛，花卉种植才有可能发展和盛行，因为花卉种植业基本上没有生产者自我消费的空间。花卉种植一开始就是为市场服务的，只有依赖市场，成为商品，才有可能持续发展。花卉种植不仅是经济发展问题，也是文化发展问题，必须适应社会发展需求的扩大，才有可能扩大花卉种植生产的规模。随着社会经济的发展，清代广东消费文化水平也不断提高，花卉种植业成为农业生产结构调整的一个重要内容。尤其是广东气候温暖湿润，花卉盛开周期较长，也为花卉产业经营的发展提供了更多有利的条件。如茉莉，"本有藤有木，其花有宝珠，有千叶，有重台。广州河南之花田，则茉莉为盛"[11]。又有荼蘼花，"广人多种荼蘼。动以亩计。其花喜烈日。当午浇灌则大茂。有细瓣而蕊三四卷者。有瓣粗而蕊一二卷者。有细心者。疏苞者。以甑蒸之取露。或取其瓣拌糖霜。暴之兼旬。以为粉果心馅。名荼蘼角。甚甘馨可嗜"[12]。类似的花卉种植，主要用于物质消费，而非单纯的精神消费。在清末，香山地区成为荼蘼的重要生产地，"小榄乡多植之，以亩计，有洋荼蘼，及玫瑰，可制糖，或

蒸露”[13]。从有关文献可见，广东花卉种植业尤以素馨花种植最为典型、最为普及。有谓：“珠江南岸。有村曰庄头。周里许。悉种素馨。亦曰花田。妇女率以昧爽往摘。以天未明。见花而不见叶。其花稍白者。则是其日当开者也。既摘覆以湿布。毋使见日。其已开者则置之。花客涉江买以归。列于九门。一时穿灯者、作串与璎珞者数百人。城内外买者万家。富者以斗斛。贫者以升。其量花若量珠然。……庄头人以种素馨为业。其神为南汉美人。故采摘必以妇女。”[14]又“东莞称素馨为河南花。以其生在珠江南岸之河南村也。儿女子以彩丝贯之。素馨与茉莉相间。以绕云髻。是曰花梳。以珠围髻。则曰珠掠。……广州有花渡头。在五羊门南岸。广州花贩。每日分载素馨至城。从此上舟。故名花渡头。花谓素馨也。花田亦止以素馨名也。盛平时。花多而价贱。十钱可得素馨升许”[15]。又有载：“珠江南岸庄头村家以艺素馨为业，多至三百亩。”[16]由于花卉种植业还关系到文化底蕴的精神需求，而广州又是地区政治、经济和文化中心，所以花卉种植尤为盛行。一方面，其生产规模日益扩大，以满足城镇社会各阶层的需求，形成城郊农业产业特色；另一方面，也必然由中心城市向其他周边地区辐射，推动周边地区花卉种植业的发展。如新安地区，有载：“素馨花、茉莉花，皆番人自西国播种于南海。人怜其芳香，竞植之。原名［耶］悉茗，南汉官人素馨，喜簪此花，故名。较茉莉更大，香最芬烈。”又载：“指甲花，树高五六尺，枝条柔弱，花开时其香与素馨、茉莉相等，亦番人自大秦国移植南海，今邑人多种之。”[17]花卉种植业，由于与历史文化渊源有着较密切的关系，一般情况下多从中心城市向周边扩展，其生产结构的调整也首先从城郊或发达地区开始。这说明了农业产业经营的发展也具有地域分异的特点。

3. 纤维作物种植业

纤维作物主要是用作纺织。广东地处热带、亚热带地区，气候温热多雨，纤维植物品种十分丰富，为广东地区的纺织业发展提供了丰富的原材料资源。广东地区的纺织业具有悠久的历史，男耕女织是中国封建社会小农经济的重要特点，也是历史时期广东地区农村经济的写照。直至明清时期，随着商品经济的发展，纺织业逐渐成为广东重要的手工业部门，纤维作物的种植与利用也有了重大变化，开始了专业化与商品化的生产，成为农业产业经营的重要内容。有谓："粤东南海县属，毗连顺德县界之桑园围地方，周回百余里，居民数十万户，田地一千数百余顷，种植桑树以饲春蚕，诚粤东农桑之沃壤也。"[18]珠江三角洲地区弃稻种桑，饲蚕抽丝，为纺织业提供重要原料，生产结构有了重大调整，出现了大批养蚕生产专业户。史载："大蚕茧四千。小者六千。可获丝一斤。大蚕丝光滑而细。小者不及。计一妇之力。岁可得丝四十余斤。桑叶一月一摘。摘已复生。计地一亩。月可得叶五百斤。蚕食之得丝四斤。家有十亩之地。以桑以蚕。亦可充八口之食矣。"[19]再比如棉花种植。海南澄迈，棉花"俗呼贝花，春种秋收，用织棉布"[20]。广东兴宁，"兴宁童山偏地，向无谋种植之利者。甲辰［光绪三十年］冬，兴民学堂倡办种植洋棉实业，先行调查种植之法，刊刷分送，并代购棉种，分给同人。现邑人已争购地试办，棉利之兴盛可从此而起矣"[21]。

除了桑、棉这些较为传统的纤维作物已经形成相当的产业经营规模外，一些广东地区特有的纤维作物也开始形成专业化的商品生产。如"蕉类不一。其可为布者曰蕉麻。山生或田种。以蕉身熟踏之。煮以纯灰水。漂澼令干。乃绩为布。木蕉也而曰蕉麻。以其为用如麻。故葛亦曰葛麻也。广人颇重蕉布。出高要宝查、广利等村者尤美。每当墟日。土人多负蕉身卖之。长乐亦多蕉布"[22]。蕉麻种植所需农业生产成本较低，适应性强，能够在较为粗放的生产条件下大规模发展，以适应商品经济之需。所谓："粤故芭蕉之国。土人多种以为业。其根以蔬。实以糇粮饼饵。丝以布。其絺绤与荃葛同而柔韧逊之。名布蕉。布蕉多种山间。其土瘠石多则丝坚韧。

土肥则多实而丝脆。不堪为布。谚曰。衣蕉宜瘠。食蕉宜肥。肥宜蕉子。瘠宜蕉丝。”[23]广东地区以山地、丘陵为主，土地相对瘦瘠，适宜大力发展蕉类纤维作物的种植。如高要，“有蕉布一种，其蕉不花不实，沿山溪种之，老则斩置溪中，揉其筋，织为布，亦有粗细，产于广利、宝查等村者佳”[24]。还有其他一些葛麻类的纤维作物种植，同样对农业生产的自然环境要求不高，也随着社会商品经济的发展，逐步在广东地区得到规模性的种植。如海南琼山，“葛有野生，有家种，春初生苗，引藤蔓长一二丈，根外紫内白，大如臂，长者七八尺。叶有三尖，如枫叶而长，花红紫，荚如小黄豆，夏日连根采而治之，可作布”[25]。又如清末广东西宁地区，“苧麻，有家苧、野苧、山苧三种。山野种色微紫，惟家种色白，根最受肥，一岁可三割，取皮以织布搓线，邑俗人家常种之”[26]。在广东山区，养蚕业素来不发达，类似的苧麻种植生产，推动了山区产业经营的发展，为农业生产的结构调整提供了重要条件。如新兴地区，“言麻之可经可络者也，九月收子藏之，三月种，七月割，刮其皮置水中，经两三夜，俟软熟洗晒藏之，织为布。细者可常穿以为衣，当暑凉爽，无油汗气，新俗不拘，贵贱用为手巾最适于用。粗者以为丧服，广肇之客，易以绵布以为渔具等，用邑中货物，仅此可佐农人岁费。计风土所产，因而成俗，凡女红治络者十之九，治苧者十之三，治葛者十之一，治纺蚕作茧者千之一”[27]。可知苧麻一类的纤维作物在山区种植之盛。“史称粤多果布之凑。然亦夏布若蕉葛苎麻之属耳。冬布多至自吴、楚。松江之梭布。咸宁之大布。估人络绎而来。与绵花皆为正货。粤地所种吉贝。不足以供十郡之用也。蕉布与黄麻布为岭外所重。常以冬布相易。”[28]苧麻等纤维作物的种植，对于山区农业产业经营的发展，具有重要的意义。

4. 饮食原料作物种植业

一些饮食原料作物，如糖料作物、油料作物等的种植与生产，也出现了较大的生产结构调整。糖料作物主要是甘蔗，最典型的是在珠江三角洲地区。有谓："蔗有白蔗、竹蔗。白蔗，海田所树也。竹蔗种于山，以其节促皮坚类竹而名也。白蔗甜如蜜，脆如藕，多食润泽，清肺火。竹蔗性硬难食且味浊，较白蔗相去远甚。莞田地种白蔗十之一二，种竹蔗十之四五，种蔗与禾相等。莞虽丰年不足于食，盖为此也。"[29]又有谓："今常用者曰白蔗，食至十梃，膈热尽除。其紫者曰昆仑蔗，以夹折肱，骨可复接，一名药蔗。其小而燥者曰竹蔗，曰荻蔗，连冈接阜，一望丛若芦苇。然皮坚节促不可食，惟以榨糖。糖之利甚溥，粤人开糖房者多以致富，盖番禺、东莞、增城糖居十之四，阳春糖居十之六，而蔗田几与禾田等矣。"[30]种植甘蔗的目的就是为了榨糖，为市场提供商品，其产业经营色彩特别浓厚。甘蔗生产规模的扩大，也反映了农业生产结构的调整和变化。油料作物种类较多，尤以花生种植最为典型。如新安地区，"落花生，延蔓而生，叶碧花黄，花落而实结于泥中。仁白，炒熟清香可人，榨而成油，为利最广。一名地豆，邑中甚伙"[31]。又如新宁地区，"地豆，落花生也，花发地面，实结土中，摘其花则不实。土人以榨油，获利最多"[32]。其他油料作物的生产也有可见。在长乐地区，"有茶子、桐子、乌柏子，皆可榨油，山田多种落花生，沙田多种甘蔗，油糖之利，以横流渡为多"[33]。油料作物的生产规模不断扩大，推动了山区农业产业经营的发展。

5. 手工业原料种植业

不少手工业原料的种植也随着市场结构的不断调整，逐渐成为地区种植业的主流农产品，为手工业市场提供了重要的生产资源，其种类也日趋增多，五花八门。如油葵，"生阳江、恩平大山中。树如蒲葵。叶稍柔。亦曰柔葵。取以作蓑。御雨耐久。谚曰。蒲葵为扇油葵蓑。家种二葵得利多"[34]。最典型的是在新会地区，蒲葵种植已成为产业经营的专业化生产。史载："蒲葵树，身干似槟榔。花亦如之，一穗有数百千朵，下垂。子如橄榄，而肉甚薄，新会诸乡多种之，名曰葵田。割其叶，暴之兼旬，乃水濯火烘，使皆玉莹冰柔，随其圆长制为扇。大者可三四尺，为腰障目；小者为掌扇，精巧工致，极尽其妙。其贩于江、浙特其粗者耳，然获利已不赀矣。其叶末则作蓑笠、簟席、坐团。”[35]其他手工业原料的种植生产也不断扩大。如芏草，在高明地区，“两年一割，种于山溪者曰迳芏，质细劲，作卧席良，种于窪田者曰 沏芏，质粗软，作包席裹盐及包物，妇女恒织以为业”[36]。又有谓：“芏草，色深青，状类荸荠叶，亭亭水中。种至四年始可收用。高要宋崇各都民业此，以织赛龙须席。其粗者以为舟帆、货包，贸易各省。”[37]又如水草，在清末的阳江地区，“凡潮田水浸处皆可种，蛟龙澴附近尤多，名为草洲。土人以织席及诸草器，短草以束杂物，利胜于禾”[38]。一些用作印染颜色原料的作物也随着纺织业的兴盛而不断发展。如海阳地区，“蓝，染草也。大蓝叶似莴苣而肥厚，微白小蓝，茎赤绿。而小槐蓝，叶如槐叶，皆可作靛。邑申西南乡民种此利甚普”[39]。又如番禺地区，“市桥人多种薯莨为业，用以染绸曰薯莨”[40]。清中后期，薯莨种植已遍布西江地区。有谓：“薯莨野生用以染布。”“近四十年来，西江各乡农户多种植之，售诸市，亦有家用以染茧绸者。”[41]类似的手工业原料的种植，其生产价值远胜于传统的主粮生产，必然发展成为农业的产业经营，从而导致农业生产结构的调整和变化。

6. 外来新兴作物种植业

一些外来的新兴作物，也对清代广东农业生产结构的调整和变化带来了重要的影响。如烟草，在嘉应地区，“取其筋骨舂末，杂石灰散布禾苗，杀虫兼滋润苗根。近则以生烟草杵烂，置田中，效捷而功更省。所以州人种烟草者益众”[42]。由于烟草具有重要的产业价值，也逐渐成为重要的地区性经济作物。如四会县，“淡芭菰，即烟草也，叶大如扇。近稍叶嫩而小者味浓，邑人种此，利于种稻”[43]。鸦片战争后，一些地区的鸦片种植业渐见兴旺，1895 年，有谓：“闻近来粤省种罂粟者，又有东莞、增城、番禺三县。并闻

该三县所产土药，更胜于云南土，尤以番禺为最，且闻云南土运入内地者亦甚多。”[44]

明清时期，广东各地区根据不同的社会自然条件，兴起了经济作物种植的热潮，而且生产规模不断扩大，专业化、商品化程度不断提高，农业生产结构已出现重大的调整和改变，为清代广东农业产业经营的进一步发展打下了重要的基础。

清代广东农业种植生产结构已经出现了很大的调整与变化。随着社会商品经济的发展，传统的粮食作物种植逐步让位于经济作物的种植。农业生产经营的理念也逐步从自给自足转向市场经济。即使一些传统的主粮种植，其产品也有可能作为商品投放市场。有谓：“今罗、浮二山多腴田嘉谷，虽高顶可耕。唐有尚书常衮开垦千余亩以供游者，名为岚田。今自中阁之南以至梅花村西皆稻区。所产白粳岁两熟，估客多往贩籴焉。”[45]又如饶平地区，“香米，饶之石壁乡、梅峰等处出有香米，一年一种，与晚稻齐收，其粒大于常米。每煮饭，仅用少许，便觉满锅生香，真奇种也。其价也倍于常米，粤东惟饶有产之”[46]。既有市价，香米的种植当为市场行为。特别是在一些先进地区，农业生产发达，土地利用率高，其经济作物的种植更是盛况空前。有谓：“惟下番禺诸乡。其俗微重朴勤。能尽地力。早禾田两获之。余则莳菜为油。种三蓝以染绀。或树黄姜、辫麦。或蔓菁、番薯。大禾田既获。则以海水淋秆烧盐。其平阜高冈。亦多有荻、蔗、吉贝、麻、豆、排草、零香、果蓏之植。民皆纤啬筋力。以本业为孳孳。亦可谓地无废壤。人无游手者矣。然其谷亦不加多。往者海道通行。虎门无阻。闽中白艚、黑艚盗载谷米者。岁以千余艘计。甚为广人大患。”[47]又谓：“吾粤自昔多梅。梅祖大庾而宗罗浮。罗浮之村。大庾之岭。天下之言梅者必归之。若荔支。则以增城为贵族。柑、橘、香橼。以四会为大家。岁之正月。广利墟卖柑橘秧者数十百人。其土良。其柑甜美。胜于四会、新兴。其种散在他处。香味迥殊。以故居人擅其利。番禺土瘠

而民勤。其富者以稻田利薄。每以花果取饶。贫者乃三糯七秥。稼穑是务。或种甘蔗以为糖。或种吉贝以为絮。南海在在膏腴。其地宜桑宜荔支。顺德宜龙眼。新会宜蒲葵。东莞宜香宜甘蔗。连州、始兴宜茶子。阳春宜缩砂蔤。琼宜槟榔、椰。或迁其地而弗能良。故居人利有多寡。”[48]可见，广东农业生产结构，自明末清初已经开始了重大的调整与变化，商品经济已逐渐占据主导地位，进一步推动了广东农业产业经营的发展。清代广东农业种植业的调整与变化并非偶然，广东农业的自然生态环境与社会历史条件，对于种植业生产结构的调整和变化具有重要的催化作用与历史意义。

就自然生态条件而言，广东地区气候湿热，山地、丘陵居多，物种较为丰富，有较好的自然条件广种不同的经济作物，以弥补传统农业生产中主粮作物种植生产面积狭小之不足，以维持广东地区社会经济的多元化持续发展。如乾隆九年（1744），据载：“琼地山多田少，本地居民皆种槟榔、甘蔗，相习为业。”[49]又载：“广东地气炎热，早稻居于五六月间陆续割获。俟收割之后，或种晚稻，或种薯、芋、杂粮等项，每年常得两熟。”[50]广东地区山多田少，在地貌上并没有自然优势，但由于气候湿热，作物生长周期较短，可以进一步广种、杂种其他作物，有利于经济作物的广泛种植。如鹤山地区，据载：“鹤山山多田少，山地最适于茶树之栽培，故植茶者较多。清道光年间，为中国茶叶之全盛时代，全年出口有二百万担之多。时该县无论土著客家，多以植茶为业。”[51]而且，不少经济作物也可以在较为粗放的生产状态下种植。乾隆十七年（1752），有谓：“高、廉地方宽广，野多旷土，至延袤数百里未经开辟，洵为地有遗利也。臣周视地势，其系平冈沙地不可开垦者固不少，而土系黑壤可垦成熟者甚多。……广东地气湿热，最易繁生，如一种千禾沙地栽插，亦获薄收。”[52]又如高要地区，“境内山多田少，且患水旱，故农恒劳苦，秔稻之外，近山者兼务林业，近泽者兼务副产，或佃渔，或园圃，或蚕桑，资以补救”[53]。所以较容易弥补地区土地不足之缺陷。由于自然条件的限制，在广东不少地区很难形成并长期存在传统农业男耕女织的小农经济的稳定结构，一旦社会条件成熟，势必出现农业生产结构的调整与变化。

广东社会经济的发展条件，也促进了经济作物种植的兴旺发达。随着商品经济的活跃，农业生产结构的调整与变化势在必行。有谓："岭南香国。以茶园为大。茶园者。东莞之会。其地若石涌、牛眠石、马蹄冈、金钗脑、金桔岭诸乡。人多以种香为业。富者千树。贫者亦数百树。……石龙亦邑之一会。其地千树荔。千亩潮蔗。橘、柚、蕉、柑如之。篁村、河田甘薯。白、紫二蔗。动连千顷。随其土宜以为货。多致末富。故曰。岭南之俗。食香衣果。"[54] 雍正五年（1727）二月，有奏称："广东地广人稠，专仰给于广西之米。在广东本处之人，惟知贪财重利，将地土多种龙眼、甘蔗、烟叶、青靛之属，以致民富而米少。"[55] 由于商品经济的发展，整个农业社会趋利观念日益活跃，促使农业经营者逐步把经营目光转向获利较高的经济作物，因地制宜，从传统的主粮生产转型为经济作物生产，逐步形成专业化、商品化的生产结构，加快了农业生产产业经营的发展步伐。

二、渔业

广东渔业生产发展条件得天独厚，域内有漫长的海岸线，河溪纵横，水体宽广，具有丰富的渔业生产资源。渔业产品也是广东重要的消费食品，市场潜力巨大。清代广东，随着社会经济的发展和人口的增长，渔业生产规模不断扩大，商品化程度越来越高，形成了重要的产业经营态势与趋向，成为清代广东农业产业经营的又一个重要内容。而且，在不同的地区水域，广东渔业表现出了不同的产业经营特点，进一步加速了渔业生产结构的改变，推动了广东农业产业经营的全面发展。

1. **捕捞业**

渔业捕捞，主要是对一些天然生产的水产品与海产品进行捕捞。清代广东捕捞业的生产结构已有较大的改变，不仅用于自行消费，更重要的是供给商品市场消费。如珠江三角洲沙田地区，“又有鱼、虾、蟮、蛤、螺、蜌之属，生育其中。潮长辄塞簇箔取之。其利甚饶”[56]。又如“顺德甘竹滩。鲥鱼最美。其滩上鲥鱼。以罨取之。滩下鲥鱼。以大网取之。罨小。一罨仅得鲥鱼一尾。以滩小不能容大网也。南海九江堡江中有海目山。所产鲥鱼亦美而甘。竹滩尤胜”[57]。又如肇庆高要“金鼓鲤，鳞有细点成金星，两边皆有金线纹，一道至尾，成太极晕，味清而甘旨。产长利青云寺前溪间，然不恒有，水涨时，渔人得之，莫不高价争购”[58]。类似的渔业捕捞，有市、有价、有利，显然具有商业市场行为特点，应当为产业生产经营。而且，渔业生产的产业化更促进了捕捞技术的不断改进和发展，生产规模不断扩大，推动了渔业捕捞的商业化进程。如高要地区，地处西江下游，渔业生产颇为发达。有载：“沿江取鱼。三榕、羚羊两峡间，天然鱼利取之不尽，秋冬之晨，云雾微漫，嘉鱼出峡，举网沉江，往往得之。鲟龙亦喜出没于此。三黧当春发生，春潦初涨，逆流而上。渔人以长网沉水，两小艇各执其一端，随掉随逐，鱼自入网。或用撒网之法，一人掉船，一人执网，取鱼亦多鲩鱼。鱼宜夜间取之，擂烂田螺置鱼笱中，夜沉于江，以线系木浮于水面以为织，晨起取沉笱所得为鲩鱼。又有杭船捕鱼法，西潦盛时，移大篷船于山湾，以当水回环处为准，日夜沉网，即得各种鱼。又有拉箍法，置网于水，两人执绳端在两岸拉之，顺流而下，至二三里乃起网，但此法宜于支河。支河如大迳河、新桥河，当秋冬水浅，乡人用竹罩或铁叉亦能得鱼，所谓一星渔火照叉鱼是也。”[59]渔业生产技术的提高和生产方法的多样性，正是渔业生产产业经营的重要内容，因为只有渔业生产规模庞大，才能够为市场提供充足而重要的商业资源。如清末宣统三年（1911）六月，广州地区，“县地居沿海，其水产渔业地段统计二十余处，以属内三江前一带为最盛，岁售价价值约在五六万两之数。考其水产种类，有海产、牧养之别，不下数十余种，而捕鱼营生居民约计五千余口，大小船只七百余艘，商贩、牙侩亦有五千余人”[60]。反映出渔业生产已形成产业化、商品化的经营规模与机制。

此外，海上捕捞业也不断发展壮大。随着市场海产投放量的增加，其生产结构也迈向了商业化。如香山地区的龙不鱼，“类石斑，皮最厚，重者数百觔，肉甘鲜，无毒，作羹良。皮干之，以货远，为海味异品，名龙不皮”。又如石首鱼，“黄花与白花，皆鲈属。白花腹中白鳔可作胶，补肾，酿酒良。黄花惟大澳海有之，能鸣，网师以长竹筒插水，听之，闻其鸣，则下网，每获至千余，十月最多”。又如鳘鱼，“大者数十觔，腹内白鳔，中空如泡，诸鱼脬无此。大者破而干之，以为货岭北，人谓之鱼肚，以为上馔。亦作胶用造弓矢，惟无取肝制油者”[61]。香山等沿海地区的一些鱼类产品，为了适应商业市场的需要，还经过粗加工再投放市场。如咸鱼，“恭常都民，环海居民，多以渔为生，就海近地腌制，为土产最大宗”[62]。说明了广东沿海海上捕捞业的生产结构已出现了重大调整和变化，其产品的生产销售逐步以市场为主导，形成了产业化经营生产。沿海地区海产品交易市场规模也不断扩大，以满足商品交易市场的需要。如番禺地区，“茭糖之地濒海，凡朝墟夕市，贩夫贩妇，各以其所捕海鲜连筐而至。故开市之早晚，常因距海之远近而异。如沙亭市开始于一时以前，化龙市迟至二时，新造市则更在三时以后也”[63]。又清宣统三年（1911），“广东海上每年所产之鱼约有二万余担，匀计每担价值二万余两，约总售出价银五六万两之间”[64]。

海上捕捞业，还包括海上渔业采集业。渔业采集，主要是指通过人工采集方式获取近海沿岸的天然海产品。如香山地区，“蠔，即牡蛎，水淡则蠔死，然太咸则瘦，大约淡水多处蠔易生，咸水多

处蠔易肥。黄梁都、厓口及澳门青洲等处多蠔塘。塘在海中，无实土，但生蠔处即是海边，居人妇女能打蠔，潮退乘木器行沙坦，凿蠔肉，纳于筐，潮长乃返。鲜食之外，其焙干者曰蠔豉。焙时所出之液曰蠔油，品颇贵重。唐家乡以二物为出产大宗”[65]。又如赤溪地区，“海旁虽无蠔田，而石岩间亦产之，以春夏时为多。蠔生石上，磈礧相连如房，故一名蛎房。土人乘潮退，即掉小舟往采，其鲜者肉如蚌味”[66]。紫菜，“产铜鼓海石上，其质纤薄，冬生春落，土人待潮落时，即掉小艇往采之”[67]。海上采集业在一些地区初具规模，并且形成相应的成品加工体系，通过市场向外销售，产业经营特色浓厚。随着天然采集业的不断发展，其商品化程度越来越高。有载：“蚝，一名牡蛎。出莞邑合兰海，名曰蚝田。岁凡两种，不用耰、锄、耒耜。以石烧红，投之海中。蚝生石上，万千相累，蔓延数百十丈。潮退往退，居海之旁渔姑、蛋妇咸出，谓之打蚝，其具如泥行载橇，以木制，如上字，一横一直，横尺许，直高数尺，上挂一筐。女郎以一足踏横木，一足踏泥，手扶直木，推动而行。海坦泥滑，其势轻捷。既至蚝田，凿蚝得肉置筐中，潮长，相率踏歌而还。”[68]也有谓：“蠔，一名牡蛎，产于厓海，比附积累。大如沙洲、厓门附近各乡人，每以旧蠔壳片置于海中，以物略阻之，令不得随流漂去，日久即有新蠔，比附于其间，愈聚愈多，采之无竭。每房得肉一枚，味鲜美而富于滋养分，鲜食之外，其焙干者名曰蠔豉，焙时所出之液，名曰蠔油，均为贵重之食品。”[69]不同的人工辅助方法，促进了渔业采集业的发展，扩大了采集业的发展规模，反映了渔业采集业生产结构的调整与改变。

2. **养殖业**

广东渔业生产中的养殖业主要是池塘人工养鱼。有谓：“广州诸大县村落中。往往弃肥田以为基。以树果木。荔支最多。茶、桑次之。柑、橙次之。龙眼多树宅旁。亦树于基。基下为池以畜鱼。岁暮涸之。至春以播稻秧。大者至数十亩。其筑海为池者。辄以顷计。九江乡以养鱼苗。鱼苗之池。惟九江乡有之。他处率养大鱼。即养鱼苗。不繁滋也。谚曰。九江估客。鱼种为先。左手数鱼。右手数钱。凡岁三月始有西水。西水长。故有鱼苗。八月西水尽则无之。自封川江口至羚羊峡口。皆有鱼花步。步凡六七十处。鱼花者。鱼苗也。亦曰鱼秧。以其利与田禾等。故曰苗。曰秧。”[70]渔业养殖业的发展已与种植业的发展齐头并进，池塘养鱼业也成为重要的农业产业组合，特别是鱼苗生产基地的不断发展，其生产规模日益扩大，非同小可：“南海有九江村。其人多以缚鱼花为业。曰鱼花户。鱼花产于西江。粤有三江。惟西江多有鱼花。取者上自封川水口。下至罗旁水口。凡八十里。其水微缓。为鱼花所聚。过此则鱼花稀少矣。鱼花之步凡数十。步皆有饷。鱼花户承之。岁纳于朝。”[71]肇庆地区更是重要的鱼花捕捞地。据载：“粤有三江，惟西江多有鱼花。本粤西溪潭中巨鱼散卵，至端州境内始出子，子曰花者，以其在藻荇之间若花，亦曰鱼苗、鱼秧，而多言鱼花者，又以其类不一，故曰花也。”“凡取鱼花，各有疆界，其名曰步。县境共有百余步，业此者于城东沿堤设阜。三四月间，鱼花出水一盅，其鱼数万，谓之海花。远贾销之，畜于水池，养成鱼子，则谓之鱼种，近者销之，岁售约十万余金。”[72]鱼花捕捞业的兴旺，反映了池塘养鱼业的发达，特别是在珠江三角洲地区，“池塘以养鱼。堤以树桑。男贩鱼花。妇女喂爱蚕。其土无余壤。人无敖民。盖风俗之美者也。人之富多以谷估及贩鱼花。史称水居千石鱼陂者此也”[73]。高要地区因鱼花捕捞业发达，更是近水楼台：“邑人佃塘畜鱼比比皆是。城北郊外之波海、黄塘、大榄俱鱼禾两利。碌步之南塘、广利之大框亦然。大湾之白溪麦塘鲤鱼尤有名，银鳞软骨，其肥美绝无仅有。沙浦之文岃鲤鱼之肥美，亦与白溪麦塘等塔脚下之莲塘，又以苏鱼为佳。”[74]

随着清代广东池塘养鱼业产业结构的改变，养鱼业的生产范围也逐步扩展到山区。如英德地区，“鱼苗塘，在洋塘村，居民环绕，广八九亩，底有泉窦，可蓄鱼花”[75]。清代英德地区也逐步形成了地区鱼花贩卖的中心。据载：“鱼花，一名鱼苗，每当春夏之交，土人业渔者常赴肇庆广利贩回河头鱼花埠发售。其鱼只鳙、鲢、鲩三种，抵埠时尚细小如发，连平、长宁、龙南、南雄各属鱼贩均至此采办。”[76]河头鱼花埠，也成为远近闻名的鱼花中心市场：“河头市，在望夫冈河边，一名鱼花埠，在北帝庙前，每春，南海九江客贩卖鱼花，必泊舟于此，四方来头鱼花者，皆聚此。”[77]

清代广东渔业养殖业的发展与渔业捕捞业一样，一方面从大农业体系中独立出来，成为重要的生产部门，生产结构不断调整；另一方面，其生产规模不断扩大，生产范围也越来越广，产能、效益不断提高。随着社会经济的发展以及人口的不断增长，渔业捕捞业和渔业养殖业也在商品经济的刺激、推动下，成为清代广东农业产业经营的重要部门。宣统三年（1911）六月，据称：“渔业居民近水面陆居者计有二千余口，其舟居者三千余口。渔业大舵船约五十余艘，长艇约二百余艘，捕鱼小艇约五百余艘。”[78]再加上养殖业的生产规模、渔业产业经营者的生产能力与水平，清代广东渔业的发展已非往日所能相比。

三、林业

广东地区以山地、丘陵为主，气候湿热多雨，林业资源十分丰富。随着社会经济的发展，尤其是山区的不断开发，林业资源的利用不断扩大，生产结构不断调整，逐步趋向产业化、商业化，成为清代广东又一新兴的农业产业经济部门。

清代广东的林业产业经营，有的是对原生林木的砍伐和利用。如雷州地区，“樟树，高者五六丈，大者十围。木性颇直，有纹而香。长短大小，无不适用。每造屋，一室之材，樟居其半”。又如沙罗，“亦名武吉，叶似天桃，子大如木梡，中有仁，可榨油，苦不堪食，惟用以燃灯。树高数丈，皮厚，木理粗，软材中舟车之选，刻作木鱼，其音绕远”[79]。林木利用并不只限于制造、建筑，还有其他多种用途。如清代西宁地区，“铜镬山，在城西北四十里，高三百余丈，绵亘三十余里。……山多杂木，附近贫民赖樵采以资生焉”[80]。百姓的林木樵采，有两种可能：一方面是利用原生林木，作为一般小商品交换，维持家庭生计。如西宁地区，“其地山多田少，民资樵采之利，等于耕殖。虽有黄藤、青麻、姜芋等产，然不能成货，惟有肩挑以易售物而已”[81]。类似的林木利用，主要是家庭或小农经济内部的自我消化，难以形成产业经营。另一方面，只有那些已形成相应生产规模的、以市场为主导的林木生产，才能形成产业经营。如舟车之材的林木利用，应当为商品性质，其生产只能在商品经济范畴内运作，因为山区不可能也没有必要制作舟车供本地民众之用。作为舟车之材的林木利用，显然是通过进入商品市场而进入产业运作机制的。如西宁地区所产的铁力木，“色紫黑，性坚而重理，为南方美材。蛮地多产铁栗木，故人家治屋，多以铁栗为之。有参天径丈余者，广人多制椅桌等器，鬻于吴浙间，得善价。……按，铁力、铁栗即一木”[82]。类似的原生林木利用，事实上形成了真正的产业经营。

清代广东地区的林业产业经营具有较大的潜力。清代广东地区尚保存有一定的原生林或次生林，资源雄厚，为林业产业经营奠定了良好的基础。林业资源利用也越来越广泛，如“香碓。罗浮为多。罗浮众香之薮。其树木多芳辛酷烈。凡枯柯折干。外皮虽朽。内心甚香。山人每采树之鳞甲名薰陆罗香者。及枫、桂、鸡藤、水松之属。以轓车车水。水激处。百杵齐举。而黄屑成焉。乃以浮滠载之。沿罗阳溪而下。售于广、惠二州”[83]。这表明已形成了林业开发、加工、销售的产业链。又如长乐地区，“木之属，松为多，杉次之，松以为薪炭。杉则结筏乘大小下潮州卖之”[84]。薪炭用途方面也多有利用原生林的，而且随着经济发展和城镇人口增

多，薪炭需求不断扩大。如番禺地区，“邑人火爨，多用木柴，近年柴价翔贵，土产燃料不敷，全赖东北江柴贩运至济用”[85]。又如清末赤溪地区，“以树木截为成段，置于窑中，以火烧之成炭，多销售香山、澳门等处”[86]。清代广东原生林的利用已日趋多样化，或许可以将其分为经济用林、建材用林和炭薪用林，其生产规模不断扩大，商业销售渠道更加畅通，反映了清代广东林业生产在原生林利用方面已经出现了较大的调整与变化，已经具有了相当的产业经济效益。

清代广东的林木种植产业也有了较大发展，主要是在不同地区，根据不同的自然环境，种植一些具有商业效益的经济林木，在林木种植与利用方面逐步形成了相当的产业规模。如封川地区，“桐子、茶子、乌桕子，皆可榨油，亦山民之所利也”[87]。又如四会县，“全冈松最大，拔地参天，风来涛声盈耳。邑荒山多种之者，采以为薪，其大者为箱板”[88]。再如高要地区，“有茅竹、青竹两种，茅竹体大而质粗，青竹体小而质韧。禄步、九坑、新桥等处多种之。乡民剖之制为床椅箩笼及各种器物，年输于邑内外者，其值不下数十万元，为出产大宗之一”[89]。即使在经济发达的珠江三角洲地区，也种植一些适应性的林业作物，以满足市场需求。如番禺地区，“大头点竹，长者数丈，笋最佳，燕堂一带，客民多植之。五六月间，卖遍城市，多此笋也。观音竹，柔枝细叶，高不盈尺，潇洒清疏，足供轩窗雅玩”[90]。人工种植的经济林木，为城市提供了更多的建筑用材和生活所需，推动了城市的发展和人民生活水平的提高。在清末英德地区，“刨花树，为石莲乡所独产，土人植之，截取其干，远省发售”[91]。林木种植也为一些贫瘠地区的经济发展注入了新的动力。如清末花县地区，“县内土质硗贫，水旱不常，故农业无甚发展。今分区论之，第一区及第六区，以在北部，多山，故虽常得山水以资灌溉，旱患较少。但土多砂壤，表土亦薄，其质又未免硗瘠。……第一区、第六区居民近山者多种松杉，每当两龙墟期，其运出山货如柴板与各种农用木器，以求售者甚夥，其田则以种稻为主，兼种烟草”[92]。可知清代广东的林木种植业已经具备了产业经营的能力与规模，形成了多种经济效益的林业产业组合。而且，随着广东林业种植业生产的发展，在一些有条件的地区，一些周期性较长的贵重林木也开始了人工种植。如海南陵水地区，“苏木，即苏枋，类槐花，黑子可染绛，艺植十年始堪用。黎山野生者年久故佳”[93]。林业产业化的一个重要标志是具有持续性的生产效益，类似上述周期性较长的经济林木种植的出现与发展，也反映了林木种植业的生产结构已经出现了变化，主要是呈现出了产业化的发展趋向。

另外，林业产业经营的发展还体现在与林木种植经营相关的副业生产也逐步兴旺，形成了更多的林业特色产品，并投放市场。如野生菌类的生产与销售就是一个典型。如增城地区，“有香菌，菌以冬采者为良，土人伐羊屎木置之山间，积至尔腐而生菌，无蛇虺之毒，惟春夏雨湿所成者宜慎之”[94]。而且，相关副业的生产方法更为多样，生产技术不断提高。如韶关地区，“贡菇，产南华寺，味香甜。种菇，以早稻秆堆积，清水浇之，随地而生。今乡人效种颇多，惟马坝、沙溪、狗耳岭得曹溪水者尤佳”。又如“香菇，产属内深山。浙人来此赁山，伐桑梓等木，横置于地，凿空藏水，隆冬，菌冒雪生，曰雪菇，有花纹曰花菇，味最香厚，俗呼香信，入春生者味减”[95]。在一些先进地区，类似的林业副业生产更形成了集约化经营。如广州地区，“从化多香菌，冬采者良。其木曰羊矢。畲人伐置山间，至冬雨雪滋冻，腐而生菌。无蛇虺之毒，谓之雪菌，色白而香。或以朽桑、樟、楠尺断，当腊时于阴处埋之，为深畦，如种菜法，春月以米泔水浇灌，不时菌出，是谓家菌”[96]。林业副业已经成为清代广东林业产业经营的又一重要经营内容。

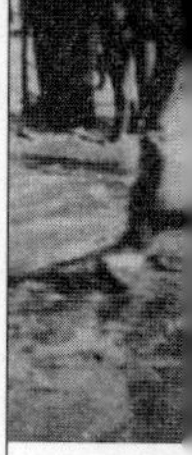

由上可知，清代广东农业，包括种植业、渔业、林业等生产部门在内，随着社会经济的发展，其生产结构已经出现了较大的调整

与变化，由自给自足的消费性生产发展成为联系市场供需的商品性生产，从而推动了农业生产规模不断扩大，生产品种不断增加，生产效益也不断提高，各农业生产部门逐步形成了生产、加工、销售的产业经营运行机制，为清代广东商品市场的进一步兴旺发达打下了良好的发展基础。

第二节　农业加工商品化程度不断提高

农业产业经营是在商品经济活跃的基础上不断形成和发展的，商品经济的活跃刺激了农业生产产业化经营的步伐，而农业产业经营的兴旺发达也进一步推动了商品经济的发展，两者互相促进，共同营造了社会经济的优化环境。所以，农业生产加工商品化程度的不断提高，既是农业产业经营的重要基础，也是农业产业经营发展的重要内容与标志。清代广东农业产业经营的发展历程也充分说明了这一点。清代广东农业加工商品化程度的不断提高，主要体现在以下几个方面。

其一，农产品销售范围不断拓展。

清代广东的不少农产品已经开始运往全国，甚至海外。这意味着农产品的交换已经突破传统小农经济的束缚，向农业生产经营的产业化、商业化发展。因为农产品销售范围扩大，必然需要作为商业中介的商人发挥更大的作用，商品交换再也不可能局限于小范围区域或者农村小农经济单位内部的交换，从而刺激了农产品生产加工商品化程度不断提高。即使一些很普通的农产品，也可以通过长途贩运而扩大其销售范围，从而提高其产品的商品价值，加速农业产业经营的步伐。如新会黄皮，这是岭南地区特有的一种普通果实，“有甜、酸两种，十年后，每株可得果四五十斤，价亦不贱。……其果用蜜渍或盐渍者，销行甚远”[97]。又如南雄鸭，“以南雄府得名，鸭嫩而肥，醃而以麻油渍之，日久肉红味鲜，广城甚贵之”[98]。再如清末香山地区的很多水果，包括乌榄、大蕉、荔枝、龙眼等，也不断输入港澳地区。[99]随着市场的需要，农产品加工商品化程度不断提高。有些农产品更是穿州过省，或者运销海外。有载：“韶、连、始兴之间。多茶子树。以茶子为油。客至辄以油煎诸物为献。燕、吴人购之为泽膏发。谓非是油则玫瑰、桂、兰诸香不入。……琼州文昌多山柚油、海棠油、山竹果油。儋州多麻子油。皆美。广州有露花油。露花生番禺蓼涌。状如菖蒲。其叶脊边有刺。叶落根露。以火煏之。则成枝干而多花。花生丛叶中。其瓣大小亦如叶。而色莹白。柔滑无刺芒。花抱蕊心如穗。朝夕有零露在苞中。可以解渴。又有粉。可涂儿女肌肤止汗粟。以其花结方胜戴之。或折叠衣笥。经久犹香。其生于他土者。蕊落结子大如瓜。曰路头。花多不香。香惟露花。盛夏时。露花始熟。以花覆盆盎晒之。香落茶子油中。其气馥烈。是曰露花油。蓼涌及增城人善为之。洋舶争买以归。”[100]又如甘蔗，经过加工成糖，成为重要的交换商品。在潮阳，“甘蔗，大者围径一寸，长八九尺，颇似竹，断而食之，甚甘。有蜡蔗、竹蔗二种，黄糖、白糖皆竹蔗所榨，商船装往嘉松苏州易布及棉花”[101]。又如香山麻布，“各乡妇女织麻，双丝细缕织成者，号家机。自服，不以售人。女子勤者，嫁时必有数匹压笼。其良字、得能、四大都所织较粗，售于各处，曰放机。小榄所织较细密，号小榄机，有运售南洋者。古镇所织青纱，号古镇机”[102]。清代广东的农产品，不管是原料产品还是加工成品，随着商品化程度的不断提高，除了自行消费或小地区交换外，必然要向更广泛的地区或市场销售，其销售范围不断扩大，推动了农业生产加工结构的调整，以满足农业产业经营的发展需要。

其二，清代广东农产品交换手段是以货币交换为主。

货币交换是在商品经济高度发展的条件下产生的，也是农业产业经营不断发展的结果。随着社会经济的发展，广东农业生产结构

发生了重大调整与变化。由于农产品交换逐步走向以市场为主导，小农经济中以物易物的低端交换手段已经难以适应商品经济的发展而不断萎缩，日趋边缘化。货币交换手段越来越具有普遍性与主导性，在不同的农业生产部门，货币交换已成为农产品交换的主流手段。如种植业生产，北京“慈仁寺市，亦有卖粤中佛桑花者，一株卖价至数十金”[103]。又如高要地区，“菠萝，多种于禄步，色黄紫，味甘香，岁中出产值数万元”[104]。其产能乃以货币来衡量。又如清末西宁地区，“种植薯莨，以近西江各乡农户及永安都所属诸乡人为多，用以染布或染绸，销售亦广，普通售价每百觔约可得银十元以至二十元不等”[105]。其他渔业生产、林业生产等部门，也同样以货币为主要交换手段。如“茭塘之地濒海。凡朝虚夕市。贩夫贩妇。各以其所捕海鲜连筐而至。甿家之所有。则以钱易之。蛋人之所有。则以米易”[106]。又谓：“绵木，产肇庆属新兴等处，其质柔韧。以为肩担，虽负重不折，用为舆杠最佳，一对值银二两。”[107]可知农产品实行货币交换已是大势所趋。而且，随着农产品市场价值的变化，货币交换的价格也不断提高。如高要所产天蚕丝，“天蚕生于枫木或樟木，其制法：俟蚕在树熟时拾取之，将蚕劈断，采其中之筋，用醋浸半小时取出，再用清水浸净，贴于墙上，手扯长成丝，再合而绞之，即成 絃线。禄步新桥人，往往业此，价颇昂，惜不甚多”[108]。由于天蚕丝制作繁杂，产量较低，所以市场价格高昂。南海地区的桑蚕业发达，也间接推动了鱼产品价格的上涨。有载：“蛹，皆发与农家下塘养鱼，最易肥大，故鱼塘多处，则销路广而价高，大约每百觔价值一两五六钱之谱。”[109]南雄地区又有烟叶，“近四五十年，日渐增值，春种秋收，每年约货银百万两，其利几与禾稻等”[110]。货币交换价格波动上涨，一方面说明了货币交换发展的成熟，会随着市场需求而调整产品价值；另一方面也进一步刺激了货币交换的活跃与兴旺，推动了商品经济的发展。随着商品经济的深入，即使一些山区的小宗产品交易也可能实行货币交换。如封川地区，“狸有数种，有黑文五节者，为五间七节者，为七间足黑者，为乌蹄。性喜捕鸡，农事已毕，猎者常得之，鬻于市价，与豕等”[111]。特别是一些外向型的农业产品，在对外贸易中更成为货币交换的大宗产品。清中晚期，海康地区有蒲草，“俗名节草，种深坑水田中，形圆无枝，一茎直竖，大仅如筋，秒尖有实，一颗滋生，历下周年乃密长者，有七八尺，拔起晒干。男女手织，大者曰席，小者曰苞。商人运售香港澳门及外洋各埠，每年可得数百万元，综计全年出口货，此为大宗”[112]。由于农产品销售以货币为交换手段，其往往成为地方税收的重要来源。如清末西宁地区，有载：“罗定市收买之桂，悉产于西宁之九区、十二区为多。在第九区者，自金滩而上溯新乐、司理、夜护等处，在十二区者，自泗纶而上溯沙宁甲、扶合、鳌头等处，重冈复嶂，溪涧回环。居民依山临谷，结庐力耕，悉以种植为业，而松杉菜竹薯芋之属副之。近年邑境出口，桔皮统计约三百余万觔至四百万觔不等。此单就黄桂而言，尚有桂油、桂花、桂碎、桂枝、桂叶、桂粉、版桂诸品。目不在是数，自清末光绪年间政府在罗定市设局抽收桂税，同时设分局于高要禄步，由桂而出产之货品定为税率，是后，两江桂税为省库收入一大宗。”[113]清代广东农产品加工经营的商品化程度不断提高，货币交换居于市场交换手段的主导地位，也是一个重要的指标与内容。

其三，农产品生产规模不断扩大。

清代广东农业产业经营，不仅生产品种日益增多，生产数量也不断加大。生产数量的激增，主要是受商品经济的驱动，市场需求增大，必然要求扩大生产规模，以满足商业市场的庞大需求。所以，农产品生产规模的扩大，也是衡量一个地区商品经济发展程度的重要指标。农产品生产规模的扩大，也是商品化程度不断提高的结果；否则，农业生产产能过剩，农产品必然滞销，导致生产规模的萎缩。所以，农产品生产规模的扩大，在商品化程度较低的时代是难以想象的，农业产业经营的发展也是不可能的。清代广东，特别是中后期，农产品加工商品化程度不断提高，进一步推动了生产规模的不断扩大。如高要地区，“蓝，草本，叶作深青色，采叶沤池中，化成粘胶，可作染料，土人呼曰靛青，出九坑，岁售广利者数十万觔”[114]。又如罗定地区，“山桑尤宜于春蚕，以胶质多而水分少。顺德赖风韶以光绪间来泷提倡蚕桑，数载间，山陬屋嵎，浓阴满目，人咸利之。有茧市，岁出四十余万觔”[115]。再如西宁地区，“油柑叶，近西江诸村野多有之，可为染料，采远至佛山销售，岁出货约三四十万觔”[116]。类似的农产品产量惊人，已具有较大生产规模，可以适应商品市场的庞大需求。即使一些简单的农产品生产加工，由于质量优异，也随着社会生产商品化程度的提高而刺激其生产规模的进一步扩大。如怀集地区，“佛灯白菜，城北一十里佛灯堡出产，俗呼为芙蓉白，又呼为黄芽白，栽种得宜，菜色洁白，其味清甜，近年出口销售者，以数万觔计”[117]。

清代广东的农业生产加工，由于商品化程度不断提高，促进了产品销售范围、产品交换手段和产品生产规模的不断扩大与发展，对于商品生产的持续发展具有重要的意义，也有利于农业产业经营进一步向商业化、市场化发展。在南海地区，“西樵号称茶山。自唐曹松移植顾渚茶其上。今山中人率种茶。间以苦薆。薆树森森。望之若刺桐丛桂。每茶一亩苦薆二株。岁可给二人之食。其采摘亦多妇女”[118]。商品生产者通过产品交换获取货币，再从商品市场购买生产生活资料，维持生计，推动了产业经营机制的形成与发展。

第三节　农产品销售渠道进一步拓宽

农业产业经营，是以农业生产、加工、销售为一体的多元化的生产经营。农产品销售渠道的畅通，既是农业产业经营的重要环节，也是农业产业经营发展的重要标志。

清代广东农业产业经营中农产品销售渠道的拓宽，或许可以从以下若干方面进行考察。

一是销售市场分布不断拓展，规模不断扩大，市集墟市遍布。

清代广东城乡形成了密集的农产品交易、销售网点。有谓："粤之市为虚，即《周礼》注：廛中空地也。凡三日百货一聚。聚之时少，虚之时多，故曰虚。东莞则不然，若教场墟、石尤墟、樟树镇墟，皆有廛肆，而亦名墟，每日一小聚，三日一大聚。"[119]通过墟市一类的销售市场，扩大了商业市场经济延伸的范围，加快了商品交换的频率，扩大了商业集散流通的规模。在一些经济发达地区，更不断涌现出专业性墟市，说明农产品经营、销售渠道日趋向规范化、专业化的方向发展，给农业产业经营带来了巨大的推动力。如"东粤有四市。一曰药市。在罗浮冲虚观左。亦曰洞天药市。有捣药禽。其声玎珰如铁杵臼相击。一名红翠。山中人视其飞集之所。知有灵药。罗浮故多灵药。而以红翠为导。故亦称药师。一曰香市。在东莞之寥步。凡莞香生熟诸品皆聚焉。一曰花市。在广州七门。所卖止素馨。无别花。亦犹洛阳但称牡丹曰花也。一曰珠市。在廉州城西卖鱼桥畔。盛平时。蚌壳堆积。有如玉阜。土人多以珠肉饷客。杂姜齑食之。味甚甘美。其细珠若粱粟者。亦多实于腹中矣。语曰。生长海隅。食珠衣珠。粤东所在。颇多难得之货"[120]。一些专业市场也随商品经济发展的需要而逐步扩展至其他地区，如"素馨，东莞尤盛，脉沥洲多种此为业。串作花毬、花掠，卖于兴隆桥。百十成群，竟成花市矣"[121]。

随着清代广东商品经济的发展，山区农产品的销售渠道也加速拓展，墟市贸易也十分活跃。如大埔县，"石上埠市，县北与虎头砂市相近，接闽省上杭硿头界，为粤闽要隘，各处贸易者，舟至此过山"，"三河墹市，县南四十里新寨城外，舟楫辐辏，贸易者为浮店，星步洲浒，凡鱼盐布帛菽粟器用诸货悉备，逐日市"[122]。山区

农产品贸易数量和贸易品种已有相当规模。墟市贸易的发展，为农产品销售提供了重要的渠道。通过墟市的分布和延伸，农产品进一步流通至各地，甚至省外。一些普通农产品，由于经营、销售渠道畅通，生产规模不断扩大，并日趋专业化。如平远地区，“物产原因土地之宜，平邑离州相距不远，其原隰川泽所产，如谷、豆、蔬、果、花、草、竹、木、毛虫、鳞介之属，种类不一，大约州之所有者，亦非平之所无，无庸缕载。惟八尺乡之蕉葛，东石乡之铁鉎，贸易者往往聚其地而收之，布则载至苏杭，鉎则载至芜湖，以取利焉”[123]。又如清末海康地区，“蒜种，种宜白沙土，武郎社西南海滨多种之，九月下种，明年一月收入晒干去茎，运售各埠甚远”[124]。再如西宁地区，“黄芽白，即菘之变种，秋末冬初食之，柔软甘美，产县城南及白木乡多，且佳，销售梧州、封川、德庆等处”[125]。通过墟市集散销售，商业市场不断扩大和延伸，有利于农产品生产加工商品化程度的提高，从而促进了山区农业产业经营的发展。

随着商业销售渠道的拓展，清代广东农产品的经营和贸易更上一层楼，进一步从内地转向海外，进军国际市场。特别是广州地区，汉唐以来一直是对外贸易的重要中心，至清代，广州的对外开放交流更为频密，农业产业经营、销售渠道进一步延伸至海外。据外国人的有关记载，有谓：“广州的地理形势和中国政府的政策，再加上其他各种原因，使得广州成为对内对外贸易之地。除了俄国队商跨越中国北方边疆，葡萄牙和西班牙的商船往来澳门而外，中华帝国与西方列国的全部贸易都聚会于广州。中国各地的物产都运来此地，各省的商贾客栈在此经营着很赚钱的买卖。东京、交趾支那、柬埔寨、缅甸、麻六甲或马来半岛、东印度群岛、印度各口岸、欧洲各国、南北美各国和太平洋诸岛的商货，也都荟集到此城。”[126]又载：“从外省来的商贾和牙行在广州经营大量的买卖，他们不限于经营国内贸易，还大事参与东京、交趾支那、暹罗以及南洋群岛的贸易。每年前往广州以南外国口岸的中国船只，总数大概不在一百艘以下，其中三分之一，自广州前往。这里面，去东京湾的，六艘或八艘；去交趾支那、柬埔寨和暹罗的，十八或二十艘；去新加坡、爪哇、苏门答腊和槟榔屿等口岸的，四、五艘；同时还有同样多的船只到西里伯、婆罗洲和菲律宾群岛去。这些商船一年只作一次航行，总是随着季候风航的。从福建和从中国北部口岸南下的许多船只都在出国和回国途中在广州靠岸。”[127]这些优越的社会历史条件和地理区位条件，对于清代广东农产品销售渠道的扩展具有重要的意义。事实上，在清代广东对外贸易的商品中，来自广东本地的农业产品占有较大比重。据载：“又广州望县。人多务贾与时逐。以香、糖、果、箱、铁器、藤、蜡、番椒、苏木、蒲葵诸货。北走豫章、吴、浙、西北走长沙、汉口。其黠者南走澳门。至于红毛、日本、琉球、暹罗斛、吕宋。帆踔二洋。倏忽数千万里。以中国珍丽之物相贸易。获大赢利。”[128]又谓：“从广东省内地运到省会的货物有丝、米、鱼盐、水果、蔬菜和各种木材，小量的银、铁和珍珠，还有肉桂和槟榔。”[129]又如揭阳地区，“糖，榨蔗汁而成，有乌糖、沙糖、白糖数种，白糖即糖霜，有谱。惟揭中制造为佳，绵糖所出者白而香，江苏人重之。今栽种益繁，每年运出之糖包，多至数十万，遂为出口货物一大宗。潮虽各处有之，揭实独尊其利”[130]。再如南海地区，“桂皮每年运往外洋销售约四万余担。丝苗银粘米，每年运往金山新嘉坡各埠约十余万石”[131]。商业销售渠道的海内外扩展，为广东农业产业经营的稳步发展提供了重要的市场保证。

二是地区交通道路不断完善，交通运输工具得到改良。

商业销售渠道的扩展和市场网络的延伸，还关系到地区交通道路的完善与交通运输工具的进步。清代广东地区交通道路设施以及交通运输工具的完备与进步，也具有明显的特色。

首先，经过历代不断发展，清代广东的交通通行条件不断改

善。如海南地区，“海口南所处，为南北往来大道，车马辐辏，轧石成轨寸余，坎坷崎岖，来往大有不便。光绪丁酉年，海口职商邱景祥、林毓生设簿劝捐，中铺大石，两傍夹以石条，宽广砥平”[132]。随着清代广东各地交通通行条件的不断改善，交通通过能力也不断提高。所谓交通通过能力，一般是指交通路线中运载工具的通过能力，包括运载工具在交通路线中的载运能力与载运速度。就目前所掌握的材料，难以对此进行量化判断，只能根据有关材料大致推断、考察之。随着社会的发展，一些重要的交通干线不断得到开拓和整治，其交通通过能力也具有了较高的水平。如唐宋以来著名的大庾岭路便是一个典型。明代时，据记载，“梅岭（Muilin）山屹立在两河之间，标志着两省的分界线。越过它要花一整天时间，翻山的道路也许是全国最有名的山路。从山的南麓起，南雄（Nanchium）江开始可以通航，由此流经广东省城，南入于海。山的另一面，在南安城，有另一条大河流经江西和南京，途经很多其他城镇，东注于海。许多省份的大量商货抵达这里，翻山南运；同样的，也从另一侧越过山岭，运往相反的方向。运进广东的外国货物，也经由同一条道输往内地。旅客骑马或者乘轿越岭，商货则用驮兽或挑夫运送，他们好像是不计其数，队伍每天不绝于途。这种不断的交流结果使山两侧的两座城市真正成为工业中心，而且秩序井然，使大批的人连同无穷无尽的行装，在短时间内都得到输送”[133]。这说明了大庾岭路在明代就已有较高的通过能力。至清代，其承载能力与承载速度更为可观。有记载：“由南安二十五里至庾岭，路甚平，可容双车。”[134]清人王士祯《南来志》中曾记载由大庾关至广州约为十二天，而道路全程约为一千二百余里，日行近百里。[135]可能是水陆兼程，且水路顺流而下，而陆上交通的通行速度达到日行六七十里似乎不成问题。水上运输也是广东交通的重要特色。虽然水上交通常常受季节气候与水流方向的影响，水上通过能力或有较大差别，但水上运输有其承载量的优势，一些负载重的物资主要还是依靠水上运输，所以水路也有较好的通过能力。如雍正十一年（1733）三月，有记载：“计自广东省城至广西省城，陆路一千八百九十里，崎岖小径，昼夜兼行，系十日程途。水路一千二百三十里，上水须十五日程途，下水近五六日程途。”[136]清代广东水陆交通条件不断改善，交通通过能力不断提高，对于商品销售渠道的进一步畅通与拓展具有重要的意义。

其次，清代广东地区的港口设施建设进一步加强。广东地区江河纵横，面临海洋，港湾众多，港口设施建设有利于交通运输的发展，主要表现在港口的运载容量与能力不断提高。如海阳是渡头庵墟，“县南六十里，即龙溪都庵埠市，海潮揭澄四邑，商贾辐辏，海船云集逐日市”[137]。一个地区性的集市能够吸引四方商贾船只云集，除了地区农业经济发展外，港口设施的发展也是一个重要的基础。而且，广东地区的不少港口还具有容纳出洋运船等大型船只的能力。如海南陵水，“桐棲港，在城南三十里，外通大洋，内为商艘停泊之所，广潮二府商贾，于此运载槟榔、糖、藤等货，自七月以后占风不顺，商艘即不出港。每年粤海关派书役征收饷税，二月来七月去”[138]。随着中国社会的进步，交通运输工具也得到进一步改进，运载能力不断增强。南海地区有不少前往港湾及其他地区的码头停渡。“各渡旧为帆船，光绪初叶，多改用人力东渡。近十余年来，火轮盛行，其水程较远者，莫不改用小轮船拖带，惟各乡落去城稍近者，尚存一二而已。”[139]交通运输工具的改良，也必然促进了港口设施的进一步发展与容量的进一步扩大。如1905年，有记载：“自轮船交通，各江货物转运愈便。草席一项，为西江土产大宗，自罗定口与都城、白土等处，所造花纹地席，工艺精良，每年贩至泰西，销流颇畅。惟席草采自东莞、增城，此东彼西，往来运载，殊形不便。兹闻承载之家，省港澳门各公司，拟定在罗定口河面设立木碑一座，以便轮船装载，易于卸云。”[140]清代广东交通事业的发展，为商品销售提供了重要的保障，有利于农业产业经营的

持续发展。

清代广东农产品的销售渠道随着商业集市的不断开放与延伸，以及交通运输事业的发展与进步而日益畅通和发达，对于清代广东农业产业经营的发展具有重要的历史意义。

第四节　农工结合向农工商结合转化

在中国古代封建社会，农业与手工业紧密结合，自给自足，商品化程度较低。到清代社会，随着生产力的提高，这种农业与手工业紧密结合的自给性生产开始出现变化，逐步出现了商品性生产。中国开始进入半殖民地半封建时期以后，农村的商品生产与交换发展迅速，进一步推动了一些较为先进或发达地区的农业产业经营的扩张。只有当农业，包括农业与手工业的经济结合体，能够与商业紧密结合，向社会提供商品性生产时，才有可能形成农业产业组合和产业链。这是农业产业经营的重要必备条件。清代广东，即使还有一些地区的农业与手工业结合可能还停留在自给性生产阶段，产品基本上不具备商品价值，如封川地区，“桑少，近城间有为白茧绸者，惟家机棉布极适用，都落布者以地得名也。又有苧布、麻布、葛布、蕉布、络麻布之属，仅充服用，鬻于市者甚少矣”[141]；但是，随着社会的发展进步，类似的农业与手工业结合的小农自给性生产也有可能在商品经济浪潮的冲击下不断发展、壮大，形成商品性生产，迈开农业产业经营的步伐。

在清代广东农村，农工商结合越来越密切，主要表现在两个方面。

一方面，手工业部门已逐步从农业生产部门中独立出来。手工业部门中虽然有不少还是以农业生产产品作为原料来源，但是原料生产者与产品生产者已各自独立，各成系统，而不像小农经济下，农业与手工业通常在个体或者家庭内部存在紧密结合。如雷州，有葛“产绥福都山中，以蔓生地上而稚者为贵。若缭绕树间，则葛多枝叶，不中为丝。采者日得数斤，城中人买而绩之”[142]。又如龙门地区，有记载：“严春霖，原籍福建。乾隆间迁居南崑，以其地宜竹，回闽携苗竹归，教土人种之，竹渐繁植。设万兴纸厂于火烧谷，开槽造纸。自是南崑及铁冈沙迳等处，咸食其利，今呼苗竹为闽竹，示不忘也。”[143]又如番禺，“县产豆类甚繁，白豆磨浆加石膏凝结，名豆腐，质嫩而滑，美甲海内，业此者贩销最广，或取浆饮之，亦清润，又有名豆腐花，沿街担卖者，味尤精醇，小北门外客民多制卖豆腐干为业”[144]。类似的手工业经营，其生产经营、生产规模、生产模式都不再是小农经济中的农业与手工业的同心圆结合，而是农业与手工业生产部门各自独立，形成了链条状的产业组合。

另一方面，与农村手工业逐步从农业中独立出来相适应，手工业产品尽管可能涉及不同的农业生产部门，但主要还是顺应了商品化的发展，以商品市场为导向。有记载：“龙须出广宁、高明二县。其茎多倒垂。似莞而细。土人春取其萌于石穴。种之成田。名曰龙须田。谚曰。山种龙目。水种龙须。龙须至芒种而肥。肥则勿壅。壅之生虫退色。至秋分而熟。熟乃与灯心草同收。而使金渡村人织之。长乐龙须磜亦产此草。而织手不及。有通草席。出高要白土村及新会。有莞席出东莞县。”[145]类似的手工业专业化生产，当以商品生产为目的。又如海南琼州地区，“妇女少事蚕桑纹绥，专纺吉贝，织麻，织布被花幔手帕以为贸易之资”[146]。又如番禺地区，“落花生有两种，一种或炒或咸干以充食品，或榨油，业此者，利尤巨。一种名曰肉花生，粒小色白而味甘，每年五六月间出产，市贩颇多”[147]。这些从农业生产中独立出来的手工业部门，显然属于商品性生产。有一些简单的农产品，如果不是通过独立的手工业部门进行商品加工，根本没有条件进入市场，也不可能有持续的农业生产经营能力。如阳春的缩砂蔤，“阳春、新兴皆产之。而生阳江南河者大而有力。其种之所曰果山。以缩砂蔤为果山。犹专以素馨为花田也。曰缩砂者。言其壳。曰蔤者。言其仁。曰缩砂蔤者。言其鲜者。曰砂仁者。言其干者也。八月采之。以嫩者蜜渍为货。售于岭外最珍。其税颇重”[148]。又如海康地区有羊桃，“亦名五敛子，或谓种自大洋来，故名以洋。或谓身有五稜，南人呼稜为敛，故名以敛。其皮腊色，肉脆而味极酸，或蜜渍，或盐渍，干之可以久藏放远”[149]。农产品的商业化发展，使不少农产品通过手工业部门的独立运作和加工，延长了产品的保质期，成为地方特色商品，以满足社会需求，形成了产业经营的商品性生产。其他生产部门也可以通过独立手工业部门的运作，形成商品性生产。如林业加工，在清代海康地区，“樟树，树大有五六尺，高约四五丈，可充舟车之用，气味甚香，其皮叶可蒸樟脑”[150]。又如畜牧业加工，南海地区有牛皮胶，“以牛皮熬作胶，寨边等乡多业此”[151]。又如渔业养殖加工，在澄海地区，“挖蟝蟝，生于海滨，泯坪亦有，挖之而无蟝者。蓬洲一都泯坪悉蟝坪也。豪右之家，各据地段，高者垦为田，不可耕者则租与人挖蟝。濒海之民，以小舟挖取之，卖与窑户，烧灰或备官差之用，或为粪田之具，所谓民无遗力而地亦无弃材也”[152]。又如香山地区，“蠔豉，唐家、鸡拍诸乡最著，每年采蠔以担计。每担肥者可晒蠔豉二十五觔，瘦者约二十觔，每担蠔汤可煮蠔油二觔。蠔豉有生晒、熟晒之分，生晒时味最清甘，熟晒稍逊，然可久藏，贩买者俱以熟晒为率”[153]。由此可知，清代广东农业生产各部门都已从自给性生产转向商品性生产，过去单纯农业与手工业结合的小农经济，由于手工业部门的独立，促使农业生产与工商业之间形成了产业组合链条，从而转向农工商结合。这一发展变化说明了清代广东农业产业经营已经具有一定的发展水平。

第五节 小结

清代广东农业产业经营已经发展到一个新的历史阶段，具有雄厚的历史基础与兴盛的发展状况，对于推动广东乃至全国社会经济的进一步发展与转型，具有重要的历史意义。

其一，随着社会经济的发展，广东农业生产经营出现了重大的变化，主要表现在农业生产结构不断调整和生产规模不断扩大。在大农业的生产概念下，种植业、渔业和林业等生产部门已经逐步从自给性生产或小商品生产转向商品性生产，进一步刺激了农业生产各部门规模的扩大、经营的专业化和效益的提高，为广东农业产业经营开辟了广阔的前景。

其二，为适应广东农业生产经营结构的不断调整和规模的不断扩大，农产品生产加工商品化程度不断提高，销售范围不断扩大，运销全国，甚至海外。农产品交换手段日趋货币化。农业生产由原来与手工业紧密结合，逐步转向与工商业紧密结合，手工业部门逐步形成独立部门，并以市场经济为主导。这有利于大农业不同生产部门与不同行业之间形成产业链，推动了清代广东农业产业经营的进一步深化发展。

其三，为了保证农业产业经营的持续发展，必须进一步拓宽农产品销售渠道，这也是农业产业经营不断发展的重要基础。因为生产加销售是农业产业经营的重要条件与内容，缺一不可。假如销售渠道不畅通，势必造成农业产业经营的产能过剩和逐步萎缩。清代广东农产品销售渠道一直保持畅旺，并得到不断拓展。清代广东农业商品市场不断延伸，规模扩大，网络覆盖。交通道路设施与交通运输工具不断完善与扩充，增加了市场的发展容量，提高了农产品的市场销售能力，为农业产业经营的持续发展提供了重要保障。

在当时的历史条件下，清代广东农业产业经营已经具有了较好的发展规模与发展态势，已经形成了具有相当经济效益、生产加工销售一体化、能够持续发展的产业组合，对于清代广东商品经济的繁荣兴旺发挥了巨大的历史作用，具有重要的历史意义。

注释：

[1]（清）屈大均：《广东新语》卷二《地语》，北京：中华书局1985年版，第44页。

[2]（清）屈大均：《广东新语》卷二十五《木语》，北京：中华书局1985年版，第621—622页。

[3]（清）屈大均：《广东新语》卷二十五《木语》，北京：中华书局1985年版，第623—624页。

[4]（清）屈大均：《广东新语》卷二十五《木语》，北京：中华书局1985年版，第627页。

[5]《宣统高要县志》卷十一《食货篇二》，《中国地方志集成·广东府县志辑》第47册，上海：上海书店2003年版，第155页。

[6]（清）屈大均：《广东新语》卷二十五《木语》，北京：中华书局1985年版，第628—629页。

[7]《乾隆陵水县志》卷一《地舆志》，《中国地方志集成·海南府县志辑》第6册，上海：上海书店2001年版，第670页。

[8]《光绪广州府志》卷十一《舆地略》，《中国地方志集成·广东府县志辑》第1册，上海：上海书店2003年版，第176页。

[9]《光绪饶平县志》卷十一《物产》，《中国地方志集成·广东府县志辑》第27册，上海：上海书店2003年版，第239页。

[10]（清）屈大均：《广东新语》卷二十五《木语》，北京：中华书局1985年版，第633—634页。

[11]（清）檀萃撰，杨伟群校点：《楚庭稗珠录》，广州：广东人民出版社1982年版，第175页。

[12]（清）屈大均：《广东新语》卷十四《食语》，北京：中华书局1985年版，第390页。

［13］《香山县乡土志》卷十四，中山市地方志编纂委员会办公室，1988 年。

［14］（清）屈大均：《广东新语》卷二十七《草语》，北京：中华书局 1985 年版，第 695 页。

［15］（清）屈大均：《广东新语》卷二十七《草语》，北京：中华书局 1985 年版，第 696 页。

［16］（清）张渠撰，程明校点：《粤东闻见录》，广州：广东高等教育出版社 1990 年版，第 33 页。

［17］《嘉庆新安县志》卷三《舆地图》，《深圳旧志三种》，深圳：海天出版社 2006 年版，第 284—285 页。

［18］《桑园围志》卷一，光绪十五年刻本。

［19］（清）屈大均：《广东新语》卷二十四《虫语》，北京：中华书局 1985 年版，第 587 页。

［20］《光绪澄迈县志》卷一《舆地志》，《中国地方志集成 · 海南府县志辑》第 6 册，上海：上海书店 2001 年版，第 43 页。

［21］李文治编：《中国近代农业史资料第一辑（1840—1911）》，北京：生活 · 读书 · 新知三联书店 1957 年版，第 895 页。

［22］（清）屈大均：《广东新语》卷十五《货语》，北京：中华书局 1985 年版，第 425—426 页。

［23］（清）屈大均：《广东新语》卷二十七《草语》，北京：中华书局 1985 年版，第 688 页。

［24］《宣统高要县志》卷十一《食货篇二》，《中国地方志集成 · 广东府县志辑》第 47 册，上海：上海书店 2003 年版，第 151 页。

［25］《民国琼山县志》卷三下《舆地八》，《中国地方志集成 · 海南府县志辑》第 3 册，上海：上海书店 2001 年版，第 305 页。

［26］《民国西宁县志》卷十四《食货三》，《中国地方志集成 · 广东府县志辑》第 51 册，上海：上海书店 2003 年版，第 114 页。

［27］《乾隆新兴县志》卷二十八《物产》，《中国地方志集成 · 广东府县志辑》第 48 册，上海：上海书店 2003 年版，第 432 页。

［28］（清）屈大均：《广东新语》卷十五《货语》，北京：中华书局 1985

年版，第 426 页。

［29］（清）钱以垲撰，程明校点：《岭海见闻》，广州：广东高等教育出版社 1992 年版，第 28 页。

［30］（清）李调元撰，林子雄校点：《南越笔记》卷十四，《清代广东笔记五种》，广州：广东人民出版社 2006 年版，第 358 页。

［31］《嘉庆新安县志》卷三《舆地图》，《深圳旧志三种》，深圳：海天出版社 2006 年版，第 684 页。

［32］《光绪新宁县志》卷八《舆地略下》，《中国地方志集成・广东府县志辑》第 35 册，上海：上海书店 2003 年版，第 288 页。

［33］《道光长乐县志》卷四《舆地略》，《中国地方志集成・广东府县志辑》第 23 册，上海：上海书店 2003 年版，第 278 页。

［34］（清）屈大均：《广东新语》卷二十五《木语》，北京：中华书局 1985 年版，第 664 页。

［35］（清）张渠撰，程明校点：《粤东闻见录》卷下，广州：广东高等教育出版社 1990 年版，第 72 页。

［36］《光绪高明县志》卷二《地理》，《中国地方志集成・广东府县志辑》第 34 册，上海：上海书店 2003 年版，第 30 页。

［37］（清）张渠撰，程明校点：《粤东闻见录》卷下，广州：广东高等教育出版社 1990 年版，第 101 页。

［38］《民国阳江县志》卷十六《食货志四》，《中国地方志集成・广东府县志辑》第 40 册，上海：上海书店 2003 年版，第 320 页。

［39］《光绪海阳县志》卷八《舆地略七》，《中国地方志集成・广东府县志辑》第 26 册，上海：上海书店 2003 年版，第 453 页。

［40］《宣统番禺县续志》卷十二《实业志》，《中国地方志集成・广东府县志辑》第 7 册，上海：上海书店 2003 年版，第 175 页。

［41］《民国西宁县志》卷十四《食货三》，《中国地方志集成・广东府县志辑》第 51 册，上海：上海书店 2003 年版，第 115 页。

［42］《乾隆嘉应州志》卷一《舆地部》，广东中山图书馆古籍部，1991 年，第 48 页。

［43］李文治编：《中国近代农业史资料第一辑（1840—1911）》，北京：

生活·读书·新知三联书店 1957 年版，第 443 页。

[44] 莫世祥等编译：《近代拱北海关报告汇编（1887—1946）》，澳门：澳门基金会 1998 年版，第 175 页。

[45]（清）范端昂撰，汤志岳校注：《粤中见闻》卷四，广州：广东高等教育出版社 1988 年版，第 38 页。

[46]《光绪饶平县志》卷十一《物产》，《中国地方志集成·广东府县志辑》第 27 册，上海：上海书店 2003 年版，第 239 页。

[47]（清）屈大均：《广东新语》卷十四《食语》，北京：中华书局 1985 年版，第 372 页。

[48]（清）屈大均：《广东新语》卷二十五《木语》，北京：中华书局 1985 年版，第 634 页。

[49]《清代奏折汇编——农业·环境》，北京：商务印书馆 2005 年版，第 84 页。

[50]《清代奏折汇编——农业·环境》，北京：商务印书馆 2005 年版，第 115—116 页。

[51] 彭泽益编：《中国近代手工业史资料（1840—1949）》（第一卷），北京：中华书局 1962 年版，第 483 页。

[52]《清代奏折汇编——农业·环境》，北京：商务印书馆 2005 年版，第 117 页。

[53]《宣统高要县志》卷十一《食货篇二》，《中国地方志集成·广东府县志辑》第 47 册，上海：上海书店 2003 年版，第 149 页。

[54]（清）屈大均：《广东新语》卷二《地语》，北京：中华书局 1985 年版，第 59 页。

[55]《清世宗实录》卷五十三，北京：中华书局 1985 年版，第 810 页。

[56]（清）屈大均：《广东新语》卷二《地语》，北京：中华书局 1985 年版，第 52 页。

[57]（清）屈大均：《广东新语》卷二十二《鳞语》，北京：中华书局 1985 年版，第 568 页。

[58]《宣统高要县志》卷十一《食货篇二》，《中国地方志集成·广东府县志辑》第 47 册，上海：上海书店 2003 年版，第 153 页。

［59］《宣统高要县志》卷十一《食货篇二》，《中国地方志集成·广东府县志辑》第47册，上海：上海书店2003年版，第150页。

［60］《两广官报》第七期，《近代中国史料丛刊》三编第57辑，台北：文海出版社1998年版，第1351页。

［61］《香山县乡土志》卷十四，中山市地方志编纂委员会办公室，1988年。

［62］《香山县乡土志》卷十四，中山市地方志编纂委员会办公室，1988年。

［63］《宣统番禺县续志》卷十二《实业志》，《中国地方志集成·广东府县志辑》第7册，上海：上海书店2003年版，第176页。

［64］《两广官报》第七期，《近代中国史料丛刊》三编第57辑，台北：文海出版社1998年版，第1352页。

［65］《香山县乡土志》卷十四，中山市地方志编纂委员会办公室，1988年。

［66］（清）金武祥：《赤溪杂志》，《小方壶斋舆地丛钞》第九帙。

［67］《民国赤溪县志》卷二《舆地下》，《中国地方志集成·广东府县志辑》第35册，上海：上海书店2003年版，第50页。

［68］（清）钱以垲撰，程明校点：《岭海见闻》，广州：广东高等教育出版社1992年版，第80页。

［69］《新会乡土志》卷十四，香港：香港冈州学会1970年版，第127页。

［70］（清）屈大均：《广东新语》卷二十二《鳞语》，北京：中华书局1985年版，第564页。

［71］（清）屈大均：《广东新语》卷二十二《鳞语》，北京：中华书局1985年版，第556页。

［72］《宣统高要县志》卷十一《食货篇二》，《中国地方志集成·广东府县志辑》第47册，上海：上海书店2003年版，第154页。

［73］（清）屈大均：《广东新语》卷二十二《鳞语》，北京：中华书局1985年版，第558页。

［74］《宣统高要县志》卷十一《食货篇二》，《中国地方志集成·广东府县志辑》第47册，上海：上海书店2003年版，第150页。

[75]《道光英德县志》卷四《舆地略下》，《中国地方志集成·广东府县志辑》第12册，上海：上海书店2003年版，第240页。

[76]《民国英德县续志》卷十六《物产略》，《中国地方志集成·广东府县志辑》第12册，上海：上海书店2003年版，第712页。

[77]《英德县乡土志·市镇》，《乡土志抄稿本选编》（十六），北京：线装书局2002年版，第457页。

[78]《两广官报》第七期，《近代中国史料丛刊》三编第57辑，台北：文海出版社1998年版，第1353页。

[79]《嘉庆雷州府志》卷二《地理》，《中国地方志集成·广东府县志辑》第43册，上海：上海书店2003年版，第92—93页。

[80]《民国西宁县志》卷三《舆地三》，《中国地方志集成·广东府县志辑》第51册，上海：上海书店2003年版，第27页。

[81]《民国西宁县志》卷三《舆地三》，《中国地方志集成·广东府县志辑》第51册，上海：上海书店2003年版，第37页。

[82]《民国西宁县志》卷三《舆地三》，《中国地方志集成·广东府县志辑》第51册，上海：上海书店2003年版，第115页。

[83]（清）屈大均：《广东新语》卷十六《器语》，北京：中华书局1985年版，第449页。

[84]《道光长乐县志》卷四《舆地略》，《中国地方志集成·广东府县志辑》第23册，上海：上海书店2003年版，第278页。

[85]《宣统番禺县续志》卷十二《实业志》，《中国地方志集成·广东府县志辑》第7册，上海：上海书店2003年版，第175页。

[86]《民国赤溪县志》卷二《舆地下》，《中国地方志集成·广东府县志辑》第35册，上海：上海书店2003年版，第60页。

[87]《道光封川县志》志一《舆地》，《中国地方志集成·广东府县志辑》第50册，上海：上海书店2003年版，第526页。

[88]《光绪四会县志》编一《舆地志》，《中国地方志集成·广东府县志辑》第49册，上海：上海书店2003年版，第121页。

[89]《宣统高要县志》卷十一《食货篇二》，《中国地方志集成·广东府县志辑》第47册，上海：上海书店2003年版，第156页。

［90］《同治番禺县志》卷七《舆地五》，《中国地方志集成·广东府县志辑》第6册，上海：上海书店2003年版，第53页。

［91］《民国英德县续志》卷十六《物产略》，《中国地方志集成·广东府县志辑》第12册，上海：上海书店2003年版，第712页。

［92］《民国花县志》卷六《实业志》，《中国地方志集成·广东府县志辑》第4册，上海：上海书店2003年版，第55页。

［93］《乾隆陵水县志》卷一《地舆志》，《中国地方志集成·海南府县志辑》第6册，上海：上海书店2001年版，第673页。

［94］《康熙增城县志》卷四《食货》，《中国地方志集成·广东府县志辑》第5册，上海：上海书店2003年版，第82页。

［95］《同治韶州府志》卷十一《舆地略》，《中国地方志集成·广东府县志辑》第8册，上海：上海书店2003年版，第230页。

［96］《光绪广州府志》卷十六《舆地八》，《中国地方志集成·广东府县志辑》第1册，上海：上海书店2003年版，第279页。

［97］《新会乡土志》卷十四，香港：香港冈州学会1970年版，第131页。

［98］（清）吴震方：《岭南杂记》，《小方壶斋舆地丛钞》第九帙。

［99］《民国香山县志》卷二《舆地》，《中国地方志集成·广东府县志辑》第32册，上海：上海书店2003年版，第509页。

［100］（清）屈大均：《广东新语》卷十四《食语》，北京：中华书局1985年版，第388页。

［101］《光绪潮阳县志》卷十二《物产》，《中国地方志集成·广东府县志辑》第28册，上海：上海书店2003年版，第153页。

［102］《香山县乡土志》卷十四，中山市地方志编纂委员会办公室，1988年。

［103］（清）王士禛：《居易录》卷二十七，《清代笔记小说》第7册，石家庄：河北教育出版社1996年版，第383页。

［104］《宣统高要县志》卷十一《食货篇二》，《中国地方志集成·广东府县志辑》第47册，上海：上海书店2003年版，第156页。

［105］《民国西宁县志》卷十四《食货三》，《中国地方志集成·广东府县志辑》第5册，上海：上海书店2003年版，第125页。

［106］（清）屈大均：《广东新语》卷二《地语》，北京：中华书局 1985 年版，第 45 页。

［107］（清）吴震方：《岭南杂记》，《小方壶斋舆地丛钞》第九帙。

［108］《宣统高要县志》卷十一《食货篇二》，《中国地方志集成·广东府县志辑》第 47 册，上海：上海书店 2003 年版，第 149 页。

［109］《宣统南海县志》卷四《舆地略三》，《中国地方志集成·广东府县志辑》第 30 册，上海：上海书店 2003 年版，第 156 页。

［110］《道光直隶南雄州志》卷九《舆地略》，《中国地方志集成·广东府县志辑》第 10 册，上海：上海书店 2003 年版，第 172 页。

［111］《道光封川县志》志一《舆地》，《中国地方志集成·广东府县志辑》第 50 册，上海：上海书店 2003 年版，第 528 页。

［112］《民国海康县续志》卷二《地理》，《中国地方志集成·广东府县志辑》第 44 册，上海：上海书店 2003 年版，第 312 页。

［113］《民国西宁县志》卷三《舆地三》，《中国地方志集成·广东府县志辑》第 51 册，上海：上海书店 2003 年版，第 345 页。

［114］《宣统高要县志》卷十一《食货篇二》，《中国地方志集成·广东府县志辑》第 47 册，上海：上海书店 2003 年版，第 156 页。

［115］《民国罗定县志》卷三《物产》，《中国地方志集成·广东府县志辑》第 50 册，上海：上海书店 2003 年版，第 317 页。

［116］《民国西宁县志》卷十四《食货三》，《中国地方志集成·广东府县志辑》第 51 册，上海：上海书店 2003 年版，第 126 页。

［117］《民国怀集县志》卷十《杂市志》，《中国地方志集成·广东府县志辑》第 47 册，上海：上海书店 2003 年版，第 652 页。

［118］（清）屈大均：《广东新语》卷十四《食语》，北京：中华书局 1985 年版，第 384 页。

［119］（清）钱以垲撰，程明校点：《岭海见闻》，广州：广东高等教育出版社 1992 年版，第 69 页。

［120］（清）屈大均：《广东新语》卷二《地语》，北京：中华书局 1985 年版，第 48 页。

［121］（清）钱以垲撰，程明校点：《岭海见闻》，广州：广东高等教育出

版社 1992 年版，第 51 页。

[122]《乾隆潮州府志》卷十四《墟市》，《中国地方志集成·广东府县志辑》第 24 册，上海：上海书店 2003 年版，第 312 页。

[123]《乾隆嘉应州志》卷十四，广东中山图书馆古籍部，1993 年，第 628 页。

[124]《民国海康县续志》卷二《地理》，《中国地方志集成·广东府县志辑》第 44 册，上海：上海书店 2003 年版，第 312 页。

[125]《民国西宁县志》卷十四《食货三》，《中国地方志集成·广东府县志辑》第 51 册，上海：上海书店 2003 年版，第 124 页。

[126] 姚贤镐编：《中国近代对外贸易史资料（1840—1895）》（第一册），北京：中华书局 1962 年版，第 305 页。

[127] 姚贤镐编：《中国近代对外贸易史资料（1840—1895）》（第一册），北京：中华书局 1962 年版，第 307 页。

[128]（清）屈大均：《广东新语》卷十四《食语》，北京：中华书局 1985 年版，第 371—372 页。

[129] 姚贤镐编：《中国近代对外贸易史资料（1840—1895）》（第一册），北京：中华书局 1962 年版，第 305 页。

[130]《光绪揭阳县志》卷四《风俗志》，《中国地方志集成·广东府县志辑》第 29 册，上海：上海书店 2003 年版，第 627 页。

[131]《宣统南海县志》卷四《舆地略三》，《中国地方志集成·广东府县志辑》第 30 册，上海：上海书店 2003 年版，第 152 页。

[132]《民国琼山县志》卷五《建置七》，《中国地方志集成·海南府县志辑》第 3 册，上海：上海书店 2001 年版，第 403 页。

[133]［意］利马窦、金民阁著，何高济、王遵仲、李申译：《利玛窦中国札记》，北京：中华书局 1983 年版，第 278 页。

[134]（清）吴震方：《岭南杂记》，《小方壶斋舆地丛钞》第九帙。

[135]（清）王士祯：《南来志》，《小方壶斋舆地丛钞》第九帙。

[136]《宫中档案雍正朝奏折》第二十一辑，台北故宫博物院，1979 年，第 328 页。

[137]《乾隆潮州府志》卷十四《墟市》，《中国地方志集成·广东府县志

辑》第 24 册，上海：上海书店 2003 年版，第 166 页。

［138］《乾隆陵水县志》卷一《地舆志》，《中国地方志集成 · 海南府县志辑》第 6 册，上海：上海书店 2001 年版，第 665 页。

［139］《宣统南海县志》卷六《建置略》，《中国地方志集成 · 广东府县志辑》第 30 册，上海：上海书店 2003 年版，第 190 页。

［140］汤开建等编：《鸦片战争后澳门社会生活记实——近代报刊澳门资料选粹》，广州：花城出版社 2001 年版，第 529 页。

［141］《道光封川县志》志一《物产》，《中国地方志集成 · 广东府县志辑》第 50 册，上海：上海书店 2003 年版，第 529 页。

［142］（清）屈大均：《广东新语》卷十五《货语》，北京：中华书局 1985 年版，第 425 页。

［143］《民国龙门县志》卷九《县民志》，《中国地方志集成 · 广东府县志辑》第 4 册，上海：上海书店 2003 年版，第 585 页。

［144］《宣统番禺县续志》卷十二《实业志》，《中国地方志集成 · 广东府县志辑》第 27 册，上海：上海书店 2003 年版，第 175 页。

［145］（清）屈大均：《广东新语》卷十五《货语》，北京：中华书局 1985 年版，第 454—455 页。

［146］《道光琼州府志》卷三《舆地志四》，《中国地方志集成 · 海南府县志辑》第 1 册，上海：上海书店 2001 年版，第 35 页。

［147］《宣统番禺县续志》卷十二《实业志》，《中国地方志集成 · 广东府县志辑》第 7 册，上海：上海书店 2003 年版，第 125 页。

［148］（清）屈大均：《广东新语》卷二十七《草语》，北京：中华书局 1985 年版，第 709 页。

［149］《嘉庆海康县志》卷一《疆域》，《中国地方志集成 · 广东府县志辑》第 44 册，上海：上海书店 2003 年版，第 47 页。

［150］《民国海康县志》卷二《地理》，《中国地方志集成 · 广东府县志辑》第 44 册，上海：上海书店 2003 年版，第 312 页。

［151］《宣统南海县志》卷四《舆地略三》，《中国地方志集成 · 广东府县志辑》第 30 册，上海：上海书店 2003 年版，第 151 页。

［152］《嘉庆澄海县志》卷六《风俗》，《中国地方志集成 · 广东府县志

辑》第26册，上海：上海书店2003年版，第62—63页。

［153］《香山乡土志》卷十四，中山市地方志编纂委员会办公室，1988年。

第二章
清代广东农业产业结构与组合

农业产业结构与组合也是探讨农业产业经营发展的重要内容。清代广东农业产业地处全国社会经济较为发达的地区，商品化程度较高，产业经营基础雄厚，行业规模较大，发展较为成熟。行业结构与组合也较为多样化，构成了清代广东农业产业经营的发展布局与态势。农业产业结构与组合反映了地区农业产业经济的发展规模与类型，也体现了区域经济的发展特点与特色，对于推动区域经济的多元化发展具有重要意义。

第一节　农业产业结构与组合

农业产业结构与组合，主要是指以种植业为主的产业结构与组合。在清代广东大农业产业经营中，农业产业结构与组合具有重要的地位，发展内容丰富，组合构成全面，比较突出的有以下几种产业结构与组合。

一、主粮产业

随着商品经济的发展，清代广东主粮并非单纯作为维持生计的

自给自足的农产品进行种植，而是逐步走向市场，成为重要的产业经营商品组合。据载：“今罗、浮二山多腴田嘉谷，虽高顶可耕。唐有尚书常衮开垦千余亩以供游者，名为岚田。今至中阁之南以至梅花村西皆稻区。所产白粳岁两熟，估客多往贩籴焉。”[1]又如新会地区，“稻有细粒仔，其粒小于常谷。霜降前熟，故俗名誓不过降。又麻包锦粒，较长，胜于细粒仔，米品之最上者。以杜阮大泽山田所尤佳。其价常昂于凡谷”[2]。其米有市场价格，当为商品性主粮。又如清末增城地区，“谷米销售，县内而外，辄有盈余。商人出资屯聚，乘时操纵米之精者，运至美洲，次者则运至省会。暨他处谷则运至陈村、佛山。营此业者，以仙村石炭诸肆为多”[3]。

在一些山区，由于商品经济逐步活跃，一些可代替主粮食品的淀粉作物也开始流入市场，成为商品粮食。如西宁地区的木藷，“色白皮厚，土人多种于山间，春月以干三四寸，横殖土中，即活。初冬挖之，一本数觔。如隔年挖之，则十余觔不等。味略苦，以水滚透浸之，数日可炒熟食。或切片，生浸暴干，可代粮。售诸市，每百觔值谷价之半。或滤作薯粉，其用亦广”[4]。

清代广东主粮生产的产业经营，一般以珠江三角洲地区为主，除了本地销售，也有运销外洋的。据《1887至1891年拱北关贸易报告》载：“自中国出口米谷乃属违禁。大约十二年前，居住在澳门的富裕华人曾将附近府县的可观地产佃租他人耕种，让租户将收获谷物运至澳门，以缴纳租金。不过此项租谷常被辑税船只敲诈勒索，称其违反米谷出口禁令。这些华人便向两广总督刘坤一陈情，请求总督批准由当地名人组成一个特别行会，给运到澳门的租谷发放通行执照，每艘船运载米谷不超过二百担。总督准办此事。由于马六甲海峡、澳洲及加洲的华侨对粤省南部所产米谷需求甚巨，其原由或因此类米谷质优，或因产自故乡，特许租谷运澳竟导致大批米谷乘机运销海外，供不应求。据当地官员估算，每年足有五十万担米石非法出口。有人力劝急于制止此种违禁贸易的总督，允许米谷合法出口。据称不必担忧此举会危及当地粮食供应，因为一担本地米谷的出口价值，可以买到两担外国出产的米谷。”[5]主粮生产的外向型经济，主要是由于海外华侨日益增多，他们对家乡的主粮产品情有独钟，有强烈的消费市场需求，因此扩大了粮食输出，从而推动了主粮生产产业经营的发展。当然，随着社会发展和人口增加，清代广东有很多土地转向生产经济作物，导致了本地主粮生产的萎缩，影响了广东的主粮供应。但是广东不断从邻近省份如广西地区调输粮食，以满足本地食用需要，也通过外贸输入外国粮食，如菲律宾、泰国等地所产粮食。有谓：“暹罗王城在曼谷，亦曰船城，弹丸之地也。城外地名班考克，为通商巨埠。十余年前，阖境华民约有三十余万人，商务枢纽大半归之，其地每值夏令，有黄水自海中来，及时播种，水退苗熟，不事耕耘。谷米之丰，甲于南洋，每米一石价银二三钱，故自康熙以来粤闽两省皆以暹米接济。”[6]所以，经济作物的生产并没有影响清代广东的一些优异主粮农产品进一步走向产业商品化。

二、纺织产业

纺织产业生产经营的结构与组合，主要可分为两大类：一类是饲料性作物的生产经营，一类是纤维性作物的生产经营。

饲料性作物的生产经营，主要表现在丝织产业，通过桑叶的种植与生产，喂饲蚕虫，抽取蚕丝，再加工成丝织品。饲料性作物的生产经营，利润颇高，具有重要的产业价值。有载：“大蚕茧四千。小者六千。可获丝一斤。大蚕丝光滑而细。小者不及。计一妇之力。岁可得丝四十余斤。桑叶一月一摘。摘已复生。计地一亩。月可得叶五百斤。蚕食之得丝四斤。家有十亩之地。以桑以蚕。亦可充八口之食矣。坡山之丝线良。龙江之线绸良。然龙江蚕种。率购之于九江。而为丝及线乃独良。非女手之不同也。水色异也。”[7]

清代广东桑蚕业主要分布在珠江三角洲地区，为丝织业提供重要的优质原料。嘉庆二十四年（1819），清人张鉴在《雷塘庵主弟子记》卷五中曾记载："粤东南海县属，毗连顺德县界之桑园围地方，周回百余里，居民数十万户，田地一千数百余顷，种植桑树以饲春蚕，诚粤东农桑之沃壤也。"[8]而且，珠江三角洲地区著名的"桑基鱼塘"模式，更成为农业产业经营的最佳集约型经营结构与组合。如高明地区，"桑种园苑者肥美，田园者次之。年收六造，末造曰寒造。秀丽围近年业蚕之家，将窪田挖深取泥，覆四周为基，中凹下为塘，基六塘四。基种桑，塘蓄鱼，桑叶饲蚕，蚕矢饲鱼，两利俱全，十倍禾稼"[9]。随着社会分工的扩大化，饲料性作物的经营除了自用纺织外，一般农民也从事商业纺织的经营，如中山地区，"丝茧，小榄、黄圃诸乡素多。古镇、曹步，业之不过三十年，颇得利。惟养蚕抽茧，售于各处，不自织也。有粗丝、幼丝之别。邑绅郑藻如曾倡办此业于濠头、港口，今濠头已无，港口尚有之，然不能旺"[10]。

除了桑蚕，还有其他饲料性作物可以为纺织产业提供原料，特别是在广东山区及边远地区，桑蚕种植饲养并不发达，多以其他类似的饲料性作物的种植与经营见长。如梅州地区，有谓："程乡茧绸。为岭南所贵。其蚕分畦而养。各以其叶饲之。饲某叶则为某茧绸。其茧布则罗浮大胡蝾茧所成。有咏者云。仙遗衣化罗浮蝾。蝾化山蚕复作衣。大胡蝾者。葛稚川之遗衣也。衣化为蝾。蝾化复为衣。其异若此。文昌茧。其蚕惟食山栗叶。故吐丝坚韧。其绸可久服弗敝。新兴茧亦然。若南海官窑茧、顺德龙江茧。则劣矣。"[11]所谓茧绸，据称："非家蚕，乃山蚕丝也，其蚕形如蝴蝶而大，两翼文采，五色绚烂，或云即罗浮蝶。机绸者，在州之河田乡与兴宁交界，故多兴宁人，其茧则各乡村处处有之。"[12]又如阳江地区，"天蚕。出阳江。其食必樟枫叶。岁三月熟。醋浸之。抽丝长七八尺。色如金。坚韧异常。以作蒲葵扇缘。名天蚕丝。亦有成茧者。大于家蚕数倍”[13]。清代广东饲料性作物的种植与经营，具有明显的地域分异。珠江三角洲地区以桑蚕业种植与经营为主，而其他边远山区则以地方特产的饲料性作物的种植与经营为主。或是人工种植，或是天然野生，根据不同的饲料性作物出产不同的纺织原料，同样为不同地区的纺织产业经营奠定了重要的基础。

另一类是纤维性作物的生产经营。纤维性作物，是指那些无须通过中间环节就可以直接加工处理成纺织品的经济作物。广东地区湿热多雨，植物品种多样。广东地区的纺织也具有悠久的历史。明清时期，广东地区商品经济活跃，纤维性作物的种植与经营业已经发展成为重要的产业结构内容。

如棉花种植加工成布。在清末西宁地区，“吉贝布，即棉布，土人每岁取棉花核种之开花结实。实中有三四房，开时有棉垂下，白如雪，绞去核，纺织为布，又名氎布，俗呼家机大布”[14]。

又如蕉布，是利用蕉树皮处理、加工成布。“蕉类不一。其可为布者曰蕉麻。山生或田种。以蕉身熟踏之。煮以纯灰水。漂澼令干。乃绩为布。本蕉也而曰蕉麻。以其为用如麻。故葛亦曰葛麻也。广人颇重蕉布。出高要宝查、广利等村者尤美。每当墟日。土人多负蕉身卖之。长乐亦多蕉布。所蓄蚕。惟取其丝以纬蕉及葛。不为绸也。绸则以天蚕食乌柏叶者织之。史称粤多果布之凑。然亦夏布若蕉葛苎麻之属耳。”[15]又有谓：“粤东人家多植蕉，甚大辑之，如麻织为衣，较葛衣色为黝，名曰蕉莒，非葛也。”[16]一般用于纺织的蕉树，品种甚多。既可以结蕉为果实以充水果，也可以用蕉身纺织为布。如海康地区，“芭蕉，即甘蕉。叶长六七尺，广一二尺。花似芙蓉而大倍之。每花一茎，结子五六层，每层数十子，两两相比，以次而熟，皮淡黄，肉甜而润滑，无核。有牛蕉、鸡蕉二种，鸡蕉为胜。其叶干之，湅以灰。解散如丝，可织为绨绤，谓之蕉莒”[17]。还有的蕉不结实，专用于纺织。如高要地区，“有蕉布一种，其蕉不花不实，沿山溪种之，老则斩置溪中，揉其筋，织为布，亦有粗细，产于广利、宝查等村者佳”[18]。

又如植麻织布。如顺德地区的苎麻，“布比葛粗。近数十年，吾顺德织苎者甚多，女织于家，而男则具麻易之，亦有男经而女织者，名大良苎麻。通货江浙，岁取数千金，亦开财源而地无游民一征也”[19]。根据不同的品种，麻布也有不同的生产品类。如英德地区，“苎麻，属内最多，有野生、栽生两种。野生者不材。惟栽生者可用。……一岁可三收，五月初间一镰，六月中一镰，八月一镰。每割时，须根傍小芽出土，高五六分，其大麻即可割。又有青麻、络麻、黄麻各种。城厢市有卖麻街市麻”[20]。而且，不同麻种的质量、用途也有不同。如阳江地区，“苧麻，即白麻，土人间有种者，然不及外购者之柔滑。络麻，即黄麻，西境较多”，“白麻布有极幼者，妇女家居，大率以辑麻为常，故夏布皆资土织。黄麻布粗疏，只供丧服之用，贫家或以为帐”[21]。

在一些地区，纤维性作物的种植与经营也有利用野生竹或栽种竹织布的，有载：“单竹出南雄府，练竹为麻，可作布。”[22]又载：“竹布出韶州仁化县，以竹捶取丝，织为布，即单竹也。”[23]

纤维性作物的种植经营，还包括织席产业。织席原料，有的是天然野生的，通过采集加工，使之成为织席原料或织席产品。如连山地区，“龙须草，生峭壁上，取之甚难。茎长四五尺，以水浸之，去其毛，织为席。……连人不善织，售草与楚人织之。席佳者，值钱四缗”[24]。又如肇庆地区，“芏草，见前。四区清安堡、五区思福白土、九区泰和围，出产甚多，而以五区为最。生罗笏、温贯、埌鹤诸村坑田者良。质圆，捣平之织为席。《广东新语》谓之通草席，《岭南杂记》谓薄席。出端州，细滑胜于他处，名赛龙须，皆是物也。惟款式不一，而以睡床席、包席为大宗。芏细而长者织床席，染以黄土，晒以日光，织成花阑卍字纹，诚不愧赛龙须之目。芏粗而短者织包席，其应用以来，米包、盐包、糖包、箱包为最多，银袋次之。包席亦名蒲包，输出外埠甚广，亦有编织为帆者曰舭席”[25]。织席产业产品经营品类的多样化，也反映了其产业经营规模已非同一般。

清代广东纤维性作物的种植与经营，有的利用野生原料，有的通过种植生产。其品种多样，加工方法不一，或作为衣料，或作为生活纺织用料，产业结构内容尤为丰富。

三、蔗糖产业

蔗糖产业是清代广东农业产业经营中的重要结构与组合内容，尤其是在发达的珠三角地区，甘蔗生产与种植十分发达，从而促进了蔗糖产业的发展。清代广东的蔗糖产业，不仅产能较大，而且生产品类繁多；不仅运销全国各地，更通过外贸而流入海外市场，成为清代广东农业产业经营中的特色产业结构与组合。有记载：“今常用者曰白蔗。食至十梃。膈热尽除。其紫者曰昆仑蔗。以夹折肱。骨可复接。一名药蔗。其小而燥者曰竹蔗。曰荻蔗。连冈接阜。一望丛若芦苇。然皮坚节促不可食。惟以榨糖。糖之利甚溥。粤人开糖房者多以致富。盖番禺、东莞、增城糖居十之四。阳春糖居十之六。而蔗田几与禾田等矣。……增城白蔗尤美。冬至而榨。榨至清明而毕。其蔗无宿根。悉是当年。故美。榨时。上农一人一寮。中农五之。下农八之十之。以荔支木为两辘。辘辘相比若磨然。长大各三四尺。辘中余一空隙。投蔗其中。驾以三牛之牯。辘旋转则蔗汁洋溢。辘在盘上。汁流槽中。然后煮炼成饴。其浊而黑者曰黑片糖。清而黄者曰黄片糖。一清者曰赤沙糖。双清者曰白沙糖。次清而近黑者曰瀵尾。最白者以日曝之。细若粉雪。售于东西二洋。曰洋糖。次白者售于天下。其凝结成大块者。坚而莹。黄白相间。曰冰糖。亦曰糖霜。”[26]

与其他产业相比较，蔗糖产业制作工艺较为复杂，生产流程也较长，相对而言，资本投入也较大。但由于获利丰厚，蔗糖产业还

是不断地扩大和发展，形成了兴旺发达的局面。如潮阳地区，“甘蔗，大者围径一寸，长八九尺，颇似竹，断而含之，甚甘。有蜡蔗、竹蔗二种，黄糖、白糖皆竹蔗所榨，商船装往嘉松苏州易布及棉花”[27]。又如遂溪地区，“糖有五色片糖、白糖、冰糖、洋糖、赤砂糖，通天津各省等处”[28]。再如海南琼山地区，“糖名颇繁，不外乌、白、赤三种。乌者糖块，白者糖霜，霜有三日结粉，曰贡粉，曰上洋。赤块有厚有薄，琼之糖，其行至远，白糖则货至苏州、天津等处”[29]。这些都从生产品类和流通领域方面反映了清代广东蔗糖产业的发展水平。

随着蔗糖产业的发展，原来的农民一家一户的生产加工，进一步向生产种植与加工销售分离的方向转型。农民成为生产专业户，而加工销售则由专业商户经营。商户投入较多的资金，从事甘蔗产品的收购、加工和销售。有谓：“糖户家家晒糖，以漏滴去水，仓囤贮之。春以糖本分与种蔗之农，冬而收其糖利，旧糖未消，新糖复积，开糖房者多以是致富。”[30]一些富商大贾不断反复地投资蔗糖产业，也促进了蔗糖产业规模的不断扩大。如澄海地区，“富商巨贾，当糖盛熟时，持重赀往各乡买糖，或先放账糖寮，至期收之。有自行货者，有居以待价者，候三四月好南风，租舶艚船装所货糖包，由海道上苏州、天津，至秋冬北风起，贩棉花色布回邑，下通雷琼等府，一往一来，获息几倍，以此起家者甚多”[31]。直至近代，广东不少地区仍维持着这种经营方式。据多处地区的有关社会调查显示，民国初期，阳山地区的糖业生产也是先在甘蔗收成时，约农历九月底，糖寮主请蔗农饮一支，然后抓阄决定农民斩蔗的次序，以便有计划地进行制糖生产。[32]清代广东蔗糖产业已呈现出早期工业化的发展趋势。

四、茶叶产业

清代广东茶叶产业较为发达，不管是在经济较为发达的中心地区，还是在相对落后的边远地区，茶叶的种植和生产都具有相当规模，地区产业分布范围较广。有载："珠江之南有三十三村。谓之河南。粤志所谓。河南之洲。状若方壶是也。其土沃而人勤。多业艺茶。春深时。大妇提籝。少妇持筐。于阳崖阴林之间。凌露细摘。绿芽紫笋。薰以珠兰。其芬馨绝胜松萝之荚。每晨茶估涉珠江以鬻于城。是曰河南茶。好事者或就买茶生自制。叶初摘者曰茶生。犹芥山之草子也。而西樵号称茶山。自唐曹松移植顾渚茶其上。今山中人率种茶。间以苦蓉。蓉树森森。望之若刺桐丛桂。每茶一亩苦蓉二株。岁可给二人之食。其采摘亦多妇女。"[33]

广东其他不少地区，即使经济发展较为缓慢，但得益于生态环境，其茶叶种植也十分活跃。如鹤山地区，"鹤山山多田少，山地最适于茶树之栽培，故植茶者较多。清道光年间，为中国茶叶之全盛时代，全年出口有二百万担之多。时该县无论土著客家，多以植茶为业"[34]。又如河源县，"岭南山地产茶者多，而河邑独盛。上莞、康禾诸约，居人生计，多半赖此。春夏之交，贾人丛集，采茶恒于清明前，香嫩色美，迟采者贱，至霜降后，复取新芽，谓之霜芽，味尤佳，然不多得。桂山有仙茶，迥异常品，非人工所植，可偶遇而不可求也。又有名一枝枹者，亦出桂山。苦蓉以上郭为美，味苦，性寒，可以解热毒，然不宜多饮"[35]。又如赤溪地区，"种茶之地宜阳宜瘠。县境山高不露，故产佳茗，而以深湾三个湾头、大麻等处高山所产为贵，有观音茶、白茶、云茶、白心茶、红心茶、石茶多种"[36]。由此可知，由于茶叶的种植和生产对种植地的要求并不高，所以在一些农业集约化程度较低的地区，也有可能开展茶业产业种植与经营。

清代广东的茶业生产与经营，一般是茶农种植并采集茶叶，然后卖给商人。商人收购后，经过加工或深加工，制作成品茶，按需求销往各地或出口外埠。如清末西宁地区，"珠茶，春末山人采软芽，鬻诸市，茶商复拣而研之，焙炒成珠，转运河南，销售外洋。

邑茶以产嘉益、通门、大社诸乡为多，光绪年间，外商来此设茶庄者，不下十余家，销售广而获利亦厚。近则茶市渐衰，出产渐少，然亦为农产品出口货之一种。其余不用工制之茶叶，销售内境，获利有限”[37]。又有谓广东“本省的茶叶生产，是由个体小农进行的，他们把采集的茶叶，就近在乡间市集上卖与收购商贩，收购商贩或将茶运送到通商口岸去出卖，或在当地卖与茶商，洋商又从茶商之手购买。……茶的种植和茶叶的加工，都是由茶农进行的，这些茶农都是小所有者，他们既缺乏改进生产的知识，也缺乏改进生产的资本”[38]。除了种植和生产，茶叶经营也可能是采集野生茶，加工成茶品。如英德地区，“五狼嶂，在县西北一百二十里，上隅图。高二百八十余丈，与曲江乳源夹界内，多板瑶散处，产香茶，然山高路险，采者不可多得”[39]。茶叶产业经营产品的商品性较强，对提高产业经营的商业化水平具有重要意义。

五、其他产业

清代广东农业产业的结构与组合，除了上述重要的产业构成外，还有不少其他类型的产业组合，其产业经营也具有一定规模，同样是清代广东农业产业的重要组成部分。

其一，油料作物产业组合。油料包括两类：一类是食用油料，一类是日用油料。有载：“韶、连、始兴之间。多茶子树。以茶子为油。客至辄以油煎诸物为献。燕、吴人购之为泽膏发。谓非是油则玫瑰、桂兰、诸香不入。……广州有露花油。露花生番禺蓼涌。……盛夏时。露花始熟。以花覆盆盎晒之。香落茶子油中。其气馥烈。是曰露花油。蓼涌及增城人善为之。洋舶争买以归。迟开者曰寒花。阳气微敛。香益清澈。然不可为油。其生东安山中者。丛卑叶小。自春至秋皆花。近水者尤香。然亦不可为油。东莞有蜜香油。以栈香子榨之。然灯明亮。蝇蛾百虫不敢近。触之辄折翼脱足而死。性大热。误入饮食令人吐。外有榄仁油、茶油、吉贝仁油、火麻子油。皆可食。然率以茶子油白者为美。曰白茶油。又有山茶油。以乌药子色红如珠者榨之。火麻产端州江岸间。黑色炒焦。以为小磨香油。名曰秧油。然以生榨者为良。”[40] 又有谓：“广、肇多榨菜油。大菜花白，子褐色，粒大，油味甘，气香，入馔最宜。小菜花黄，子黑色，粒小，油腥，燃灯用之。芝麻油甘香，与榄仁油俱美。而麻油广人尤多嗜用。滇广、肇江岸间多种火麻，其子黑色，炒蕉以为小磨香油，亦甚甘美。其余黄白豆。如落花生，皆可榨油充用。”[41] 特别是花生油，产业结构最为完备，规模较大。如韶关地区，“落花生，蔓生吐花，落而结子，于土属内繁殖，田家煮食充饥，或和盐水炒为口果。商人采实为油，亦农之一大利也”[42]。有些地区的花生油还远销海外，如西宁地区，“花生油以连滩大湾采榨者良，亦最有名，销售外境。别有菜子油、茶子油、桐油，邑产无多”[43]。

其二，花卉产业组合。广东地区气候湿热，花卉生长旺盛，所谓：“岭南地暖。百卉造作无时。”[44] 随着社会经济的发展，人们的精神生活水平不断提高，以花卉作家居装饰或人体装饰渐成风尚。如“东莞称素馨为河南花。以其生在珠江南岸之河南村也。儿女子以彩丝贯之。素馨与茉莉相间。以绕云髻。是曰花梳。以珠围髻。则曰珠掠”[45]。又如四会地区，有吊钟花，“花红白色，形如钟，大如指头，贞山中最多，腊月折枝，入市卖以插瓶”[46]。花卉装饰需求的增加，推动了花卉产业经营的发展。“广州有花渡头。在五羊门南岸。广州花贩。每日分载素馨至城。从此上舟。故名花渡头。花谓素馨也。花田亦止以素馨名也。盛平时。花多而价贱。十钱可得素馨升许。家有十余口簪戴皆足。今也人尽髡彨。花无所著。亦渐以稀少矣。诸花户皆贫。芜其花田而弗种。即种亦不蕃滋。盖时为之也。南人喜以花为饰。无分男女。有云髻之美者。必有素馨之围。”[47] 花卉产业的结构与组合，多集中在中心城市的近

郊、近县地区，而且用途广泛。如番禺，有谓："番禺蓼涌多产露花，……又名露头花。夏月大开，土人以花置油上晒之，香落油中，芬芳隔年不灭，以膏发，可助娇妍，以照读书，香满一室，洋舶以多金购之。"[48]又如清末增城地区，"可园，刘先甲筑；惜园，刘国梁筑；平畴园，刘承志筑。俱在上都麻车乡之数园者，庭院花卉，雅擅幽胜，原属于游玩品，而花陈马肆，李卖戎家，收成亦自不薄"[49]。花卉不仅可以用来欣赏或制作日用品，还可以作为食品原料。如"广人多种荼蘼。其花喜烈日，当午浇之则大茂。有细瓣而蕊三四卷者，有瓣粗而蕊一二卷者。取其瓣拌糖霜，暴之兼旬，以为粉果心馅，名荼蘼角。以甑蒸之，取露为膏沐用，然不如西洋所出者良"[50]。市场需求的扩大和需求种类的多样化，促进了花卉产业结构与组合的多元化发展。

其三，蔬菜产业组合。随着城市经济的发展，人口不断增加，蔬菜食用也不断走向商品化，从而推动了蔬菜产业经营的进一步发展。近郊农民的蔬菜种植规模不断扩大，以满足日益增长的城市蔬菜食用的需求。有谓："广州西郊。为南汉芳华苑地。故名西园。土沃美宜蔬。多池塘之利。每池塘十区。种鱼三之。种菱、莲、茨菰三之。其四为蕹田。蕹无田。以蔑为之。随水上下。是曰浮田。……浮田一名架田。亦曰葑。冬时去葑以种芹。而浮田不见矣。蕹叶如柳而短小。其茎中空。性冷味甘。以城南大忠祠所产者为上。芹生冬春之交。得木气先。长至四五尺。茎白而肥。以西园所产为上。谚曰。南蕹西芹。菜茹之珍。"[51]又有谓："广城之西，自浮丘至西场，自龙津桥至蚬涌，周迴二十余里，多是池塘，故名半塘。种莲者十家而九。莲旁复点红糯，夏卖莲花及藕，秋以莲叶为薪，或卖与人。"[52]又谓："菱有红、白二种，红者熟最早，其壳软。城西半塘所产特佳，素称西园菱。……城西人采菱毕，即种茨菰，法同种禾，不废耘 搅。腊月成熟，带泥售之，可运及连、阳，荤素俱宜。"[53]蔬菜生产已形成专业化生产，形成了重要的产业组合。即使一些边远山区，蔬菜种植也或多或少地投放于市场，渐成产业。如海南陵水的冬瓜生产，“陵邑多在十一月种，三四月即鬻于市”[54]。

清代广东的蔬菜产业，除了向城市提供新鲜蔬菜之外，也可以通过加工，制作诸如酸菜、咸菜等风味特色小菜，销往各地。如番禺地区的萝卜生产，“市头等村最多，每冬时切为片或丝，揩以盐，货诸处，名切菜。一种根长而小，名耙齿萝卜”[55]。又如吴川地区，“蒜，大蒜为葫，小蒜为蒜，邑人多种之，腌以为食，所利甚饶”[56]。再如信宜地区，“笋，嫩者皆晒干可为笋脯，水浸则为酸笋”[57]。反映了蔬菜产业结构与组合的多元化经营。

清代广东的蔬菜产业结构中，有的是专业化生产与种植。有谓：“越姜古时特重，新兴县人多种姜，田种十之三，山种十之七，其性亦各别。”[58]有的是利用大田空闲时段间种，如番禺地区，“邑属农业，以稼穑为大宗，所在多稻田，间有植高粱及麦、粟者。……附城东北一带，民多为圃，蔬果瓜豆，因时易种，以供城市，即各乡之田，地近墟场者，取其得利捷速，亦多植之。或于冬耕之后，杂植疏、菽、薯芋、落花生等，以补荒歉。其收获即不常丰，然能令稻田不干为益，亦匪鲜云”[59]。类似的产业组合更为合理，并没有给主粮生产带来争地争时的冲击。

清代广东农业产业的结构与组合，一般而言，以发达地区，如珠江三角洲地区，较为全面发达。因为这些发达地区城镇化程度较高，人口较多，自然条件较优越，适合那些需要一定技术性加工的产业发展。其原料的生产和种植对土地条件、耕作技术要求较高，如纺织产业组合中的饲料性作物的种植与经营；又如甘蔗产业，因为二次加工成糖的技术较为复杂，也需要投入较大的人力、物力与技术支撑。其他诸如茶叶产业、花卉产业、蔬菜产业等结构与组合，也必须依托商品经济发展程度较高的地区，才可能有更大的发展空间。这说明了农业产业结构与组合，在地域上主要是在自然条件较好、经济发展基础较为扎实的地区首先得到兴旺发达。而落后及边远地区的农业产业结构与组合，多以特色产业经营为主，如山区特有的饲料性作物的生产种植，或者茶叶产业、油料产业的发展，通过特色产业的发展，在市场中仍能保持一定的产品优势。所以，清代广东农业产业结构与组合在发达地区较为全面、合理，而在落后、边远地区则以特色产业作为地区发展的方向，以保持其社会经济的平稳发展。

第二节　林业产业结构与组合

林业产业结构与组合，主要是指以树木种植和利用为主的产业结构与组合，这也是大农业产业结构与组合的重要构成。林业产业结构与组合可以分为两大类型：一类是果木种植经营，一类是林木种植经营。二者都具有重要的经营价值与产值。

一、果木产业结构与组合

清代广东，由于生态环境得天独厚，果木产业结构与组合规模较大，产值较高。如顺德陈村，“居人多以种龙眼为业。弥望无际。约有数十万株。荔支、柑、橙诸果。居其三四。比屋皆焙取荔支、龙眼为货。以致末富”[60]。龙眼、荔枝都是南方特有的佳果名产，独树一帜，蕴含着巨大的产业商机。有载：“粤中荔枝，非其土宜则变，总以增城沙贝所产最佳。盖其土黄润多沙，潮味不到，所产荔枝香味迥异他县也。”[61]又载：“廉州合浦所产龙眼绝美，可敌荔枝。广州龙眼，顺德陈村、北滘为上，番禺韦涌次之。广州塘基、堤岸、园林多种荔枝、龙眼。南海平狼、三山而东一带，多龙眼树。又东为番禺之李村、大石一带，多荔枝树。”[62]珠江三角洲地区还是重要的果木培植中心，如顺德陈村，“担负诸种花木分贩之。近者数十里。远者二三百里。他处欲种花木。及荔支、龙眼、橄榄之属。率就陈村买秧。又必使其人手种搏接。其树乃生且茂。其法甚秘。故广州场师。以陈村人为最”[63]。果木种植具有良好的集约经营水平，如“番禺鹿步都自小坑火村至罗冈三四十里，多以花果为业。每田一亩种柑、桔四五十株，粪以肥土，沟水固之。又采山中大蚁植柑、桔树上以杀虫。自黄村至朱村一带则多梅、梨、橄榄、香蕉之属，连冈接埠，弥望不穷。广利圩卖柑、桔，载者数十百人，其中散往他处，香味亦异，以是高要县人独擅其利”[64]，从而进一步推动了地区果木产业的进一步发展。

果木产业经营的附加值较高，除了一般的果品食用外，还可以将大量新鲜果品进行加工，腌制成干品及耐食品，运销各地。有载：“番禺下乡多种乌榄，采其实，去核煮熟，盐腌作货，售于远近。妇女斫其核以炊，而货其仁焉。”[65]又有载：“乌榄卖核及仁，粤人合酱及制饼饵多用之，故销流甚广，大石头村妇女又多以斩榄核为务。”[66]又有柿饼，“惠州、长乐所产柿，实独美。其数高大，接则易茂，不接者结实稀，而味涩且多核。土人乘半熟时去皮，先熏后曝，悬当风处干之作货，售于远近”[67]。一些边远地区的柿饼制作产业规模庞大，如西宁地区，“柿饼，八九月收取圆柿一种，刀削去皮，曝干撚扁成饼，名曰软柿。甜腻可作干粮，以白木乡人业此者最多。惟生柿俱贩自封川、长冈，而制工特良，销售亦广，每百觔约售价二十余元”[68]。还有其他不少水果都可以通过加工制作成附属产品而获取利润。如橘，在潮阳地区，“有金橘，以糖渍之，可作茶品，有珠橘，潮人多用以为酱，为糖橘”[69]。又如梅，“潮人多有渍糖以入茶品，亦有盐以晒之者”[70]。

一些普通果品，通过腌制、干制加工后，其产业价值得到更进一步的提升。如新会地区，“柑树如橙，花叶略小，味酸。冬至后味转甜，劈其皮，香雾噀人。暴干生而青者名青皮，熟而红者名大

江皮。凡果之皮，以柑皮为尤佳，故又名果皮。入药去白用，能除痰，与橘红同功。陈者良，去红柑，压扁去核，白糖煮之，名曰柑饼，味绝佳，胜于橙。种植者千百株成围，每岁大雪收其皮，售于他□□，过岭北其香转胜，其利最薄”[71]。又如新会山桔，“生于厓山，枝屈如缠龙，甚为美观，或用以制烟管，其果有异香，采以蜜渍或盐渍之，为贵重之食品”[72]。在一些发达地区，果品的加工制作还具有多种生产经营的能力。如番禺，“罗岗洞后枕牛首峰，钟氏世居。其地，田狭山多，种果为业，梅、荔为独。盛夏时，荔火流舟，全洞皆赤。冬时，梅花数十里，高下远近，一白如雪。梅子熟时，乡人取以渍盐，久藏生霜，名梅霜，治喉痛。或晒干为乌梅入药，或以糖渍为糖梅，或以浸酒曰青梅酒，销流甚广”[73]。果品附加值的提高，进一步调整了果木产业结构与组合，推动了果木产业的多元化发展。

二、林木产业结构与组合

林木产业结构与组合，主要是林木的种植与经营。有的把野生林木作建材用途，如樟树，“枝叶扶疏，可荫数亩，沿海之地多取以造船兼雕镂器物”[74]。又如长乐地区，“有檀、有槁、有桂、有梨，其赤者最坚，邑人以为栋梁”[75]。有的人工种植经济林木，形成产业经营。有谓：“东粤少杉。杉秧多自豫章而至。鬻者为主人辟地种就。乃如株数受植。粤多材木。用杉者十止四五。故罕种之。柏亦然。潮阳多紫柏。木香而文。可为器。其生他州县者。岁久空心。”[76]又如英德地区，“花头竹，即撑篙竹，浈、洭两岸，弥望皆是，其用最广。水竹，土人所植水竹及撑篙竹为多，凡织器用，多是水竹，与撑篙竹皆种，及三年伐取，找排放售省、佛各镇，不可胜计”[77]。再如信宜地区，“松，邑土宜松，诸山皆可种，然虫蚁易集，屋宇不散用，故大则锯板，小则为舂为薪而已”[78]。

一些特殊的经济林木，其种植与经营还可以循环利用。如香山地区的漆树，“邑有种者，六七月间斫皮以管承取，亦可用”[79]。又如罂子桐，“一名邑桐，邑人种之，收子为油，入漆家，及艌船用，近谷都。雍陌村兴办木业，多植此木”[80]。说明人工种植经济林木已成为林业产业结构中的重要组合。

清代广东林木产业结构与组合中，有的还是早期工业的重要原材料。最典型的是竹子的生产与经营，既有食用价值与建材价值，也有工业价值。有谓：“罗浮东北数十里俱产竹，土人每以春夏采笋脯之，秋冬破削为篾，以售广、惠二州焉。”[81]又如揭阳地区，“筀竹，大围二尺，长四丈多，筋而坚细，招人取以制器，甚精巧”[82]。在西宁地区，有箴竻竹，“邑产，俗名沙萝箪，薄而空，多大者，经不过二寸，削之可作瓦，或破竹篾，编织箪笪，其用甚广”[83]。有些地区更形成了竹子的专业化生产。如新会，“竹器，破竹为经纬，织成大小方圆各器，销行甚广，泷水都人多艺之”[84]。

竹子还是在作为造纸工业的重要原料时最具产业价值。如阳江地区望夫山，“沿河田少山多，居民多种竹，制纸为业”[85]。又如从化地区，“流溪一堡，男女终岁营营取给于纸。有竹名曰纸竹，其法：先斩竹投地窖中，渍以灰水，久之乃出而椎练。渍久则纸洁而细，速则粗而渗。专设二渡以运纸，名为上流纸渡、下流纸渡。今英德清远山峒中，亦多造纸矣”[86]。再如西宁地区的火纸，“亦名福纸，出常静、都鸡、良甲等处，其制法得自广西岑溪，仿设纸篷于山间，春初采扶竹各种笋之未成竹者，渍以石灰，沤于山池，越月碾漉成絮，灌于清流，又匝月下槽，随捞随焙，固而成纸。每槽司设五六人不等，纸价贵时，岁可获百余金。出纸之多少，视置槽多少以为差。如遇荒年，亦可藉此力役以讨生活也”[87]。近代的社会调查也反映了清代粤北山区利用竹子造纸的历史发展状况。如阳山地区寨岗，“在清代，已有人利用本地生产的竹类生产土纸，在中坑、高界、老厂等地各有纸湖四五个。光绪年间，石径村民潘挺学办起均安纸厂，每个纸湖收竹百多吨，年产湘纸、土纸约四十吨”[88]。竹类造纸工业成为清代广东林业产业结构与组合中最具标志性的产业构成。

清代广东林业产业结构与组合，主要分为果木种植经营与林木种植经营两大类型，而且具有较明显的地域分布格局。一般在发达的地区，如珠江三角洲地区，以果木种植经营为主，林木种植经营相对较弱；而山区及不发达地区，由于交通不便，商业渠道不顺畅，新鲜果品难以及时销向市场，大多经过糖渍、盐渍等二次加工后，才有可能投放市场，所以是以林木经营组合为主，或是人工种植，或是利用天然林木。除了二次加工来投放市场外，其生产经营的其他附加值也较高，如可以加工成各类用品及纸品等。所以，发达地区的林业产业结构与组合，是果木种植经营与其他种植业并重；而山区及欠发达地区，则是林木种植经营处于产业的主导地位。

第三节　副业产业结构与组合

副业产业结构与组合，主要是指一些特色作物、药材或嗜好作物等，由于需求不断增加，也逐渐形成了重要的副业产业结构与组合，给清代广东农业产业规模的扩大带来了重要的影响。

一、葵业产业

葵业产业，尤以新会地区最为典型。有载：“蒲葵树身干似桄榔，花亦如之。一穗有数百千朵。下垂子如橄榄。肉虽薄可食。新会之西沙头、西涌、黎乐、新开滘诸乡多种之。名曰葵田。周回二十余里。为亩者六千有余。岁之租。每亩十四五两。中人之产。得葵田十亩。亦可以足衣食矣。蒲葵最宜为扇。扇大者三四尺。可以蔽日。其叶末作簑笠簟席坐团。亦以编屋。凡新会若男与女所以资生者。半出于蒲葵焉。子初种时。沃以肥腻。俟苗生至尺乃再莳。五年始割下叶。八年乃割上叶。岁凡三割。既割已。暴之兼旬。乃水灌之。火烧之。使皆玉莹冰柔。而随其叶之圆长。制而为扇。缘之以天蚕之丝。嵌之以白鳞之片。柄之以青瑯玕之牌。缠之以龙须藤之线。铜钉漆涂。绘画为绚。然后粗者以货于近。精者以货于远。"[89]又有谓其扇"大者可三四尺，为腰障日；小者为掌扇，精巧工致，极尽其妙。其贩于江、浙特其粗者，然获利已不赀矣。其叶末则作蓑笠、簟席、坐团"[90]。

有些地区种植、生产一些葵之别种，其使用功能有时不如正宗所产，产业价值也相对较低。"琼州亦有蒲葵。男女以为帽。竹胎而金银纸衬之。虽士人亦戴。不以巾帻为重也。或作麦草帽。则以白绸机头为绥。又以草之精粗。分人贵贱。"[91]"又有一种油葵，似粽叶而性柔，止可作蓑，而耐久。"[92]类似的种植生产，在葵业产业结构与组合中，只具有衬托的作用。

蒲葵产业的标志与效应主要在于制扇，葵扇已成为清代广东乃至现代广东重要的传统工艺特色产品。清代广东，蒲葵产业规模不断扩大，不仅形成了产业内部的行业分工，而且形成了重要的产业结构与组合，显示出巨大的产业发展潜能。有载："葵扇，用蒲葵叶肉制成，有箱扇、包扇两种。箱扇用未开之笔形叶制成，形质轻洁。包扇用已开之叶制成，业此者分业数行，曰晒工，曰剪工，曰焙工，曰合工，曰画工，曰撕藤，曰析合，曰制柄，各事专门，加以农种商运，附城居民均靠此为生业。"[93]可以看出，蒲葵产业已形成了农、工、商一体化的产业结构与组合。

二、罂粟产业

罂粟产业结构与组合主要是在鸦片战争之后兴起的副业产业。

特别是珠江三角洲地区，毗邻港澳，对鸦片的认识较早，也最容易接受罂粟的种植与经营。光绪十九年（1893），据载："查本口附近界内，在淇澳司之金星门一带，现有闽人携到罂粟子粒，相地种植，教土人以栽培、收浆之法，约定收成后，由闽人收买，每斤给洋银三元。现在种植已有数千亩，额度每亩可收浆四斤。该罂粟种于晚稻刈获之后，收于早稻分秧之前，无害农时，不碍地利，傥克收效，恐将来香山一带遍地皆是矣。"[94] 罂粟种植，由于不误农时，而且具有肥田功效，农民也愿意种植，所以促进了罂粟产业经营的发展。1894 年，据载："土药，查本年因洋药贵，本口附近地方之种植罂粟者，据各商报称已多至数百亩，均有成效可观。每亩收浆至十三斤，每斤价值上年只洋银二元半，本年则涨至四元半。此项土药自前年至上年始行试种，其初粟子粒皆由印度带来。今则半系本土所产，半是来自天津。布种皆就禾田之中，兴工于西历十月，讫于次年三月，恰值农隙之时，无碍树。且种粟之处，下以河泥掺沙，并猪矢、油麸等料以焙之。及成熟之后，继种禾稻，土脉更觉肥饶，最易滋长。以故农民每愿以闲田相让，而不受租值也。每株罂粟其茎高至三尺，颗粒大如鸡卵，至西历二月底即已成熟。于八日内如法收浆，以缸盛之，多售于石歧一埠。"[95] 罂粟种植出现了不断扩大的趋势。1895 年，有谓："本年因中日军务，其培植罂粟所用之豆饼，北方运来者，价较往年贵至一半。种植之家因乏料滋培，故所种亩数仍与上年无异，并未加多。其收获之浆，价值尚好，计每斤售价自三元半至四元半。闻近来粤省种罂粟者，又有东莞、增城、番禺三县。并闻该三县所产土药，更胜于云南土，尤以番禺为最。"[96] 虽然受利益的驱动，罂粟成为副业产业结构与组合的新宠，但由于罂粟种植对耕种技术及土壤肥力有一定的要求，生产成本较高，所以也难以在广东其他地区推行，始终只能够在条件较好的珠江三角洲地区一隅发展，从而阻碍了其产业规模的进一步扩大与发展。

三、烟草产业

烟草产业也是清代广东副业产业结构与组合中的重要构成，在广东得到迅速发展和兴盛。如四会地区，“淡芭菰，即烟草也，叶大如扇。近稍叶嫩而小者味浓，邑人种此，利于种稻”[97]。又如新会地区，“河田等田宜旱烟，故种烟者十之七八，种稻者十之二三，其稻多以人耕，罕畜牛也”[98]。而且，广东烟草产业形成了不同品种的产业地域分布特色。如高要地区，“烟丝，分生、熟两种，生烟叶购自南雄，熟烟叶多购于新兴、天堂店。商于每年五六月烟叶收成时，备价采买，足供一年之用。其制法：将烟叶之骨撕去，和以油，用木夹实，刨之为双顶，熟加油并加升硃为上熟，再次为二熟，附城及各墟市多业此，绿步尤多”[99]。至清末，广东更发展成为烟叶生产大省，有载：“光、宣间，盛行种菸，将菸叶制为条丝，每年运往各省及南洋者甚多，为大埔出口货之一宗。亦多由女子料理。种菸、晒菸等法，往往较男子为优。”[100]清末广东烟草产业形成了重要的产业结构与组合。

四、药材产业

药材种植和经营也逐渐成为清代广东重要的副业产业结构与组合。如排草，“沙亭乡江畔。有沙地二三十亩。其种宜排草。农人以重价佃之。春以播秧。至六月始种排草。十月收之。其根长五六尺。卖以合香。叶以泥渍使干。卖与番人为药。每地一亩。以半种姜芋。以半种排草。以菜麸壅之。次年则以种姜芋者种排草。必相易也。农人喜种排草。其利甚厚。惜宜种之地。不能多有。沙亭之外。如潭山、大岭间。亦有数十亩焉”[101]。排草具有较高的经济价值，其种植与经营主要集中在珠江三角洲地区。如番禺地区，“排草，状如白茅，对节生叶，两两相排，故名。茎长而干中空。旧产河南及石狮头乡，近年鹿步属冼村、石牌一带多产此草，生草处广百余亩，乡人播植为业。每年春间种之，至六七月即滋生蕃茂，不事灌溉，刈割舁至城西晏公街药材行，贩运为药料之需。气甚芳馥，研末可藏护枷栩。岁销价银约十余万元”[102]。又比如桂，也是广东生产的重要药材。如西宁地区，“邑上静都镇多产桂，其入药者有数种。植之十余年，干大如椽。剥其厚皮曝干，细鬻于市为桂皮。摘其实为桂子，亦名桂花。折其梢为桂枝，取其叶可蒸为桂油，皆入药”[103]。以桂制作的药品不断输出海外，更刺激了桂的种植规模进一步扩大。广东地区还有一些其他药材，通过种植或采集，逐渐形成了产业经营发展，但由于较为分散，产品有限，未能如排草、桂等那样在市场上有较大的号召力。

五、农产品加工产业

一些农产品的附属加工，也是清代广东重要的副业产业结构与组合，如将一些农产品加工成半成品或风味产品，同样具有重要的产业价值，清代广东副业产业的多元化发展就说明了这一点。如“连阳多小黑豆，名马料子，喂马易肥，人食补肾，以青矾、五棓煮造豆豉，作货售于远近，岁数千金”[104]。又如番禺地区，“坑头、上梅坑、南村、罗边、市头、沙边、曾边以及南亭一带，每年自十月至翌年正月，多于田间搭盖茅寮制造切菜，东、西、北三江均有销路，亦有运销于南洋金山埠者；又或腌制头菜、咸菜运往各属之沙湾、赤沙、白鹤洲、坑口、大围等乡，亦多头菜、咸菜之业，生意均佳。赤沙之咸菜，且能操纵市价”[105]。一些边远地区的农产品加工产业尤为发达。如西宁地区，“蜜枣，五六月时采生枣，先以针牌刮破其皮，水泡浸之，蜜煎晒干即成。都城商店多有业此者，运销省港，每百觔约值价银五六十元不等”。又如“咸笥，四五月间，笱客设庄收采大头竹笱。一种去壳剥衣，刀破略成塔形，入甕缸盐腌之。换载木桶封固，运往广州，销售外埠。岁出口约三四十万觔，亦为邑产特种之一。业此者多属附城通门都城各商人。近有改良制法，将笱煮熟，不用盐载，以白铁罐汗口封密，运销外埠，更可久用”[106]。在农产品的副业产业结构与组合中，一般多需要二次加工，工序较长，但是产业价值较高，市场前景广阔。而且，一些天然产品，如竹笋一类，也可以通过副业产业加工，成为地方重要特产，运销海内外，从而进一步提高其产业利润与产值。

副业产业结构与组合，内容繁杂，多数表现为二次加工型的产业组合，农工商结合，产业附加值较高，市场竞争力较强。同时，有些副业产业也反映了中国社会的转型与变化，如鸦片种植即是鸦片战争后的产物，反映了产业经营与社会的发展变迁紧密相连。

第四节　渔畜产业结构与组合

渔畜产业结构与组合，主要包括渔业与畜牧业。广东有发展渔业产业得天独厚的条件，既有丰富的江河水资源，也有广阔的海上资源，渔业产业发展具有重要的意义。而畜牧产业发展方面，则缺乏大型的家禽品种，只有家庭式的或小型的家畜养殖，如鸡、鸭、鹅、猪等，因此产业规模有限，产值并不高。

清代广东渔业产业结构与组合，可以分为三大类。

一是养鱼业。主要是池塘养鱼，“广州地多池塘。所畜者鲢、鳙、鲩、鲮、鲫。皆以鱼秧长之”[107]。“广州诸大县村落中。往往弃肥田以为基。以树果木。荔支最多。茶、桑次之。柑、橙次之。龙眼多树宅旁。亦树于基。基下为池以畜鱼。岁暮涸之。至春以播稻秧。大者至数十亩。其筑海为池者。辄以顷计”[108]。池塘养鱼业的发展，导致了鱼苗需求的扩大，进而促使了鱼苗专业城镇的出

现，形成了新的附加产业。南海九江就是一个典型：“南海有九江村。其人多以 缐鱼花为业。曰鱼花户。”“九江乡以养鱼苗。鱼苗之池。惟九江乡有之。他处率养大鱼。即养鱼苗。不繁滋也。”[109]而且，鱼苗产业规模不断扩大，有载：“鱼苗。本粤西溪潭中巨鱼散卵。至端州境内始出子。九江堡民于湾环处所取之。自封川江口至高明。为鱼苗阜者九百所。每阜分上中下。纳税于府。名曰鱼牌。”[110]鱼苗产业的发展，也反映了养鱼业的兴旺发达。

二是捕捞业。捕捞业也可分为两类，首先是淡水捕捞业，如珠江三角洲地区，“凡鲈鱼以冬初从江入海。趋咸水以就暖。以夏初从海入江。趋淡水以就凉。渔者必惟其时取之。语曰。鱼咸产者不入江。淡产者不入海。未尽然也。白花鱼咸淡之水皆有。黄花惟大澳乃有。大澳者咸水之边也。自十月至十一月。以日昃尽浮出水。渔者必以暮取之”[111]。又如顺德甘竹滩，“鲥鱼最美。其滩上鲥鱼。以罾取之。滩下鲥鱼。以大网取之”[112]。其次是海上捕捞业，主要分布在沿海地区。如龙不鱼，“皮最厚，重者数百觔，肉甘鲜，无毒，作羹良。皮干之，以货远，为海味异品，名龙不皮”[113]。又如海鳝鱼，“一鱼之肉载十余船，钱数十万，其脂可为油，骨可为器，筋为海错上品”[114]。又如鳘鱼，“状如石首鱼而大，黑色多鳞。巨者鳞如海镜，眼如碗，重数十觔，可脯可醢。腹内白鳔，中空如泡，诸鱼脬无此大者，破而干之以为货，岭南人谓之鱼肚，以为上馔，亦作胶，用造弓矢”[115]。海上捕捞业的发展也推动了鱼产品加工业的兴旺。如香山地区的虾酱，“东南近海诸村均制之，恭常都、唐家乡最良。捞银虾成齑，盐渍之，味甘香。略干而细者曰虾膏”。又如蠔油，“煎蠔汁为油，味胜盐豉，与虾酱为本邑制造品之特色”。又如蠔豉，“唐家、鸡拍诸乡最著。每年采蠔以担计。每担肥者可晒蠔豉二十五觔，瘦者约二十觔，每担蠔汤可煮蠔油二觔。蠔豉有生晒、熟晒之分，生晒时味最清甘，熟晒稍逊，然可久藏，贩买者俱以熟晒为率”[116]。

三是近海养殖业。有谓：“东莞、新安有蠔田。与龙穴洲相近。以石烧红散投之。蠔生其上。取石得蠔。仍烧红石投海中。岁凡两投两取。”[117]又谓：“番禺海中有白蚬塘。自狮子塔至西江口。凡二百余里。皆产白蚬。……蚬之利以白蚬塘为最。豪右家擅夺海中深澳以为塘。白蚬之所生。或多或少。视其人造化所至。蛋人佃其塘以取白蚬。亦复如之。故谚曰。今年白蚬多。蛋家银满篓。”[118]近海养殖业也逐渐成为清代广东渔业产业结构与组合的重要内容。

畜牧产业结构与组合方面，广东畜牧产业规模相对较小，其畜牧对象体型较小，产能也有限。

如鸭，“广州濒海之田。多产蟛蜞。岁食谷芽为农害。惟鸭能食之。鸭在田间。春夏食蟛蜞。秋食遗稻。易以肥大。故乡落间多畜鸭。畜鸭有埠。埠有主。以民有恒产者为之。凡鸭食人田稻。责之埠主。埠主责之畜鸭民。按名以偿。无有敢为暴者。秋获时。鸭价甚贱。佃户纳租。必以鸭副之。然皆海鸭。滋味腥不美。美者山鸭。故南雄烟鸭特重。次则从化所产”[119]。畜鸭既有市价，也有质量对比，当为市场上的流通商品，说明家畜业已成为产业组合。如番禺，“畜鸭民以船栖鸭，谓之鸭排，一排容鸭三千二百，每鸭一千，三人司之。每晨驱之上岸，使自觅食。迨秋深鸭肥，载至省城卖之，或留以生卵，或腌为腊鸭。本邑畜牧之业，以此为最大”[120]。由于养鸭业不断发展，也促进了鸭品加工业的发展，通过二次加工，鸭品成为地方特产，运销各地，形成产业化生产经营。如新会，“鸭，饲于水中，成长甚速，惟远不及北省鸭之肥大，想因气候与食料不同故也。肉味甘美，冬月用盐腌而曝之，名曰腊鸭，亦为大宗食品”[121]。又如南雄，“雄鸭，以雄得名，鸭嫩而肥，腌之渍以茶油，日久肉红味鲜，广城甚贵之”[122]。再如电白，“腊鸭，出架炮者良，行于各郡”[123]。

此外，还有鸡、猪、牛等其他家畜产业。如番禺，“沙湾王姓有乳牛百余头，日出乳千余斤，销流于省城及四乡，故沙湾牛乳之

名特著。光绪晚年，食牛之戒渐破，东关一带始有广畜菜牛以供口腹者，但仍不如养猪之盛。养猪之地谓之猪栏，大者容十二猪，小者亦可容二猪，或养猪花，或养猪母，均以煮熟之番薯、番瓜、红苋菜等和糟饲之，故其肉肥美，有求过于供之势。然亦无大规模之猪栏也。省城之东西猪栏，市桥、新造等墟之猪栏，其规模较大，然此为猪市之别名，其实已不同”[124]。其他地区也有家畜产业，如高州地区，“猪，亦曰花猪，人家豢之，广、肇商贩以取利”[125]。但总体而言，产业规模并不大。鸡的畜养也是如此，但由于鸡适合家庭畜养，因此还是具有一定的地区广泛性。如番禺地区，有谓：“凡养猪者，必兼养鸡，盖猪之食糟，狼藉满地，养鸡以啄其余，因可以惜物，而鸡以熟食之故，味尤美。但鲜有以一家而养鸡过百者，间或有之，厥为鸡苗，以火焙卵，孵化成雏，谓之鸡苗。鸡苗之业，聚于河南，总计不过数家，而广州之鸡多出于此，故常盈千累万，然孵化后至迟二三日即散之四方，无待至成长者。”[126]也说明了家庭畜鸡业的普遍。畜养产业还发展了一些附加产业构成。如牛皮，在南海地区寨边市中，“在寒也乡，其市以生牛皮制为熟牛皮，供鞋料，又制熟牛皮胶，以供染料药物”[127]。

还有一些畜养产业，从自然采集开始，再逐步发展成为人工饲养。如蜂蜜，开始只是利用野生蜂群酿蜜，人工采集后贩卖取利，如阳春，有载：“阳春多蜂蜜以为货。蜂为房于岩石林木间者。其酿白蜜脾。谓之山蜜。亦曰蜂糖。霜后割之。白如脂。味胜家蜜。家蜜取以夏、冬为上。秋次之。春易发酸。冬曰梅花糖。最甘香。”[128]有些地区则是人工管养方式，如新会，“蜜蜂，多饲于礼乐都会各乡，置于果园中，不费饲养料，能自采果花以酿成糖及蜡，稍加管理，即可获利”[129]。又如新宁地区，“蜜，山人多养之，其蜂采山花，蜜更香美”[130]。

清代广东畜牧产业结构与组合，主要是在一些经济条件较好的地方发展，以一些小型的家畜品类为主，如鸡、鸭、猪、牛等，山区则以养蜂产业为多。一般规模不大、产能较小，但仍然能够通过二次加工，使一些畜养产品成为地方名产，并投放市场，从而维持和推动了广东畜牧产业的缓慢发展。

第五节　小结

清代广东农业产业结构与组合，涉及农、林、牧、副、渔各个领域与层面，尽管各类产业规模大小不一、地域分布各有不同，但都表现出良好的产业发展势头与发展前景，反映了清代广东农业产业结构与组合的合理性和全面性，体现出重要的产业经营特色。

第一，多重结构与组合特色。

多重结构与组合特色，是指在同一种农产品中，可以形成多种产业结构与组合，或者成为农业产业结构与组合，或者成为副业产业结构与组合，产业经营内容丰富多彩。如黄姜，既可成为农业产业经营组合，也可成为副业产业经营组合。有谓："番禺多种黄姜。以其末染诸香屑为香线、香饼。又可涂龙眼干，使其色黄，充上果，而运行不蠹。为果箱者资之，故龙眼壳多味辛。"[131]有的农林产品，因其不同部分具有不同的功用，从而可能形成多重产业结构与组合的特色。如海康地区，"樟树，树大有五六尺，高约四五丈，可充舟车之用，气味甚香，其皮、叶可蒸樟脑"[132]。又如海南文昌地区有山罗，"一名三六菇，土人取其叶粪田，木可作船板，子亦可榨油"[133]。有的农产品经过二次加工后，被分离成各种物质，从而形成不同的产业结构与组合。如"落花生，草本种者，以沙土陪仁则蔓生，开花黄色，花叶成丝，入土成荚，掘土取之，壳长寸许，皱纹，中有实三四，状如蚕豆。土人用榨油、充食、燃灯，商贩运载售远，其利甚钜，其渣可粪田"[134]。又如柏，"广州妇女常于霜降后采柏子仁浸油，膏发润泽而黑。潮阳多紫柏，木香而文，可为器”[135]。这些反映了清代广东农业产业经营的发展具有较大的规模和较高的发展水平，可以通过加工技术形成多重结构与组合特色。

第二，外贸结构与组合特色。

外贸结构与组合特色，是指产业生产经营与外贸发展紧密相连。这里有两方面的意义。一方面，不少具有产业意义的农业产品，通过外来引种，逐步发展成产业经营。如广东新宁县，“生菜，种自外洋者佳。柳菜，今年得诸外洋。又一种曰椰菜花，形如鸡冠，淡青黄色，大可如斗。……荷兰豆，本外洋种，初为省城西关一老圃得莳植之法，初出甚贵，今则遍岭海皆有之”[136]。又如吴川县，“荷兰豆，亦名牙豆，近数十年得种于澳夷，今处处种之”[137]。又如“百子莲，叶如大蒜，中抽一茎未开花，数十果如小玉簪，绛色极娇艳，种来自外洋，邑中近来多种之”[138]。广泛种植外来农产品，当以形成相当规模的产业经营为前提。另一方面，不少地区的农产品主要是为满足外销而形成产业结构与组合的。如清末英德地区，“县属药材出产，为数不少，兹就运载出口销路最广者采绿”[139]。又如清末海康地区，“薄草，……拔起晒干，男女手织，大者曰席，小者曰苞，商人运售香港、澳门及外洋各埠，每年可得数百万元，综计全县出口货，此为大宗”[140]。海关报告中也显示了清代广东农业产业结构组合中的外贸特色。“1879 年出口 160 300 卷地席运往香港，几乎全部转运至美国。地席出口仅次于丝、茶、糖而居第四位。在广州众多的制造行业中，没有哪行比编织草席更能赚钱。”[141]

第三，地域结构与组合特色。

地域结构与组合特色，主要是指清代广东农业产业结构与组合中受地域区位系统影响较为明显。一方面，产业结构与组合按地域横向分布。一般的农业结构与组合以种植产业为主，主要分布在广东南部沿海丘陵地带及珠江三角洲冲积平原地区，需要较优越的自然条件与较高的耕作技术。而边远山区则以林业或副业结构与组合分布为主。边远山区，土地瘦瘠，交通不便，不少林业、副业产品往往只有经过产业重组转化为副业加工后，才具有较好的产业发展前景。另一方面，广东特有的地域性作物较多，形成了地域性的产业结构与组合。广东地处热带、亚热带地区，常年高温多雨，物种较为丰富，容易形成地区性独有或稀有的产业经营产品，从而提高了农业产业经营的利润与价值。如荔枝的生产与加工和水稻的商业化生产，都与地区独特的自然生态环境有关。同时，广东面向海洋，毗邻港澳，容易受西方经济模式的影响，形成外向型的产业方向，农业产业经营具有浓厚的地域结构与组合特色。

注释：

［1］（清）范端昂撰，汤志岳校注：《粤中见闻》卷四，广州：广东高等教育出版社 1988 年版，第 38 页。

［2］《道光新会县志》卷二《物产》，《中国地方志集成 · 广东府县志辑》第 33 册，上海：上海书店 2003 年版，第 131 页。

［3］《民国增城县志》卷九《实业》，《中国地方志集成 · 广东府县志辑》第 5 册，上海：上海书店 2003 年版，第 453 页。

［4］《民国西宁县志》卷十四《食货三》，《中国地方志集成 · 广东府县志辑》第 51 册，上海：上海书店 2003 年版，第 107 页。

［5］莫世祥等编译：《近代拱北海关报告汇编（1887—1946）》，澳门：澳门基金会 1998 年版，第 13—14 页。

［6］（清）薛福成：《出使英法义比四国日记》，长沙：岳麓书社 1985 年版，第 223 页。

［7］（清）屈大均：《广东新语》卷二十四《虫语》，北京：中华书局 1985 年版，第 587—588 页。

［8］李文治编：《中国近代农业史资料第一辑（1840—1911）》，北京：生活 · 读书 · 新知三联书店 1957 年版，第 82 页。

［9］《光绪高明县志》卷二《地理》，《中国地方志集成 · 广东府县志辑》

第34册，上海：上海书店2003年版，第30页。

［10］《香山县乡土志》卷十四，中山市地方志编纂委员会办公室，1988年。

［11］（清）屈大均：《广东新语》卷十五《货语》，北京：中华书局1985年版，第426页。

［12］《乾隆嘉应州志》卷一《舆地部》，广州中山图书馆古籍部，1991年，第51页。

［13］（清）屈大均：《广东新语》卷二十四《虫语》，北京：中华书局1985年版，第588页。

［14］《民国西宁县志》卷十四《食货三》，《中国地方志集成·广东府县志辑》第51册，上海：上海书店2003年版，第124页。

［15］（清）屈大均：《广东新语》卷十五《货语》，北京：中华书局1985年版，第425—426页。

［16］（清）刘銮：《五不瓠》，《清代笔记小说》第36册，石家庄：河北教育出版社1996年版，第396页。

［17］《嘉庆海康县志》卷一《疆域》，《中国地方志集成·广东府县志辑》第44册，上海：上海书店2003年版，第46页。

［18］《宣统高要县志》卷十一《食货篇二》，《中国地方志集成·广东府县志辑》第47册，上海：上海书店2003年版，第151页。

［19］（清）罗天尺撰，林子雄点校：《五山志林》，《清代广东笔记五种》，广州：广东人民出版社2006年版，第155页。

［20］《道光英德县志》卷十六《物产略》，《中国地方志集成·广东府县志辑》第12册，上海：上海书店2003年版，第495页。

［21］《民国阳江县志》卷十六《食货志四》，《中国地方志集成·广东府县志辑》第40册，上海：上海书店2003年版，第316页。

［22］（清）吴绮撰，林子雄点校：《岭南风物记》，《清代广东笔记五种》，广州：广东人民出版社2006年版，第19页。

［23］（清）吴绮撰，林子雄点校：《岭南风物记》，《清代广东笔记五种》，广州：广东人民出版社2006年版，第24页。

［24］《道光连山绥傜厅志·物产》，《中国地方志集成·广东府县志辑》

第 14 册，上海：上海书店 2003 年版，第 534 页。

[25]《宣统高要县志》卷十一《食货篇二》，《中国地方志集成 · 广东府县志辑》第 47 册，上海：上海书店 2003 年版，第 150 页。

[26]（清）屈大均：《广东新语》卷二十七《草语》，北京：中华书局 1985 年版，第 689—690 页。

[27]《光绪潮阳县志》卷十二《物产》，《中国地方志集成 · 广东府县志辑》第 28 册，上海：上海书店 2003 年版，第 153 页。

[28]《道光遂溪县志》卷十《物产》，《中国地方志集成 · 广东府县志辑》第 39 册，上海：上海书店 2003 年版，第 684 页。

[29]《民国琼山县志》卷三下《舆地八》，《中国地方志集成 · 海南府县志辑》第 3 册，上海：上海书店 2001 年版，第 332 页。

[30]（清）屈大均：《广东新语》卷十四《食语》，北京：中华书局 1985 年版，第 389 页。

[31]《嘉庆澄海县志》卷六《风俗》，《中国地方志集成 · 广东府县志辑》第 26 册，上海：上海书店 2003 年版，第 61 页。

[32]谭伟伦：《阳山、连山、连南的传统社会与民俗（上）》，国际客家学会，2006 年，第 118 页。

[33]（清）屈大均：《广东新语》卷十四《食语》，北京：中华书局 1985 年版，第 384 页。

[34]李文治编：《中国近代农业史资料第一辑（1840—1911）》，北京：生活 · 读书 · 新知三联书店 1957 年版，第 451 页。

[35]《同治河源县志》卷十一《物产》，《中国地方志集成 · 广东府县志辑》第 17 册，上海：上海书店 2003 年版，第 333 页。

[36]《民国赤溪县志》卷二《舆地下》，《中国地方志集成 · 广东府县志辑》第 35 册，上海：上海书店 2003 年版，第 60 页。

[37]《民国西宁县志》卷十四《食货三》，《中国地方志集成 · 广东府县志辑》第 51 册，上海：上海书店 2003 年版，第 125 页。

[38]李文治编：《中国近代农业史资料第一辑（1840—1911）》，北京：生活 · 读书 · 新知三联书店 1957 年版，第 451 页。

[39]《道光英德县志》卷四《舆地略下》，《中国地方志集成 · 广东府县

志辑》第12册，上海：上海书店2003年版，第215页。

［40］（清）屈大均：《广东新语》卷十四《食语》，北京：中华书局1985年版，第388页。

［41］（清）范端昂撰，汤志岳校注：《粤中见闻》卷二十五，广州：广东高等教育出版社1988年版，第287页。

［42］《同治韶州府志》卷十一《舆地略》，《中国地方志集成·广东府县志辑》第8册，上海：上海书店2003年版，第232页。

［43］《民国西宁县志》卷十四《食货三》，《中国地方志集成·广东府县志辑》第51册，上海：上海书店2003年版，第124页。

［44］（清）屈大均：《广东新语》卷二十七《草语》，北京：中华书局1985年版，第693页。

［45］（清）屈大均：《广东新语》卷二十七《草语》，北京：中华书局1985年版，第696页。

［46］《光绪四会县志》卷一《物产》，《中国地方志集成·广东府县志辑》第49册，上海：上海书店2003年版，第122页。

［47］（清）屈大均：《广东新语》卷二十七《草语》，北京：中华书局1985年版，第696—697页。

［48］（清）范端昂撰，汤志岳校注：《粤中见闻》卷二十七，广州：广东高等教育出版社1988年版，第304页。

［49］《民国增城县志》卷九《实业》，《中国地方志集成·广东府县志辑》第5册，上海：上海书店2003年版，第452页。

［50］（清）张渠撰，程明校点：《粤东闻见录》，广州：广东高等教育出版社1990年版，第86页。

［51］（清）屈大均：《广东新语》卷二十七《草语》，北京：中华书局1985年版，第703页。

［52］（清）范端昂撰，汤志岳校注：《粤中见闻》卷二十五，广州：广东高等教育出版社1988年版，第281页。

［53］（清）范端昂撰，汤志岳校注：《粤中见闻》卷二十五，广州：广东高等教育出版社1988年版，第281页。

［54］《乾隆陵水县志》卷一《地舆志》，《中国地方志集成·海南府县志

辑》第 6 册，上海：上海书店 2001 年版，第 667—668 页。

［55］《同治番禺县志》卷七《舆地五》，《中国地方志集成 · 广东府县志辑》第 6 册，上海：上海书店 2003 年版，第 51 页。

［56］《光绪吴川县志》卷二《地舆》，《中国地方志集成 · 广东府县志辑》第 42 册，上海：上海书店 2003 年版，第 56 页。

［57］《光绪信宜县志》卷一《舆地十三》，《中国地方志集成 · 广东府县志辑》第 38 册，上海：上海书店 2003 年版，第 445 页。

［58］（清）范端昂撰，汤志岳校注：《粤中见闻》卷二十五，广州：广东高等教育出版社 1988 年版，第 279 页。

［59］《宣统番禺县续志》卷十二《实业志》，《中国地方志集成 · 广东府县志辑》第 7 册，上海：上海书店 2003 年版，第 164 页。

［60］（清）屈大均：《广东新语》卷二《地语》，北京：中华书局 1985 年版，第 44 页。

［61］（清）范端昂撰，汤志岳校注：《粤中见闻》卷二十九，广州：广东高等教育出版社 1988 年版，第 318 页。

［62］（清）范端昂撰，汤志岳校注：《粤中见闻》卷二十九，广州：广东高等教育出版社 1988 年版，第 318 页。

［63］（清）屈大均：《广东新语》卷二《地语》，北京：中华书局 1985 年版，第 44 页。

［64］（清）范端昂撰，汤志岳校注：《粤中见闻》卷二十九，广州：广东高等教育出版社 1988 年版，第 320 页。

［65］（清）范端昂撰，汤志岳校注：《粤中见闻》卷二十九，广州：广东高等教育出版社 1988 年版，第 322 页。

［66］《宣统番禺县续志》卷十二《实业志》，《中国地方志集成 · 广东府县志辑》第 7 册，上海：上海书店 2003 年版，第 174 页。

［67］（清）范端昂撰，汤志岳校注：《粤中见闻》卷二十九，广州：广东高等教育出版社 1988 年版，第 322 页。

［68］《民国西宁县志》卷十四《食货三》，《中国地方志集成 · 广东府县志辑》第 51 册，上海：上海书店 2003 年版，第 124 页。

［69］《光绪潮阳县志》卷十二《物产》，《中国地方志集成 · 广东府县志

辑》第28册，上海：上海书店2003年版，第153页。

［70］《光绪潮阳县志》卷十二《物产》，《中国地方志集成·广东府县志辑》第28册，上海：上海书店2003年版，第153页。

［71］《道光新会县志》卷二《物产》，《中国地方志集成·广东府县志辑》第33册，上海：上海书店2003年版，第132页。

［72］《新会乡土志》卷十四，香港：香港冈州学会1970年版，第132页。

［73］《宣统番禺县续志》卷十二《实业志》，《中国地方志集成·广东府县志辑》第7册，上海：上海书店2003年版，第174页。

［74］《嘉庆澄海县志》卷二十二《物产上》，《中国地方志集成·广东府县志辑》第26册，上海：上海书店2003年版，第276页。

［75］《康熙长乐县志》卷六《籍产志》，《中国地方志集成·广东府县志辑》第23册，上海：上海书店2003年版，第151页。

［76］（清）屈大均：《广东新语》卷二十五《木语》，北京：中华书局1985年版，第612页。

［77］《道光英德县志》卷十六《物产略》，《中国地方志集成·广东府县志辑》第12册，上海：上海书店2003年版，第503页。

［78］《光绪信宜县志》卷一《舆地十三》，《中国地方志集成·广东府县志辑》第38册，上海：上海书店2003年版，第447页。

［79］《香山县乡土志》卷十四，中山市地方志编纂委员会办公室，1988年。

［80］《香山县乡土志》卷十四，中山市地方志编纂委员会办公室，1988年。

［81］（清）范端昂撰，汤志岳校注：《粤中见闻》卷二十六，广州：广东高等教育出版社1988年版，第296页。

［82］《乾隆揭阳县志》卷七《物产》，《中国地方志集成·广东府县志辑》第29册，上海：上海书店2003年版，第453页。

［83］《民国西宁县志》卷十四《食货三》，《中国地方志集成·广东府县志辑》第51册，上海：上海书店2003年版，第111页。

［84］《新会乡土志》卷十四，香港：香港冈州学会1970年版，第143页。

［85］《民国阳江县志》卷五《地理五》，《中国地方志集成·广东府县志

辑》第40册，上海：上海书店2003年版，第227页。

[86]（清）范端昂撰，汤志岳校注：《粤中见闻》卷二十三，广州：广东高等教育出版社1988年版，第264页。

[87]《民国西宁县志》卷十四《食货三》，《中国地方志集成·广东府县志辑》第51册，上海：上海书店2003年版，第125页。

[88] 谭伟伦：《阳山、连山、连南的传统社会与民俗（上）》，国际客家学会，2006年，第120页。

[89]（清）屈大均：《广东新语》卷十六《器语》，北京：中华书局1985年版，第453—454页。

[90]（清）张渠撰，程明校点：《粤东闻见录》卷下，广州：广东高等教育出版社1990年版，第72页。

[91]（清）屈大均：《广东新语》卷十六《器语》，北京：中华书局1985年版，第454页。

[92]（清）张渠撰，程明校点：《粤东闻见录》卷下，广州：广东高等教育出版社1990年版，第72页。

[93]《新会乡土志》卷十四，香港：香港冈州学会1970年版，第143页。

[94] 莫世祥等编译：《近代拱北海关报告汇编（1887—1946）》，澳门：澳门基金会1998年版，第162页。

[95] 莫世祥等编译：《近代拱北海关报告汇编（1887—1946）》，澳门：澳门基金会1998年版，第168—169页。

[96] 莫世祥等编译：《近代拱北海关报告汇编（1887—1946）》，澳门：澳门基金会1998年版，第175页。

[97]《光绪四会县志》编一《舆地志》，《中国地方志集成·广东府县志辑》第49册，上海：上海书店2003年版，第123页。

[98]《道光新会县志》卷一《图说》，《中国地方志集成·广东府县志辑》第33册，上海：上海书店2003年版，第91页。

[99]《宣统高要县志》卷十一《食货篇二》，《中国地方志集成·广东府县志辑》第47册，上海：上海书店2003年版，第149页。

[100]（清）徐珂：《清稗类钞》第五册，北京：中华书局1984年版，第2211页。

［101］（清）屈大均：《广东新语》卷二十六《香语》，北京：中华书局1985年版，第682页。

［102］《宣统番禺县续志》卷十二《实业志》，《中国地方志集成·广东府县志辑》第7册，上海：上海书店2003年版，第175页。

［103］《民国西宁县志》卷十四《食货三》，《中国地方志集成·广东府县志辑》第51册，上海：上海书店2003年版，第115页。

［104］（清）范端昂撰，汤志岳校注：《粤中见闻》卷二十五，广州：广东高等教育出版社1988年版，第278页。

［105］《宣统番禺县续志》卷十二《实业志》，《中国地方志集成·广东府县志辑》第7册，上海：上海书店2003年版，第182页。

［106］《民国西宁县志》卷十四《食货三》，《中国地方志集成·广东府县志辑》第51册，上海：上海书店2003年版，第124页。

［107］（清）屈大均：《广东新语》卷二十二《鳞语》，北京：中华书局1985年版，第552页。

［108］（清）屈大均：《广东新语》卷二十二《鳞语》，北京：中华书局1985年版，第564页。

［109］（清）屈大均：《广东新语》卷二十二《鳞语》，北京：中华书局1985年版，第556、564页。

［110］（清）屈大均：《广东新语》卷二十二《鳞语》，北京：中华书局1985年版，第565页。

［111］（清）屈大均：《广东新语》卷二十二《鳞语》，北京：中华书局1985年版，第553页。

［112］（清）屈大均：《广东新语》卷二十二《鳞语》，北京：中华书局1985年版，第568页。

［113］《香山县乡土志》卷十四，中山市地方志编纂委员会办公室，1988年。

［114］《光绪吴川县志》卷二《舆地》，《中国地方志集成·广东府县志辑》第42册，上海：上海书店2003年版，第74页。

［115］《光绪吴川县志》卷二《舆地》，《中国地方志集成·广东府县志辑》第42册，上海：上海书店2003年版，第75页。

[116]《香山县乡土志》卷十四，中山市地方志编纂委员会办公室，1988 年。

[117]（清）屈大均：《广东新语》卷二十三《介语》，北京：中华书局 1985 年版，第 576 页。

[118]（清）屈大均：《广东新语》卷二十三《介语》，北京：中华书局 1985 年版，第 578—579 页。

[119]（清）屈大均：《广东新语》卷二十三《介语》，北京：中华书局 1985 年版，第 524—525 页。

[120]《宣统番禺县续志》卷十二《实业志》，《中国地方志集成·广东府县志辑》第 7 册，上海：上海书店 2003 年版，第 178 页。

[121]《新会乡土志》卷十四，香港：香港冈州学会 1970 年版，第 123 页。

[122]《道光直隶南雄州志》卷九《物产》，《中国地方志集成·广东府县志辑》第 10 册，上海：上海书店 2003 年版，第 172 页。

[123]《光绪重修电白县志》卷四《舆地四》，《中国地方志集成·广东府县志辑》第 41 册，上海：上海书店 2003 年版，第 43 页。

[124]《宣统番禺县续志》卷十二《实业志》，《中国地方志集成·广东府县志辑》第 7 册，上海：上海书店 2003 年版，第 178 页。

[125]《光绪高州府志》卷七《舆地七》，《中国地方志集成·广东府县志辑》第 36 册，上海：上海书店 2003 年版，第 92 页。

[126]《宣统番禺县续志》卷十二《实业志》，《中国地方志集成·广东府县志辑》第 7 册，上海：上海书店 2003 年版，第 178 页。

[127]《宣统南海县志》卷六《建置略》，《中国地方志集成·广东府县志辑》第 30 册，上海：上海书店 2003 年版，第 194 页。

[128]（清）屈大均：《广东新语》卷二十四《虫语》，北京：中华书局 1985 年版，第 592 页。

[129]《新会乡土志》卷十四，香港：香港冈州学会 1970 年版，第 124 页。

[130]《道光新宁县志》卷八《舆地略下》，《中国地方志集成·广东府县志辑》第 35 册，上海：上海书店 2003 年版，第 290 页。

［131］（清）张渠撰，程明校点：《粤东闻见录》卷下，广州：广东高等教育出版社 1990 年版，第 100 页。

［132］《民国海康县续志》卷二《地理》，《中国地方志集成・广东府县志辑》第 44 册，上海：上海书店 2003 年版，第 312 页。

［133］《民国文昌县志》卷二《舆地志》，《中国地方志集成・海南府县志辑》第 4 册，上海：上海书店 2001 年版，第 180 页。

［134］《光绪吴川县志》卷二《地舆》，《中国地方志集成・广东府县志辑》第 42 册，上海：上海书店 2003 年版，第 55 页。

［135］（清）范端昂撰，汤志岳校注：《粤中见闻》卷三十，广州：广东高等教育出版社 1988 年版，第 329 页。

［136］李文治编：《中国近代农业史资料第一辑（1840—1911）》，北京：生活・读书・新知三联书店 1957 年版，第 896 页。

［137］《光绪吴川县志》卷二《地舆》，《中国地方志集成・广东府县志辑》第 42 册，上海：上海书店 2003 年版，第 54 页。

［138］《光绪吴川县志》卷二《地舆》，《中国地方志集成・广东府县志辑》第 42 册，上海：上海书店 2003 年版，第 62 页。

［139］《民国英德县续志》卷十六《物产略》，《中国地方志集成・广东府县志辑》第 12 册，上海：上海书店 2003 年版，第 710 页。

［140］《民国海康县续志》卷二《地理》，《中国地方志集成・广东府县志辑》第 44 册，上海：上海书店 2003 年版，第 312 页。

［141］广州市地方志编纂委员会办公室、广州海关志编纂委员会编译：《近代广州口岸经济社会概况——粤海关报告汇集》，广州：暨南大学出版社 1995 年版，第 250 页。

第三章

清代广东农业产业经营发展模式

产业经营发展模式，是指产业经营中生产环节的构成与联动发展的过程。产业经营需要通过生产、加工、销售等一系列的经营运作，才可能形成具有一定经济规模与经济效益的产业发展模式，从而推动产业经营的可持续发展。清代广东农业产业经营，是在大农业概念下的产业经营，农、林、副、渔全面发展，经营内容丰富多样，表现出了较为稳定的产业经营架构，形成了多样化的产业经营发展模式。这一多样化的产业经营发展模式由多种因素决定，既包括各地区生产力水平以及生产规模的差异性，也包括各地区地域资源以及农业技术的差异性。广东农业产业经营发展模式主要呈现出链条式的结构状态，环环相扣，相互联动，共趋发展。考察清代广东农业产业经营产业链的运行模式，可以进一步总结清代广东农业产业经营发展模式的类型与特色，认识清代广东农业产业经营的发展状况与方向。根据清代广东农业产业经营产业链的组合与构成，在大农业的概念下形成了两大主要产业链结构：一是农工商产业链发展模式，二是农商产业链发展模式。尽管在产业结构的优化、深化过程中，可能会出现不同的组合变化，或者出现混合的产业链发展模式，但是清代广东农业产业经营发展模式主要还是沿着两大产业链结构运作，构成了稳定的产业经营的架构与方向。

第一节　农工商产业发展模式

农工商产业发展模式，是清代广东农业产业经营中的长链条发展模式，一般产业运作周期较长。农作物原料经过种植、收获后，根据市场需求，经过人力加工或半机械化加工与制作，成为农产半成品或成品，并通过商业运作流入市场，进行商品交换与商品销售，获取商业利润。清代广东农业产业经营全面发展，在农、林、副、渔各个经营层面，类似的产业发展模式的运作十分普遍，展示了清代广东农业产业经营的主要特色与方向。

在农业种植与生产方面，农工商产业发展模式最为普遍，不少产业经营的发展模式都充分体现了农工商模式的结构特点。如西宁地区的桂皮生产，生产周期较长，生产工序复杂，附加值高，也可以称得上是典型。有载："桂皮，出产以常静都属之金滩、新乐、楷澳附近一带山庄及镇南都属之沙宁、楷章、铁辣、鳌头、黄茅、杨绿、云水各甲山场最称繁盛。每年春二月至三月杪为剥桂时期，剥完晒干，以竹篾齐成把鬻于市，右收桂商店打包运，行销外洋。自光绪中叶，在罗定城内设有桂税局，专税出口桂皮。"[1]

类似的产业经营发展模式，一般是由生产者负责种植和收集，并进行生产原料的处理或粗加工，运至商业市场进行商品交换或商品出售；商人收购原料后，或再包装付运，进行更大范围内的商业运销，获取商品经济所带来的商业利润。当经济作物的原料收成后，需要进行低端加工或粗加工，加工技术含量较低时，在加工领域有可能由农业种植的原料生产者负责处理和经营；但如果生产原料的加工制作需要进行较为复杂的精加工，加工技术含量较高，需要较多劳动者的参与以及资金的投入时，由于生产资本少，利润薄，资金、技术不足，加工领域的生产和经营就有可能落在资本较

雄厚的商人手中，由他们组织和控制加工领域的生产与经营。清末西宁地区的桂油、桂枝等辅助产品的加工与经营，也充分说明了这一点。有谓："桂油，其制法：实桂叶于釜上，覆以甑，甑穿小孔，以筒接之，通于旁甕。染薪釜底，气上蒸油，附于甑，由筒而注于甕。大率桂叶一百觔，仅可得油半觔。邑境常静、都镇、南都十四都所属诸乡村，业此者不下数十家，产量亦不少。惟市价涨落无常，每百觔约值银二百元以上六百元以下，然用途颇广，销售内地，可用为驱风散寒之猛药。运销外洋，或以配上等食料及制造炸发药之主要品。"[2] 又有载："桂枝，即山家剥取桂皮时所賸之嫩枝，未经槌作桂碎者，产量多少，恒视剥桂斩伐桂条之多少为比例差。市价无常，大率每桂枝百觔，约估得价银自一元以上至十元不等，销入内地，可入药，专治外感风寒之症。"[3]

有一些农工商产业发展模式，甚至进行跨境产业构成与运作。生产原料来自外地，在本地进行加工生产，再由本地或外地商人负责商业经营和运销。如清末四会地区的花席生产与经营，即是这一模式。据载："花席，席业聚于连滩，而原料则来自东莞。来草本咸，运至连滩杂晒则良。以麻为经，分各色花样，用手工编编制造。用途以铺床、荐地、挂壁均宜。每张约长五尺或丈余，以至十数丈不等，行销于外洋，故名洋庄席。每年出口销价约银数十万元。往时莞商来此开设席庄，有十余家商店发草织造者，曰东家行。土人领草织造者曰西家行。双方皆设有会馆以经营之。附近连滩二十里内外乡民藉此土业度活者，不下数千人。近年所办洋庄席行屡有歇业，大商店仅有数间出品，渐觉减少，然尚可维持。土人生活产品虽来自外县，要之，关于地方上工业出品，此亦为特种出口货之大宗也。"[4]

在这些产业经营链条中，原料生产者已完全退出加工领域。原料生产并收集后，由商业资本者负责收购和运输，或进行本地加工，或进行异地加工，制作成产业产品，销售获利。

农工商产业经营模式的发展，有利于扩大农业产业经营的品类与范围。一些蔬果类的经济作物，也可以由商家加大产业投入，经过一系列的加工制作，延长蔬果的保质期，或制作成风味产品，以保持或提高蔬果等经济作物的经济价值。如清末海康地区，“蒜种，种宜白沙土，武郎社西南海滨多种之，九月下种，明年二月收入，晒干去茎，运售各埠甚远”[5]。又如清末增城地区，“乌榄、荔枝，属境产额甚夥。乌榄肉，可制豉榨油，其核肉可为果品，皆供食用，其核壳可作原料。荔支鲜啖，而外焙为干，可以经久，可以致远。每值收成，商贾居积返运，岁以为常，有操为永业者焉”[6]。随着农业产业经营商业化程度的不断提高，以及加工技术的不断进步，商业资本已经逐步渗入乃至支配农业产业加工领域的经营，形成新的发展趋向。

清代后期，随着广东产业经营近代化进程的加快，商业资本不断积累和增殖，需要寻求更大的投资途径与资金出路。一些商业资本雄厚者更进一步渗透至农业生产和加工领域，实现农工商产业链的一条龙经营。如 1882 年 4 月，据《澳门政府宪报》记录：“4 月 1 日，经澳门西洋政务厅批准，入西洋籍人曹有在澳门白马行街第 3 号层设立缫丝厂。入西洋籍人冯成，在澳设立缫丝厂两间。一在蒲鱼地，北向街，南向凉水巷，东向种菜地，西向淹皮店；一在和隆围西边，北向茶行，南面均向马路，东向街。此两件缫丝厂均是冯成从南海收购运回澳门，每厂均雇又扫视女工近 200 人，日产生丝 8 担，全部就地卖给怡和洋行。冯成在南海、顺德、番禺都设立了养蚕基地，贷款给农民种桑养蚕，以茧偿还。他还在斗门买下大片土地，开辟桑田，并在该地兴建了一座天主堂。”[7]

在一些商业中心城市，由于市场需求较大，信息畅通，风气开放，商业发达，一些西方先进的经营模式也逐渐得到推广，并付诸实际营运。类似近代股份制农场的农工商产业发展模式也逐步兴起并发展，如增城地区，有载：“启芳园，在云都朱村小礤山下，为朱云生、朱采田合资五千金营筑，经始于光绪三十四年。计内植珍品荔枝千余株，乌榄、白榄各六百余株，橙、柑、桔各二三千株，波罗不可胜数，其他花、竹、树等以千万计，更以余力及于牛羊四扰之畜，皆甚蕃育。”[8]“上都西瓜岭村附近圆岭、新岭、斜贝岭等处，面积约数百亩。光绪三十二年，村人就地编种乌榄五千余株，荔枝千余株，历年从事扩充经营未艾，现所值之木已发荣滋长，而获利亦薄云。”[9]又如清末花县地区，据载：“萃芳园，此园地址土名赤岭，在沥贝村之北，面积约七十余亩，严文义祖之荒地也。光绪三十年批与江联富、严朝辉等集资种植，以五十五年为期，股本二千一百元，所植以荔枝、梅树为多，只以地土硗瘠，收获不丰。”[10]

清代广东商业资本不断渗入农业生产和加工领域，形成农工商一条龙的产业发展模式，有利于农业生产的集约化经营和生产规模的不断扩大，对农业产业结构的进一步优化发展具有重要意义。因为农工商一体化产业发展模式资金充裕，多种经营，进一步降低了经营成本与经营风险，容易在商业市场中取得优势地位。如增城，“适可园，在云都朱村朱麟卿筑，中植佳品荔枝百八本，其他果类称是。另辟花畦植玫瑰万余本，岁撷其花，售为酿糖品，获利颇厚”[11]。

在林业产业经营方面，农工商产业发展模式也有所普及。如清末增城地区，“山多樟树，土人取其叶，甑煮为脑，贩运出外，价奇贵，岁入亦颇不赀”[12]。又如清末西宁地区，“雨帽，收采竹叶，织成雨帽，大小式样不一，出桂墟、连滩等处为多，多销售内境”[13]。

林业产业经营中的农工商产业发展模式，也如种植业一样，可能形成不同的结构与组合形式。有的生产者负责对林木原料进行一般性的粗加工，其技术含量较低。多数是一般的山民在农闲时节，利用山区资源，种植、收割、采集林业原料，进行一般性的加工后，通过集市投放商业市场，以补生计。如清末罗定地区，“竹器，傍水人家多种竹，暇则制为竹器。城南墟市，筐、筥、箕、筛、

笠、箩等物，无不具备，而以雨帽为大宗”[14]。又如清末英德地区，“竹床、竹几，以毛竹制之者，物坚价廉，望埠及同乐市为多”，“竹箩，涧畔塘人所制，以望埠为销场，象属则下塘、石角、高车坝皆有之”[15]。类似的林业产业加工与经营，多在小农经济范畴内，由小农生产者自行进行简单的处理与加工后，再通过商业运作投放市场。这些简单的产业加工与经营，只需要通过劳动力的投入，便可制作出技术含量较低的林业生产品。而对于那些技术含量较高的林业产业加工与经营，需要投入更多的资金与技术，一般小农生产者是无法承受的，只有那些商业资本雄厚者才可能展开层次较高、规模较大、技术含量较高的林业产业深加工，从而推动商业资本涉足林业产业加工与经营领域。如广宁地区，有载：“四民而外，凡贫民妇女，率以破竹谋食，其贫而犹有竹业之家，留大者发卖。竹客日斩其细小之竹，令家人女妇子剁破而为篾，即可入市换米食。而弃余又足以供薪火。其贫无竹业者，各铺户买竹常多需人，不少就近男妇多赴焉。以故村落山庄，群聚而破竹者，所在多有习于勤劳不见异而迁。其俗之近古者欤。”[16]

由此可知，在林业产业中，林木原料的经营方面，一般质优和大材林木，由商家收购并销售，实行农工商一条龙的运作与经营；而那些质劣和杂枝林木，多由小农生产者自行处理，进行简单的粗加工后，通过集市进行小商品生产交换。在造纸、樟脑等高端行业内，其深加工当由商业资本控制并支配经营。如从化地区，据载：“竹之属，有筋竹，有笏竹，有箭竹，有蒲竹，有单竹，有紫竹，有麻竹，有黄竹，有马竹。笋大如盘，节有长二尺者，其味颇美，可辟岭外之冬笋。有斑竹，有青皮，有鸡距，有鹤膝，有刮头黄，有大头点，有纸竹，流溪堡居民以之为纸者，与他竹不同，其法：先斩至地窖中，灰水渍之，久之取出，捣纸为纸，积久则纸洁而细，速取则纸粗而渗，然大抵易腐。嘉靖初年，竹尽生花，土人顿失其业，今则每岁粤东印历口用此，例解布政司三十万以往常。”[17]

由于商业资本不断渗入林业产业加工与经营领域，进一步提高了林业产业经营的商业化程度，商品流通日益广泛，林业产业经营也成为地方政府的重要财政收入来源。如四会县，“邑自设厘金厂，所抽者以杉竹为大宗，其实二者皆自广宁、怀集来至全冈埠交客，非邑产有此盛业也”[18]。又如海南地区，光绪十三年（1887）有奏：“琼州桨山，开通山区林木茂美，田土浇沃，现在等办善后开浚利源，尤以伐木垦田为当务之急。……凡由琼州出口木料，三年之内所有关税、厘金暂行宽免。官山则指定地方，限以四至，给予护照开采。黎产则与黎人公平价买。三年之后再行察看情形，量征原税。若能开通老山，木料层出不穷，商贾云集，征榷自行畅旺，埠头日见繁盛，边民生计利赖良多。”[19]这说明，在林业产业经营中，商品经济的日趋活跃与商业资本在林业产业加工和销售领域中日趋居于主导的经营地位有密切关系。清中后期的增城地区，有谓：“柴、炭二项，出产县境上游各都。缘近山居人，以林木为恒产。山植松树，间年可薙取其枝，十年可成修干，子落其下，旋生小松，分年编次，按期采伐，周而复始，每年皆有所获。大者且为器用，其他杂木运途远者，则窑黄为炭。商贾业此者，肩负舟运，水陆亦交错焉。”[20]商业资本不断渗入林业产业加工和销售领域，加强了农工商产业发展模式的有效性与稳定性，有利于农业产业经营的持续发展。

农工商产业链组合，是清代广东农业产业经营重要的发展模式，涉及清代广东农、林、副、渔各个经济层面。农工商产业发展模式，从生产到加工直至销售，产业周期较长，属于产业经营长链条结构，各个链条环节都有不同数量的劳动力配置、不同的技术要求与层次以及不同的资本投入与运行。一般而言，生产品类需要粗加工或简单加工的产业行业或产业层次，多由生产者支配生产与加工过程，商业资本大多主导商业市场销售的范围与方向。类似的产业经营，生产规模相对较小，投入资金也较少，技术要求也较低，

有些可能还停留在小农经济中的小商品交换的范畴，对于整个地区农业产业经营的推动动能相对有限。而那些可能需要精加工、深加工或成品加工的产业行业或产业层次，往往由商业资本雄厚者支配产业结构链，主要是支配加工与销售的领域与过程。类似的产业经营，生产规模较大，投入资金也较多，技术要求也较高，完全进入了商品生产和商品交换的经营范畴。甚至在有些产业经营层次，商业资本也开始进入生产领域，完全垄断产业链结构，进行农工商一条龙的经营与运作。这为地区农业产业经营的深化发展提供了强大的推动力与支持力，成为清代农业产业经营重要的发展方向。

总的来说，在清代前中期，由于商品经济发展程度尚为有限，所以在农工商产业发展模式中，还保留了一定的小农经济特色；而发展至清中后期，在广东农业产业经营中，随着商品经济的空前活跃，商业资本者逐渐渗入农业产业加工领域，甚至逐步在一些产业行业中渗入并主导其生产领域。农工商产业结构链条体现了商品经济的发展特色，推动了清代乃至近代广东农业产业经营的飞跃发展。

第二节　农商产业发展模式

农商产业发展模式，是清代广东农业产业经营中的短链条发展模式，一般产业运作周期较短。农业经济作物收获后，没有经过加工领域，而是直接进入商品销售和流通领域，由商家收购和处理，并投放商业市场。类似的产业发展模式也十分普遍，农商产业经营产品多以一次性消费品与食物消费品为主，如农业种植业中的鲜花、茶叶、粮食以及蔬果等产品。如广州河南地区的花卉生产经营，有载："河南有村曰庄头，周里许，悉种素馨，亦名花田。庄头村人以种素馨为业。其神为南汉美人。采摘必以妇女，率以昧爽往摘，以天未明，见花而不见叶，其稍白者，则是其日当开者也。

既摘，覆以湿布，毋使见日。其已开者则置之。花客涉江买旧，遍城内外售之。有花渡头在五羊门南岸。广州贩花客日日分载素馨花至城，在此登岸，故曰花渡头。花，谓素馨也。旧时广州七门有花市，所卖只素馨，无别花，犹雒阳但称牡丹曰花也。东莞称素馨为河南花，以其生在珠江南岸之河南村。今村人多芜其花田而弗种，即种亦不藩滋焉。”[21]

生产者或者商品销售者无须对有关作物原料进行加工或处理，即可在市场上销售，产业经营结构简单，产业链较短。如大米经营，在南海地区，“白石堡、白岗乡林族，有大糯田数亩，所出糯米纯而不杂，每年四月初旬，运至省城米埠，比常价倍之”[22]。大米经营，有的进行脱粒除净加工，也有的不作任何加工与处理，即投放市场。如清末增城地区，“谷米销售，县内而外，辄有盈余。商人出资屯聚，乘时操纵米之精者，运至美洲，次者则运至省会。暨他处谷则运至陈村、佛山。营此业者，以仙村石炭诸肆为多”[23]。

在蔬果作物方面，也体现了农商产业发展模式。在珠江三角洲地区，有载：“广州郊西，自浮丘至西场，自龙津桥至蚬涌，周边廿余里，多是池塘，故其地名曰半塘。土甚肥腴，多膏物。种莲者十家而九，莲叶旁复点红糯，夏卖莲花及藕，秋以莲叶为薪。”[24]又如荔枝，有谓：“南海、东莞多水枝，增城多山枝。每岁估人鬻者，水枝七之，山枝三四之。载以栲箱，束以黄仁藤，与诸瑰货向台关而北，腊岭而西北者，舟船弗绝也。然率以荔枝、龙眼为正货，挟诸瑰货，必挟荔枝、龙眼。正为表而奇为里。奇者曰细货，所谓深藏者虚也。广人多衣食荔枝、龙眼，其为栲箱者打包者，各数百家。舟子车夫，皆以荔枝、龙眼赡口。”[25]因为食物消费讲求新鲜、快捷，农商产业发展模式正可以针对消费品的产品特点提供更好的销售与流通形式。有些商家甚至直接在作物生产地进行商业交易，以保证消费品的产品质量。如清末花县地区，“黄豆，凡芋田大抵夹种黄豆，小满下种，八月收获，每亩收量约八斗至二石，就地沽

出，每石价银约三两元”[26]。

在林业产业经营方面，也普遍存在农商产业发展模式，多数以一些低端的原材料或柴木燃料的经营为主。如英德地区，“白牛坑市，在歪口图，柴船极多。水边墟，柴亦在此交收”[27]，已经出现了柴木的专业性墟市。又如清远地区，有载：“石马船。石马者，滨江乡名，乾隆间乡绅白元贞建设。石马墟，装置大船数十艘，运输柴、杉、茶、炭等物于省、佛。其船能载重十万斤，后此各乡皆有之。上至南、韶、英、连，下至省、佛、陈、龙，凡运输之业，石马船几占八九。”[28]可见，林业产业经营的发展促进了地区运输业的兴旺。又如清末西宁地区，“罗旁柴，专属邑境西部所产，其南部如到沙河口、楷葛河口、逍遥河口、古篷河口，岁出松柴无虑千万，柴商收买船载，由泷江运至省城、佛山、江门等埠，销售甚众，其产量当比罗旁有过之而无不及，亦足见邑境多山，贫民全力之概况”。其中有杉木，“宜于深山种植，出常静都之新乐河尾及永安都之鸡口河尾左右一带，山场产量最富，行销于邑内外各市埠。松柴之外，此亦为农村出产品之一大宗”[29]。生产者与商品流通领域发生直接的联系和交换。

渔业生产也可能形成农商产业发展模式，特别是远洋海上捕捞业，很多渔产品只能在船只上由生产者直接向商家销售。1865年，海南琼海县潭门港邓有去、曾圣妲等人曾把在西沙、南沙捕捞的海螺等物运到新加坡出售。[30]阳江埠尾咸鱼市场，据说始建于清代同治时期，当时有新合利、豪光等十多户鱼栏，专门代渔港销售咸鱼。每逢农历初五、初十日，便是卖鱼日期，各渔港的咸鱼运到埠尾集中，各地鱼贩也云集于此，收购咸鱼，议价成交。[31]

有一些农业产业经营行业表现为农工商产业结构的长链条模式，也有一些小农产业经营虽然与商业市场有密切联系，但还主要停留在小农经济家庭式的产业经营上，主要还是表现为农商产业发展模式。小农经济的家庭式产业经营，有的直接把生产原料卖给商人，也有的由小农家庭对生产原料加工后再卖给商人，经商人收购、包装和处理后投放市场。这种家庭式产业经营实际上缺乏手工业加工或者规模较大的工厂手工业加工的中间环节。如海南琼州地区，“妇女少事蚕桑纹绶，专纺吉贝，织麻，织布被、花、幔、手帕以为贸易之资”[32]。又如清末西宁地区，“丝，邑俗往时养蚕抽茧，售于商人，多不自织。光绪季年，养蚕风气渐盛，缫丝自织，染莨为绸，以备家用夏服者，颇觉不少。亦有贩丝布发售于晒莨家者。业此者以附近各区乡人家为多，至南江连滩等处，仍属养蚕卖茧，无缫丝自织者”[33]。类似的家庭式产业经营，其生产目的一开始并非为了投放市场，因而规模较小，主要是家庭式的小农加工；当产品有剩余之后，才直接与商人发生联系，开始了小商品生产与交换，逐步成为小规模的产业经营，形成了农商产业发展模式。

农商产业发展模式，也有可能表现出另类特色。比如，一些小生产者有可能自行生产、自行销售，生产者逐步掌握了销售和流通领域的主动权。这在一些低端的家庭式农业食品加工产业中表现得最为突出。如番禺地区，“县产豆类甚繁，白豆磨浆加石膏凝结，名豆腐，质嫩而滑，美甲海内，业此者贩销最广，或取浆饮之，亦清润，又有名豆腐花，沿街担卖者，味尤精醇，小北门外客民多制卖豆腐干为业”[34]。

一般而言，农商产业发展模式多以一次性消费农产品或低端农产品为主，产业经营周期较短，产业流程简单，中间缺乏技术性较强或规模较大的精加工环节，资金投入较小，甚至小生产者也可兼营商业。作为清代广东农业产业经营的结构模式之一，农商产业发展模式也为农工商产业链结构的发展与完备起到了重要的补充作用。

第三节　小结

在大农业的概念下，清代广东农业产业经营发展模式，在农、林、副、渔各个不同的经济层面中不断发展和演化。农业产业经营发展模式的演化，也非一成不变、静态发展的，而是呈现了动态发展的趋势。在不同的历史时期、不同的地域和不同的产业经营领域，在农工商结构与农商结构两大主要产业经营发展模式下，清代广东农业产业经营呈现了多样化的架构组合与发展特色。

第一，在清代广东农业产业经营发展模式中，一般而言，产业经营周期较长、生产规模较大的产业经营行业，多采取农工商产业发展模式运作，多数是以农产用品原料为主；即使是农产食品原料，也可以通过一系列的技术加工来延长食品产品的保鲜期或保质期，因而也采用农工商产业发展模式运作。而农商产业发展模式，一般以农用食品消费经营为主，产业经营周期较短，生产规模也较小。在这两种产业发展模式中，农工商产业发展模式的技术含量往往较高，需要一定的加工技术支持；而农商产业发展模式的技术含量较低，农业原料可以不加工或仅仅进行一些粗加工，即可通过商业中介投放市场。所以，在一些产业经营的行业中，其产业结构也有可能呈现出混合结构模式，或表现为农工商长链条结构模式，或表现为农商短链条结构模式，主要根据市场对产品质量需求的不同及销售对象的不同，而采取不同的产业结构模式。如清末西宁地区的茶叶生产，据载：“珠茶，春末山人采软芽鬻诸市，茶商复拣而研之，焙炒成珠，转运河南，销售外洋。邑茶以产嘉益、通门、大社诸乡为多，光绪年间，外商来此设茶庄者不下十余家，销售广而获利亦厚。近则茶市渐衰，出产渐少，然亦为农产品出口货之一种。其余不用工制之茶叶，销售内境，获利有限。”[35]

第二，在同一类型的产业经营发展模式中，由于发展水平、生产规模的差异和市场需求的不同，也有可能出现不同的表现形态。如农工商的产业经营发展模式中，既有可能是生产者占主导，他们不仅负责产业原料的生产与种植，也可能支配产业的加工领域或加工程序，制作产业半成品或成品，卖与商人，投放市场；也有可能以商人为主导，支配产业经营的加工、销售领域或程序。他们通过扩大商业资本的投入，直接收购生产者的产业原料，进行一系列的技术加工，再通过商业运作把产品投放市场。他们有时甚至通过雇佣劳动的形式，控制产业原料的生产与种植过程。有些产业行业，其结构模式也不断调整，逐步走向近代化，有的开始时是以店铺、商行的形式经营，以后逐渐发展成为以近代股份制公司的形式开展产业经营。如清末花都地区的桑蚕业，据载："县东隅多旱，西隅水旱均多。与其以种稻而失收时闻，无宁提倡种桑，则较耐水旱，而失败自可减少。且在西隅土多冲积，表土颇厚，以之种桑，实觉合宜。乃查现在情形，只石角李溪一带有营蚕桑事业，其他则殆无之。第三区前时亦有蚕桑者，以家数太少，桑叶常成有余不足之患。有生员黄瀛峰拟提倡蚕桑计划，大意主张组合公司，多种桑树。凡欲养蚕者，得向公司领取蚕种及桑叶与租借蚕具。异日蚕造收成时，由茧价内取回蚕种桑叶之值，若失收则免之。蚕具借租，则以蚕沙为偿，此诚得提倡之善法而可资取用者也。"[36]商业资本的雄厚进一步推动了农工商一体化的进程，提高了产业经营的发展水平。一些地区的渔业产业经营，也可能出现类似农工商一体化的产业经营发展模式。如海南岛地区，光绪末年（1905—1906），崖州人林缵统在朋友与华侨的资助下，成立开发公司，造渔具，募渔工，出航西沙海域捕鱼，虽然最后失败[37]，但也给清代广东渔业产业结构模式的进一步调整带来了新的冲击。

第三，清代广东农业产业经营发展模式具有较好的灵活性与可塑性，可以在大农业的产业经营范畴内，跨地区、跨行业地调整、改变产业经营发展模式。最典型的是不少渔业生产者或经营者，受商品经济的驱动，从海上经营转向陆上经营，形成了新的产业结构链。如海南地区，有载："疍民，世居大蛋港、保平港、望楼港濒海诸处。男女罕事农桑，惟辑麻为网罟，以渔为生。子孙世守其业，税办渔课。间亦有置产耕种者，妇女则兼织纺为业。"[38]又如南海地区，“平洲堡产什叶龙眼，胜于他处。近二十年来遍地皆种桑麻柚，行销最广，为植物一大利源。傍海疍民，多业桑麻，岁获厚利”[39]。这些都反映了清代广东农业产业经营发展模式的多样化发展。

清代广东农业产业经营发展模式的发展变化表现为，一方面，由于产业内部不断调整和变化，从低级形式不断向高级形式发展，产业经营环节不断调整和优化，有利于产业经营架构的重组升级与持续发展；另一方面，产业经营发展模式的调整和变化，也推动了地区产业经营的发展。如增城地区，有谓：“县境平畴以外，多皋垄，土松沙润，宜植甘蔗、落花生，甘蔗用制糖霜，落花生用制油。糖油为日用必需之品，销售至广，以农兼商，邑中业此致富者甚众。”[40]产业经营发展模式的发展变化，对于商品经济的进一步繁盛和活跃具有重要的历史意义。

注释：

[1]《民国西宁县志》卷十四《食货三》，《中国地方志集成·广东府县志辑》第51册，上海：上海书店2003年版，第125页。

[2]《民国西宁县志》卷十四《食货三》，《中国地方志集成·广东府县志辑》第51册，上海：上海书店2003年版，第125页。

[3]《民国西宁县志》卷十四《食货三》，《中国地方志集成·广东府县志辑》第51册，上海：上海书店2003年版，第125页。

[4]《民国西宁县志》卷十四《食货三》，《中国地方志集成·广东府县志辑》第51册，上海：上海书店2003年版，第125页。

[5]《民国海康县续志》卷二《地理》，《中国地方志集成·广东府县志辑》第44册，上海：上海书店2003年版，第312页。

[6]《民国增城县志》卷九《实业》，《中国地方志集成·广东府县志辑》第5册，上海：上海书店2003年版，第453—454页。

[7]吴志良等主编：《澳门编年史》第四卷，广州：广东人民出版社2009年版，第1912页。

［8］《民国增城县志》卷九《实业》，《中国地方志集成·广东府县志辑》第5册，上海：上海书店2003年版，第451页。

［9］《民国增城县志》卷九《实业》，《中国地方志集成·广东府县志辑》第5册，上海：上海书店2003年版，第452页。

［10］《民国花县志》卷六《实业志》，《中国地方志集成·广东府县志辑》第4册，上海：上海书店2003年版，第55页。

［11］《民国增城县志》卷九《实业》，《中国地方志集成·广东府县志辑》第5册，上海：上海书店2003年版，第451—452页。

［12］《民国增城县志》卷九《实业》，《中国地方志集成·广东府县志辑》第5册，上海：上海书店2003年版，第454页。

［13］《民国西宁县志》卷十四《食货三》，《中国地方志集成·广东府县志辑》第51册，上海：上海书店2003年版，第125页。

［14］《民国罗定县志》卷三《物产》，《中国地方志集成·广东府县志辑》第50册，上海：上海书店2003年版，第318页。

［15］《民国英德县续志》卷十六《物产略》，《中国地方志集成·广东府县志辑》第12册，上海：上海书店2003年版，第713页。

［16］《道光广宁县志》卷二《风俗》，《中国地方志集成·广东府县志辑》第48册，上海：上海书店2003年版，第149页。

［17］《雍正从化县新志》卷二《物产》，《中国地方志集成·广东府县志辑》第4册，上海：上海书店2003年版，第377页。

［18］《光绪四会县志》编一《舆地志》，《中国地方志集成·广东府县志辑》第49册，上海：上海书店2003年版，第121页。

［19］《清代奏折汇编——农业·环境》，北京：商务印书馆2005年版，第121页。

［20］《民国增城县志》卷九《实业》，《中国地方志集成·广东府县志辑》第5册，上海：上海书店2003年版，第454页。

［21］（清）范端昂撰，汤志岳校注：《粤中见闻》卷四，广州：广东高等教育出版社1988年版，第31—32页。

［22］《宣统南海县志》卷四《舆地略三》，《中国地方志集成·广东府县志辑》第30册，上海：上海书店2003年版，第151页。

［23］《民国增城县志》卷九《实业》，《中国地方志集成·广东府县志辑》第5册，上海：上海书店2003年版，第453页。

［24］《民国广州府志》卷十六《舆地略》，《中国地方志集成·广东府县志辑》第1册，上海：上海书店2003年版，第285页。

［25］（清）吴应逵：《岭南荔枝谱》卷一，彭世奖校注：《历代荔枝谱校注》，北京：中国农业出版社2008年版，第487—488页。

［26］《民国花县志》卷六《实业志》，《中国地方志集成·广东府县志辑》第4册，上海：上海书店2003年版，第56页。

［27］《道光英德县志》卷六《建置略下》，《中国地方志集成·广东府县志辑》第12册，上海：上海书店2003年版，第314页。

［28］《民国清远县志》卷十四《实业》，《中国地方志集成·广东府县志辑》第13册，上海：上海书店2003年版，第459页。

［29］《民国西宁县志》卷十四《食货三》，《中国地方志集成·广东府县志辑》第51册，上海：上海书店2003年版，第125—126页。

［30］陈泽宪：《十九世纪盛行的契约华工制》，《历史研究》1963年第1期。

［31］谢彦伦：《阳江水产》，《阳江文史》第十期，阳江市政协文史资料委员会，1994年，第18页。

［32］《道光琼州府志》卷三《舆地》，《中国地方志集成·海南府县志辑》第1册，上海：上海书店2001年版，第35页。

［33］《民国西宁县志》卷十四《食货三》，《中国地方志集成·广东府县志辑》第51册，上海：上海书店2003年版，第125页。

［34］《宣统番禺县续志》卷十二《实业志》，《中国地方志集成·广东府县志辑》第7册，上海：上海书店2003年版，第175页。

［35］《民国西宁县志》卷十四《食货三》，《中国地方志集成·广东府县志辑》第51册，上海：上海书店2003年版，第125页。

［36］《民国花县志》卷六《实业志》，《中国地方志集成·广东府县志辑》第4册，上海：上海书店2003年版，第56页。

［37］游师良：《林缵统等办开发西沙群岛事略》，李建璋等：《崖州史话》，海口：海南人民出版社1989年版，第45—47页。

[38]《崖州志》卷一《舆地志》，广州：广东人民出版社 1983 年版，第 34 页。

[39]《宣统南海县志》卷四《舆地略三》，《中国地方志集成 · 广东府县志辑》第 30 册，上海：上海书店 2003 年版，第 151 页。

[40]《民国增城县志》卷九《实业》，《中国地方志集成 · 广东府县志辑》第 5 册，上海：上海书店 2003 年版，第 454 页。

第四章
清代广东农业产业经营运行机制

农业产业经营是一个综合的经济运行体，包括生产、加工、销售与流通各个要素。这些经济要素，既互相联系又自成一体，既互相作用又各具功能，构成了农业产业经营的运行机制。清代广东农业产业经营运行机制的构成多元而复杂，既关系到地区的自然生态环境、生物资源以及生产资料与生产技术等生产力要素，也涉及国家与地方的法律法规和政策措施等生产关系问题。所以，探讨农业产业经营的运行机制，必须把有关产业经济要素放到一定的自然生态环境与社会发展条件下综合考察，这样才有可能真正解释农业产业经营运行机制的特色及其发展规律。关于清代广东农业产业经营的运行机制，根据有关资料，或许可从产业经营的整个发展进程中的运行体制与制度进行总结，以剖析清代广东农业产业经营中各个经济要素的结构功能及其相互关系，以便对清代广东农业产业经营的运行机制及其在社会经济发展中的作用有更深入的了解与认识。

第一节　生产机制

生产机制，是指在农业产业经营中，在种植、加工等生产环节中的运行机制。

社会经济发展到一定程度以后，由于商品经济的高涨，一般的农产品已经从自用转化为不断地流向市场，进行小商品或商品交换，或者说，从自给自足的经济形态向小商品经济形态或商品经济形态转化。在这种情况下，才有可能形成真正意义上的农业产业经营，以及具有相当规模和效益，并具备可持续发展能力的农业生产加工与销售。农业产业经营要获得发展，农业生产规模必须不断扩大，农产品的数量与质量必须保持持续增长与提高，因此，农业生产加工技术的发展具有重要的意义。特别是广东地区，域内地貌多为山地、丘陵，要大规模扩大土地种植面积，至少在清代还是有较大的困难的。所以，在当时的历史条件下，广东农业产业经营要真正保持可持续发展，只能通过提高农产品的生产与加工技术，增加单位土地面积农作物的生产量，提高农产品加工的利用率和精细程度，以支持日益发展的农业产业经营。推动清代广东农业产业经营发展的运行机制，表现出技术性的机制特色，即通过生产、加工技术的运行，保证农产品数量的增长以及质量的提高。

一、扩大生产种植规模

首先，清代广东经济作物生产种植的土地面积不断扩大。一方面，不断开辟土地种植经济作物。如英德地区，“嘉庆甲戌，迁复会英书院旧址，其大庆山废址为附近居民围种蔬菜，日渐侵占”[1]。另一方面，也是最主要的方面，不少土地因各种原因渐次改为种植经济作物。有的是自然条件的原因，如和平地区，“林寨，自清末以来，因河底日高，田禾常被水浸，乃渐改种蓆草。此草耕种亦需人力畜力，施以大肥，春种夏收”[2]；而有的是社会经济发展的原因，如珠江三角洲地区，随着商品经济的发展，不少经济作物获利丰厚，促使农户将不少原来种植水稻的土地纷纷改变原有用途，种植经济作物。如南海沙头地区，“地土所宜，蚕桑为最，稻田仅居

十之一五，其他园圃池塘，所种养芋薯姜葛、瓜蔬果木、鱼虾蚕蛤之类，不绝于时”[3]。又如新会地区的葵扇生产，据清人聂尔康《冈州再牍》卷一《再论葵扇抽厘》中记载，“乡民视为利薮，率多易农而商，并将沃壤膏腴不种稻而种葵”[4]。所以，清代广东经济作物的种植，主要是商品经济发展的结果。经济效益驱动农村经济在先进地区率先转型，弃种稻田，改植经济作物，从而扩大了经济作物的生产规模，为农业产业经营的持续发展提供了更多的保障。

扩大经济作物生产种植规模的生产运行机制，还包括在有限的土地上提高作物的复种与间种指数，加大单位土地面积的生产数量。广东地区气候湿热多雨，一般粮食作物可以多造生产。随着社会经济的发展和产业经营规模扩大的需要，经济作物生产种植的复种指数不断提高。如西宁地区，“苧麻，有家苧、野苧、山苧三种。山野种色微紫，惟家种色白，根最受肥，一岁可三割，取皮以织布搓线，邑俗人家常植之”[5]。又如茂名地区，“菽，豆也，品类多。青者、黄者可作豉造酱成腐，总谓之马料豆。冬种而春收曰雪豆，南路近陂塘河水之地多种，可比一造。夏种秋收者曰秋豆，赤而紧，小者曰赤小豆，与绿豆、黑豆、毛豆兼入药品，亦曰地豆，春种秋收为早造，夏种冬收为晚造。晚造极少，总以陂地为宜。南路平旷处，在皆有比之一大造。收成榨油，多成获厚利”[6]。

除了复种，也有不少土地进行经济作物的轮作间种，以提高土地利用率及经济效益。有谓：“增城之西洲。人多种蔗。种至三四年。即尽伐以种白蔗。白蔗得种蕉地。益繁盛甜美。而白蔗种至二年，又复种蕉。蕉中间植香牙蕉与蜜桔、羊蓢等。皆得芳好。其蕉与蔗。相代而生。气味相入。故胜于他处所产。”[7]又如新会地区，“大头菜，古名葑根，大如萝卜。荷塘种桑，各乡九月采桑，完后即将桑间隙地锄松，种大头菜。布种后，放雏鸡以食其害虫，则发生愈壮”。又如“菸草，种于河村、杜阮、棠下、天河各处稻田中。年中或一菸二稻，或菸稻瓜各一造。盖种菸在十月以后，采菸在三月以前，菸与稻不同时，故可周岁而轮种之。且可利用种菸之余肥，而生成丰稔之禾稻也”[8]。再如番禺，“附城东北一带，民多为圃，蔬果瓜豆，因时易种，以供城市。即各乡之田，有地近墟场者，取其得利捷速，亦多植之。或于冬耕之后，杂植疏、菽、薯芋、落花生等，以补荒歉。其收获即不常丰，然能令稻田不干为益，亦匪鲜云”[9]。

不断提高土地利用的复种与间种指数，有利于扩大产业经营的生产种植规模，而且，通过生产环境的改良，有利于提高农产品的质量。如番禺地区，“下番禺，地多池塘，所畜者鲢、鳙、鲩、鲮、鲫，皆以鱼秧长之。鱼秧一名鱼花，又名鱼苗，率来自南海之九江等。每岁春，即下种塘中间，以清晨饲之，水草育之，一年一至，冬末即车干塘水，刮清塘鱼，并穷搜塘蚤，清除塘泥。俟春水满塘，再行下种。亦有到时候不干塘者，然下年亦必为之。否则鱼老肉粗味薄。下番禺之塘鱼比之南海顺德所产较为鲜美”[10]。清代广东农业产业经营的运作，正是通过一系列的土地利用与改造机制，不断扩大产业的生产种植规模，提高经营效益与产品质量，为农业产业经营的进一步发展打下了良好基础。

二、优化生产种植品种

在清代广东农业产业经营运行机制中，注意经营优质作物品种，对于提高产品的商业价值具有重要的意义。如粮食品类，原本只属于自给性的农产品，随着社会经济的发展，粮食作物的商品化程度越来越高，对于粮食产品的产量与质量的要求也越来越高，以进一步满足商业市场的需要。所以，选择优质粮食品种，进一步推动粮食作物的商品化进程势成必然。如东莞地区，“丝苗粘、香粳粘，邑多种之，产榴花村者尤胜。又丝苗粘，多运往外埠，供给侨民，其价颇昂。夏至白邑产尤著名，广人谓之东莞白，云滑而香，比他处良”[11]。又如南海地区，“丝苗粘米，每年运往金山、新嘉坡各埠约十余万石”[12]。粮食商品化会给地区农业产业经营带来巨大的拉动效应，也会推动其他经济作物顺应并加速其商品化的进程。

不少经济作物的生产种植，也不断通过品种选育和优化，形成自我产业优势，以保持市场中的竞争地位。如新会地区，“柚为土产者颇劣，果园业此者甚稀，近有移广西沙田柚种来植者，颇为有效，将来或可盛行也”[13]。通过品种选择，可以拉动地区产业经营。如东莞地区，“邑产白豆，其鼻有红、黑、白三种，白者尤佳，为土货一大宗。广人谓之东白花豆，以制豆腐，质胶而滑，味清而甜，他产不及也”[14]。一些地区的本地作物，品种欠佳，质量低劣，也可以通过引进优质原料，提高本地产业经营的商业价值。如镇平地区的苧麻生产，“荆阳之间，一岁三割，剥取皮，以竹刮其表得里韧如筋者，煮之月辑布，今南越苧布皆用此麻。吾乡贾客多至湖南浏阳等处买苧，妇人所织皆楚苧也。园中所种之苧，用以编绳及作苧叶饭食而已”[15]。所以，原料优劣对产业经营的发展具有重要的影响。有些优质产品还可以形成品牌效应，带来更大的经济效益。如南海地区，“白石堡、白岗乡林族，有大糯田数亩，所出糯米纯而不杂，每年四月初旬，运至省城米埠，比常价倍之”[16]。

经济作物生产种植品种的优化，可以更进一步提高土地的利用率与经济效益，对于农业产业经营的发展具有重要的意义。时人对此也有深刻的认识，新会地区植橙的衰落便是一个例证。据载：“橙，产于本邑者最佳，以树老而迁地多者为良。老树者瓤干无核，底有螺旋纹，味香如蜜，最为上品。惟近日种橙者稀，因前时曾充贡品，黠者贿充甜橙头，任意讹噬农户，故农家不敢种植。今虽免贡，而业此者尚未扩充。况近年香山产橙甚多，味虽不及，而树状果大，收丰价廉，利较优胜。盖香山橙种，每择最壮之树为之。本邑无此佳种，故土宜虽优，而销路反彼畅我滞，此业尚须整顿，始能获利也。”[17]说明了在经济作物的生产种植运行机制中，优良品种的选植至关重要。

三、发展农业循环经济

广东地区的生态地理条件并非十分优越，尤其是在地貌环境以及土地资源方面，尚有不少限制。要保持农业产业经营的可持续发展，除了土地面积的扩充和作物品种的优化外，生态农业的发展也是一个重要的方面。清代广东农业产业经营中，就有不少循环经济的经营典范，在人与自然生态环境协调发展方面作出了重大贡献。最典型的是珠江三角洲地区盛行的桑基鱼塘与果基鱼塘。如高明地区，“桑种园苑者肥美，田原者次之。年收六造，末造曰寒造。秀丽围近年业蚕之家，将洼田挖深取泥，覆四周为基，中凹下为塘，基六塘四。基种桑，塘蓄鱼，桑叶饲蚕，蚕矢饲鱼，两利俱全，十倍禾稼”[18]。又如顺德地区，“田为圃，名曰基，以树果木、荔枝最多，茶桑次之，柑橙次之。龙眼则树于宅，亦有树于基者，圃中凿池畜鱼，春则涸之，种秧大者至数十亩，若筑海为池，则以顷计”[19]。桑基鱼塘与果基鱼塘模式，形成了人与自然生态协调发展的循环机制。循环经济能够最大限度地发掘土地的使用价值，也有利于地区自然生态的平衡发展，有利于农业产业经营的可持续发展。如新会地区，虽然其生态条件与顺德地区大致相当，但由于缺乏顺德地区类似桑基鱼塘的循环生产机制，其农业产业经营的发展逊色于顺德地区。有谓：“本邑育鱼，与顺德异。顺邑鱼塘在桑基中，以蚕沙残桑为饲食鱼料，肥大较易，且又藉塘泥为种桑肥料，循环作用，其利更厚。邑中用此法者，仅有附近顺德之天河、荷塘各乡，江门以下皆无之，故以全境论，鱼利不如顺德也。”[20]

在其他经济作物的生产种植中，也体现了循环经济的运作机制。清代粤人郑之侨的《农桑易知录》曾提到芝麻生产，其谓：“芝麻，俗云油麻也，有迟早二种，黑白黄三色。其叶本团而末尖，

其茎皆方而青嫩，花多白，其色亦有带紫艳者。节节结角，长者一二寸，有四棱、六棱者，房小而子少；七棱、八棱者，房大而子多，皆随土地肥瘠而然。总宜于高旷平野处，犁去草根，耙松地脉，或撒以灰粪灶涂，乘春夏将交时候，依序下种。及苗长五六寸，再锄去旁边之草，毋致浸压，则麻基之高，必有三四尺，其旁支四开，角繁而子自盛。至于八九月枝枯而叶将落，及早收刈，恐妨房开子脱，可炒烂以服食，可榨油以备用。其渣仍可打饼雍田，诚于五谷不无利益也。"[21]又如花生的生产种植，有谓："粤省民间素用花生油，山间硗确，多种杂粮，而花生之利为最。山农贫苦，依此为生。花生既收，必须榨制，工作万千，藉以糊口，即榨油所余之花生枯，如北方之豆饼，用以粪田种蔗。故土产之货，花生油、花生枯为大宗，高、廉两府，生理尤大。"[22]经济作物生产种植的循环机制，提高了产业生产经营的集约化程度，推动了产业经营的优化、包容发展，不同的产业部门相互促进、协调发展，既提高了经济效益，也保持了生态平衡。所以，珠江三角洲地区，"农人种桑无不养蚕，以所得之蚕沙可省麹之费"[23]，体现了生态产业经营的发展趋势与方向。

四、生产技术改造升级

根据广东的农业、生态与社会条件，清代广东农业产业经营的生产运行机制，主要是围绕着土地利用率的提高与产品品种的优选等方面着手，以进一步扩大产业经营的规模与质量。在这一过程中，一些较为先进的农业产业经营地区，更以循环经济的先进运行方式，推行生态有机农业，推动了人与自然循环、协调、双向、平衡的发展。清代广东农业产业经营运行机制主要体现了技术机制的特点。广东的自然生态条件对于农业产业经营的发展虽然有很多有利的条件，但也存在一定的限制，如何突破自然环境和社会条件的限制来提高生产效能与效益至为关键。而产业生产经营效能、效益的提高，并不是以增加劳动力投入为主要途径，而是通过产业技术的升级改造和生产工具的变革，从而达到推动产业经营发展的目的。如水利资源的广泛应用，极大地促进了广东农业产业经营的机械化水平。有谓："从化之北有流溪。自上五指山至黄龙砙。惊滩草迳。凡百余里。两岸巨石相拒。水湍怒流。居民多以树木障水为水翻车。子瞻诗。水上有车车自翻。水翻车一名大棚。车轮大三四丈。四周悉置竹筒。筒以吸水。水激轮转。自注槽中。高田可以尽溉。西宁亦然。每水车一辆。可供水碓十三四所。以樟、枫、鸡藤诸香舂末。以作线香。谓之香水车。"[24]又如韶关地区，在清代，"沿章江行，始见水轮，其制以绳横绾竹筒为轮，半没水中流激之，自动旋转，筒车泻出。复用连筒，引入田中，不烦人力，自有灌溉之功，可云至巧，然非流水，不能用也"[25]。广东地区有着丰富的水力资源，可以充分利用，以提高产业生产加工中的经济效能。尤其是山区，一般机械性工具难以施展，利用水力资源可以扬长避短，发挥山区优势，推动产业经营的优化。如英德地区，"牛磨，道光末年创自邑城店肆，用以磨面。其法：置一大石磨上，横贯一木，系轭以驾牛颈，中置长竹篓，盛以小麦，牛行磨转，麦下而粉随出，日出面粉比人力可省十分之七。水磨，纯用水力为旋转，其造法比水碓加多一车，以拨转其横动力。樟滩村创造此磨，迄今已有百年，每日磨粉，视牛力赢数倍。今大田岗、上崆溪、黄竹溪各地俱有之"[26]。

此外，经过学习与积累，一些生产种植技术形成了地区特色的技术品牌。清人吴应逵在《岭南荔枝谱》中曾记载："顺德有水乡，居人多以种龙眼为业，荔枝、柑橙诸果居其三四。他处种花木及荔枝、龙眼、橄榄之属，率就陈村买秧，又必使其人手搏接，其树乃生且茂。其法甚秘。故广州场师，以陈村人为最。"[27]而且有的还掌握了生物防虫、治虫技术，同书有谓："高州西荔枝村，兼种橘柚为业。其树连亘数亩，系竹索引大蚁往来出入，借以除蠹。蚁即于叶间营巢窠，多至什佰，结如斗大。树间有蚁则虫不为害，故园丁买之。"[28]一些副业产业经营也有一套严密的技术规程。如英德地区，"稈菰，又名草菰，稻草腐蒸所生，或间用茅草亦生。光绪初，溪头乡人始仿曲江南华制法，秋初于田中筑畦，四周开沟蓄水，其中用牛粪或豆麯撒入，以稻草踏匀，捲为小束，堆置畦上，五六层作一字形，上盖稻草，旁亦以稻草围护，免侵风雨，且易发蒸。半日后生长蓓蕾如诛，即须采取，剖开烘干。若遇时不采，则开如伞形，俗名老菇婆，其价顿贬。每年草菰登场，人辄往各村收买，贩运于韶州乌石，或运往省地售之"[29]。技术机制的实行与运作，对于产业经营的发展具有重要的意义，尤其是在加工领域，其功效更为显著。如新会地区，"织布机，为三江人赵犀三自出心裁，以木杂铁轮制成，可用汽力或牛力，以数十织机相连属，一轮而各机皆动，织布异常敏捷"[30]。这些充分说明了在清代广东农业产业经营发展中，技术机制的运作一直占据主导地位。

第二节　管理机制

农业产业经营中的管理机制，是指在农业产业经营发展过程中，有关产业行业和部门所面对的各层次、各社会阶层的相关管理政策与管理法规。由于清代广东农业产业经营所带来的巨大经济效益和社会影响，政府以及地方各权势阶层对农业产业经营的发展更为重视，相关管理机制更为完善，也更为开放，有利于农业产业经营的规范化发展。清代广东农业产业经营的管理机制，主要表现在两个方面。

一、中央及地方层面的行政管理机制

中央及地方层面的行政管理机制，包括多方面的内容。

一是政策性管理机制。如政府发布政令，鼓励农民垦殖开荒，种植生产经济作物。乾隆十年（1745）一月，据载："两广总督策楞疏称，龙川、海阳、饶平、揭阳、嘉应五州县，荒山可种树木。请令无业贫民，各就山场远近承垦，每人以一顷为率，照斥卤下则例，十年后开科，准为世业。"[31]通过土地所有权的优惠条件，鼓励农民垦殖土地。特别是在山区，经济发展相对较为缓慢，产业经营相对较为滞后，利用政策性鼓励可以进一步促进山区土地开发与利用，有利于农业产业经营的发展。一些广东地方长官也亲力亲为，鼓励、促进农业产业经营的发展。如河源地区，"雍正十年，中丞杨公购桐油树子，令乡民植山地之不可耕者，俟其成长，取子为油利益"[32]。又如"河源官山无稻，其近民居民田者往往引为己有，惟当劝民种桐种茶种松，十年树木，亦是辅日用之资于无穷也"[33]。再如阳江地区的雁山两麓，"有天后庙，土人多在后山挖石，知县李沄示禁，并令栽树，以为庙中香火"[34]。既为庙中香火，当为经济林木。

广东地方政府既鼓励农民垦殖开荒，同时也注意保护生态环境，维护地区内人与自然的协调共荣。针对一些地区由于垦殖过度，以致造成生态环境恶化的情况，地方政府也会适时实行管制，收紧政策，避免因环境进一步恶化而影响地区经济的长远发展。如英德县，道光二十六年（1846），曾有《附城火食山场碑志》记载："康熙年间，邑侯杨讳柱臣，字鼎卜。莅任斯土，建造围宅，招集民居，烟灶日繁。而炊爨采樵无地。示将麻竹窝、金紫山、狗婆山、宝石洞等处山场，皆归附城众管，以资采爨。曾给印照柄据，百有余年，罔散异议。途见不法之徒，肆行盗砍及放火焚烧，私开垦陌，私栽树木，以为己业，年占年侵，殊堪痛恨，除已往免究外，再立乡规，禁止各弊。自禁之后，倘有仍蹈故习、盗砍焚烧、私开私种者，一经查确，小则议罚，大则解官究治，决不宽贷。各宜恪守乡规，毋贻自累。"[35]又如南雄地区的烟叶种植，"近四五十年，其利几与禾稻等。但种烟之地，俱在山岭高阜，一经垦辟，土性浮松，每成水患。然大利所在，趋之若鹜。是惟有土者，严禁新垦，应可塞其流而端其本耳"[36]。类似的政策性管理机制，为保护生态环境，以便更有效地利用自然资源提供了重要的保证。

清代广东农业产业经营的政策性管理机制，还包括对农业产业经营运作过程的相关保护性措施。如对于社会上一些破坏社会治安，影响产业经营与商业利益的不法行为，政府也有立例，以保护商民，维护社会的稳定。例如，同治九年（1870）十二月，由于西江沿岸发生盗窃、捞抢竹木排事件，影响了西江两岸竹木船的运输安全，广东提刑按察使司发布《严禁捞回抢竹木排张事告示》，其谓："查商民贩运竹木排张遭风遇涨，被水冲漂，沿河居民人等，竟敢乘机捞抢□赃勒赎，大为商贩之害，亟应出示严禁，以安行旅。除札饬四会县起赃给领，并勒拘匪杨亚奇等，预获究辨，及分饬经由各属严拿示禁外，合亟出示严禁。为此，示谕广州府南海县、顺德县、云水县，肇庆府高要县、广宁县、四会县，所属各乡绅耆，及沿河居民人等知悉：嗣后如遇有贩运竹木排张，经由该处河面，预当约束乡人子弟，安分守法，毋得藉端拦阻，肆意讹索。如竹木排张船只，有遭风遇涨，被水冲漂，不得乘机捞抢，盗卖勒赎。店铺人等，亦不得窝留私买，倘敢故违，一经访问或被告发，定饬严拿，勒交究办。绅耆牌保，如敢纵容包庇及串通分肥，亦即一并拿究，决不宽贷，各宜凛遵，毋违。特示。"[37]通过政府的政策性管理机制，有力地保障了农业产业经营的稳定发展。

二是税收性管理机制。主要是通过有关税项的征收，保证和调解政府与经营者在农业产业经营中的利益分配。

在税收性管理机制中，政府部门一直扮演着主导角色。如四会地区，“邑自设厘金厂，所抽者以杉、竹为大宗，其实二者皆自广宁、怀集来至仓冈埠交客，非邑产有此盛业也”[38]。利用地区商业物流的发展，征收税项，增加政府财政收入。又如英德地区，“牛属内饲之者多，而取乳尚少。有二种，其毛黧黑者曰水牛，耕田多用之；其毛黄褐色者曰黄牛，磨面多用之。均可拉辘绞蔗。望夫岗、马口、青石塘等处，牛市颇大，宰牛亦多，近来有牛猪出口捐、屠牛捐，皆为地方收入之大宗”[39]。渔业生产方面，随着渔业产业的兴旺，政府也通过税收性管理机制，把渔业生产与加工作为地方税收的来源之一。如西宁地区，在清后期，“鱼苗税亦杂税之一。而吾邑都城鱼埠最大，向归罗定州征收，鱼苗饷与东安之六都鱼埠，亦均向鱼苗商人共征额银二十八两，汇入地丁批解”[40]。渔业生产经营流动性较大，政府也不断调整有关征税的管理机制。如阳江地区，“渔票饷。渔船出海捕鱼，须用腌制。盐觔定例，向沿海各埠商购买，发给照票，以资查验。继因各渔船往来海面，随处皆可购盐，稽查难周，改令认定买盐觔数，完缴盐饷，给发照票，听其随处购买，所有发票、收饷事项，原为埠商办理，光绪三十一年间改为定饷，则另由商人承办。旋因办理不善，光绪三十三年改归官办。其办法：将渔船分作六等，应缴票饷银数及载盐觔数，视船之大小为等差，所有发票、收饷事，宜并归官运局管理”[41]。说明了随着渔业产业经营的不断发展壮大，政府也不断收紧税收管理机制，以保证政府财政收入的稳定。

在清代广东的税收性管理机制中，政府有时候也会根据社会经济形势，采取较为宽松和弹性的分级征税办法，或者提供免税的优惠政策。康熙二十七年（1688）四月，有载：“至海中船只，何者应免收税，惟候圣裁。得旨：采捕鱼虾船只及民间日用之物，并糊口贸易，俱免其收税。”[42]又如广州地区，“敕下广东督抚议覆允行，乾隆元年正月，奏请除繁奇之榷税，一边海居民采捕鱼虾船，用单桅不能出洋贸易例，以本县给照稽其出入。近闻各海关监督令其请领关牌，同双桅出洋贸易之船一体纳钞。请勅海疆督抚查明蠲免。一近海贫民，资生无业，有用竹篓取鱼者，有于埠头养鸭者，闽、广之间，悉按以征税，无裨国计，实有害于贫民，请尽数蠲除，以甦民累。部议报可，粤民颂之”[43]。光绪十六年（1890）六月，广宁县《契白告示》有载：“示谕西江广宁、怀集柴薪船户各商船人等□□，□□□□，柴薪，凡民间日用所需，三尺以内者，一概免抽，如系材料过长，可作器具者，照章收。厘厂等务须遵照，据实完税，毋得□□。至厂中司巡人等，亦不得私抽扰众。各宜凛遵，毋违。特示。”[44]有关的减税、免税政策，表面上似乎只是针对小生产者的自给性产品，但实际上对于整个农业产业经营的发展都具有重要意义。清代广东，乃至于全国，农业产业经营的发展都是根植于传统小农经济基础之上的。只有小农自给性经济有了更多的积累和更大程度的发展，才有可能在社会经济发展的催化下，逐步向商品性生产迈进。所以，在政府行政管理机制中，有关对农业产业经营的税收优惠政策和措施，对于日用性市场和商业性市场都会带来更多的发展空间，必然对农业产业经营起到长远的推动作用。

二、地方精英及权势阶层的管理机制

除了上述政府不时出台有关政策法规，以便更好地掌握和管理产业经营的运作，促进市场经济的深化和商品化程度的提高外，地方社会精英阶层以及经济实力雄厚的地方权势者，也积极参与农业产业经营的管理与运作，更进一步推动了农业产业经营管理与运作的具体化与高效性。因为政府层面的有关政策法规，对有关农业产业经营发展的运作与管理不可能那么直接和具体，在宏观管理机制下，有关政策法规的具体实施与落实，还需要下层乃至基层的配合，有的甚至还需要在非行政层面上进行。如南海地区，地方的地主豪绅垄断有关农业产业经营，进行地方性的运作与管理。有载：“江两岸，其名曰阜，阜有主，争者辄讼与罾门白蚬塘，皆土豪所私以为利者也。论者谓国家渔课，达于山谷、溪涧之水芥为之，舟课亦不免，故皆敷于里甲。然渔业有浮实，乘胡掇取，若掸艇往来，浮业也；缯门禾虫阜之类，实业也。广州边海诸邑，其渔而实业者尽入豪宗，利役贫民而不佐公家之赋，所在皆然。”[45]地方豪绅利用社会地位与势力巧取豪夺，在经济上获取更大利益。在当时的历史条件下，地方性社会管理机制可以更好地避免地区的利益争端，对地方经济的稳定具有一定的作用。有一些地区的农业产业经营，则由地方豪绅直接组织和管理，地方豪绅成为地方农业产业经营发展的重要倡导者。如阳江地区，“桑，土亦宜桑，往时妇女多畜家蚕，有种成畦者，近则篱落一二株，仅取皮叶，供药品而已。光绪中，邑绅创办蚕业局，率以风气未开，云折而罢”[46]，反映了地方豪绅也是农业产业经营管理机制中的重要力量之一。

清代广东农业产业经营，除了地方势力积极参与运作与管理外，在商品流通领域，也有一些实力雄厚的商家自行成立相关商业组织，对产业经营的商业运作进行管理，通过相关商业组织的运作，形成地方商业管理机制。最典型的是商业会馆的出现。随着商业社会的发展，商业人口流动性增加，经营范围不断扩大，在一些商业城镇中，地缘或业缘社会组织便应运而生。会馆作为商业性质的社会组织，可以为那些在异地经商的商人提供聚合场所，协调和保护他们的商业利益，参与他们在不同地方的商业运作与管理，尽可能地为商人提供行业制度保障以及有关商业信息，提高流动性商人在不同地区的商业竞争力。如始兴县广州会馆，始建于咸丰七年(1857)，是始兴地区最早建造的外籍会馆。始兴林木业发达，清中叶，珠江三角洲商人到始兴地区采办木材，从事林业产业运销经营，需要一个聚会交流的场所。同时，随着商业的发展，为了广州同乡生活的福利与方便，商家捐建广州会馆，以管理和推动广州商人集团在始兴的农林经营活动。[47]类似的还有商会组织，也是重要的商业组织与管理者，如“增城县治商会，宣统三年开办。会所在南街仓沮庙，举正、副会长各一员，财政、文牍各一员，常驻办事，商董无定员，章程与广州及各屋同，亦统系于广州”[48]。

清代广东农业产业经营的管理运作机制，主要体现了多元化特点。既有政府层面的政策与管理，也有地方豪绅的组织与管理，还有地方商人的自我管理与运作，在国家中央集权的宏观调控下，发挥各自的微调作用与功能。

第三节　市场机制

农业产业经营中的市场机制，主要是指在商品流通领域的有关运行机制，包括商业代理、商业销售、商业监督、市场调节与利益分配等内容。

一、商业代理机制

商业代理机制，主要是指在商业销售过程中建立相关商业中介机构，通过商业中介把有关农产品投放至商业市场。这是清代广东农业产业经营中较为普遍的商业运行机制，通常以行栏的形式运作。有谓：“广州凡食物所聚。皆命曰栏。贩者从栏中买取。乃鬻诸城内外。栏之称惟两粤有之。粤东之栏以居物。粤西之栏以居人。居物者以果栏为主。果蓏之实。四时间百品芬甘。少干多湿。可爱也。”[49]

也有鱼栏，专门经营不同的鱼类产品。如顺德，“鱼市，在城南下河口，有鱼栏数间，各乡鱼船在此发售”[50]。而且，不同的经营种类有不同类型的鱼栏。如番禺地区，“鱼栏，为各种渔业之总汇，细别之为鲜鱼栏、咸鱼栏、蟹栏。咸鱼栏惟省城市桥有之，鲜鱼栏及蟹栏除省城市桥外，沙溪、石楼、石基三乡有之。近年来，捕鱼之船悉集于香港澳门各栏，营业日形衰落，惟鲜鱼栏以淡水鱼之关系，尚不至为其所夺”[51]。类似的商业中介代理组织也随着市场竞争的加剧此起彼伏。

商业行栈也是重要的商业中介组织形式，而且广泛存在于各行各业。清人龙延槐在《敬学轩文集》卷二《初与邱滋畲书》中曾指出：“南海县地亩十之二，商贾十之六，工作十之二。其大镇为省城、佛山、石湾。其行店为当商、放账铺、换银铺、洋货铺、珠宝铺、参茸铺、布行、木行、生铁行、铁器行、绸缎棉花行、青麻行、铜行、锡行、西货行、海味行、京果行、油行、豆行、谷行、米行、槟榔行、烟叶行、金丝行、磁器行、果干行、药材行、炭行、糖行。”[52]其中不少行栈就与农业产业经营有关，并且发挥了重要的商业中介与批发作用。如“苧麻行，大者曰麻行，小者曰麻店。行代客沽货，法如平码行。麻来自湖南、四川。湖南麻销新会、香山、开平、雷州各属。四川麻销香港及汉口等埠。光绪末，业此者颇获厚利。近年麻之入口萃于省会，本乡营业不如前矣。现大者数家，小者十余家。堂名昭远”[53]。又如“猪栏行，猪来自本地四乡，又西北江、琼州等处。代售之法与平码行同。各屠户每日到栏购买。光绪末年，每百斤约值银十四、五两，今则几倍之矣。业此者不过数家”[54]。又如“鸡、鸭栏行，专接各江运来之鸡鸭，代沽法与各行之栏同。酒席店屠户均到采买。至墟市之零卖者，则大率本地四乡人所养。大基尾有栏数家”[55]。有些行栏分工越来越专一和细化。如桂圆行，“专售龙眼干、荔枝干。文昌沙有数家”[56]。又如“蛋行，有数家，多在永安街等处”[57]。

有些规模较大的商业行业，还具体细分为若干行，分工经营。最典型的是林木产业经营，分为若干行业中介运作组织。如杉行，

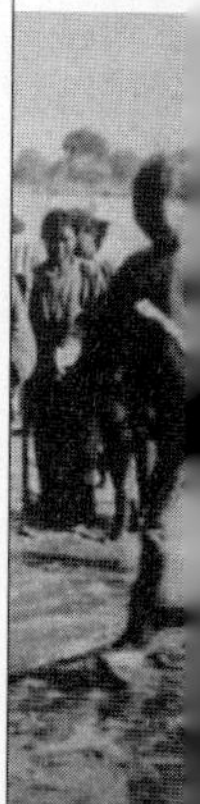

"有杉排、板料之别。精粗攸殊。来自西、北江。板以连州、杉以北江为上品。杉自外来，至黄鼎司之小塘及佛山为总汇之区。运销内地各埠，为建筑制造船床椅桌之用"。"杉碌行，杉之短而质略松者，来自肇府四会等县，多分售于杉店及板箱、床桌、寿枋、装船等店，约四、五家。""杂本行，有柚、梨、荆、梳、樟、格之属，来自西、北江及川黔等省，或自外洋。自外洋来者多先至省城，销行内地及广、肇各属。业此者有十余家，又兼办之店亦不少，多设于聚龙上沙等处，以其近水易于输运也。""板箱行，分锣木料板糊裱等行，专造货箱及皮箱、棕箱之箱胚。凡药材、爆竹、京果、海味各货需箱装运者，均购自此。"[58]又如柴栏行，"有松柴、柯柴、集柴之别。来自清远、英德、四会、广宁、罗定及广西藤县等处。各水客购柴运到交栏代沽，一如平码行沽谷米之例。柴店、酒店及用柴多之家，恒赴栏购买，并有先到柴船视柴之干湿而订价者，全乡日销五、六十万斤。光绪初年，每百斤值银约三毫，光绪末年倍之，近且涨至三倍，其原因一由于河道梗塞，二由于机器缫丝厂用柴颇多所致。业此者，大基尾及太平沙各有数家。炭行，炭来自西、北江，各炭行多在大基尾栅下蚬栏街"[59]。单是林业产品及其附属产品的商业中介已可分为很多种类，根据产品的质量、形态、用途、销量而形成多元化经营，既反映了农业产业经营的高度发达，也说明了商业中介运作机制的完备与通达。一些外来的商业中介在当地也以行栈形式经营。如顺德地区，"容奇茧市，在墟头。光绪末年设。外乡外县，多来贸易，并建有茧栈约百间"[60]。

商业代理中介组织的运作机制，主要是从事商业批发与中转业务。一方面可以进一步推动产业经营的市场发展，另一方面也可以减少商业销售的中间环节，提高经营效益。

二、商业销售机制

商业销售机制，主要表现为集市运行机制。通过集市、墟市，建立各种各样的大小市场，在时空上形成了商业物流的交易平台网络，扩展产品的销售渠道，缩短产品的销售周期，从而获取利润的最大化。如化州地区，“化州山川隩，远城市，聚货寥寥，贸易无他奇，不过鱼米盐畜布藤诸物，然乡民散处，日用所需，一皆倚便于墟。此墟市所不可废”[61]。又如陆丰地区，“新田墟，在邑北九十里，地多峻岭丛林，出产橙榏木料，并有竹制椅屏、交椅、眠椅等件”[62]。再如英德地区，“山楂出蒋岭内菜子窝一带，每年九十月间，远近药店皆到望埠及同乐市采买”[63]。清代广东农业产业经营的商业销售机制，主要是通过集市、墟市的交易平台进行商品交易。随着社会经济的发展，清代广东集市、墟市成行成市，交易商品五花八门，有些地区还形成了专业的交易集市。如番禺，“保和墟，在大塘鹭冈村外。繁盛与窖头墟相埒，省城贩鸡、鹅、鸭者，皆交易于此”[64]。又如英德地区，“苧麻，属内最多，有野生、栽生两种。野生者不材。惟栽生者可用。……一岁可三收，五月初间一镰，六月中一镰，八月一镰。每割时须根傍小芽出土，高五六分，其大麻即可割。又有青麻、络麻、黄麻各种。城厢市有卖麻街市麻”[65]。

商业销售机制运作的畅达，也促进了集市、墟市不断发展，行市更为集中，范围不断拓展，交易规模不断扩大。如番禺地区，“各墟市之商业，以市桥为最。市桥在沙湾司各大乡之间，一面又与沙田接壤，人民殷富，交通便利，有商店千余间，所出薯莨纱绸，名驰远近，朱坑蓝布亦有名，有商务分会成立于宣统二年”。“次则新造、东圃、高塘三墟。新造为茭塘司商业中心，棉花、橄榄、番薯最有名。东圃为鹿步司商业中心，糖葛最有名。高塘司向为慕德里司商业中心。自粤汉铁路设沿江村，所有商业渐有倾于江村之势。新洲墟，即外人所称黄埔者也。商业亦盛，有商店百余间，与市桥、新造等均已成固定之商场，比之其他数日一集之墟、每日一集之市微有不同。”[66]集市、墟市已发展成为重要的商业中心。有些地区的墟市甚至没有时间界定，全天候开放。如始兴县，清代城乡集市、墟市共有 17 个。这些集市、墟市至清中末期，以江口墟最为兴旺，因为它位于浈江、黑江两水汇合处的南岸，在公路未通的年代，水运交通最为重要。江口墟成为始兴境内货物进出口的咽喉，每天有一二百只船在此停泊、装卸货物，来往客商不绝，以收购土纸、稻谷、红瓜子等土特产为大宗。仅土纸行栈就有七八家，天天墟期，贸易畅旺。[67]清代广东农业产业经营的商业销售机制，主要是通过集市、墟市的分布延伸，形成重要的商业流通网络与交易平台。

三、商业监督机制

商业监督机制，主要是指政府或地方对市场流通、市场运作的监管，以维护市场合理、正常运行，对于包括市场租金、市场争端等在内的问题，都有一套行之有效的监管处理机制。如嘉庆十五年(1810)，在三水西南镇，有载："嗣后西南街早□瓜菜、水果、及各江船只运载柑、橙、萝卜、莲藕、水母、茨菇、姜、薯、梅菜等物到埠售。向因秤式大小不一，买卖每为争论，兹较合司码秤式，设立秤手，由新建武庙首事人等选举诚实之人司理其事。如遇商民贸易，即将较合秤式在□上使用，务令各得其平，以杜争端。所有司称酬劳工资，除秤手工食外，所余余羡，永远拔归为供奉武庙香油及司祝工食之用。该秤手务安公平实心经理，毋得偏徇。倘有不法棍徒冒认衙门名色，不遵公议，强用大秤滋生事端，该首事人等指名禀究，以其神人共庆，是所厚望焉。各宜凛遵，毋违。特示。"[68]通过设立专门秤手，有效地维护了市场买卖的公平和秩序。又如南雄地区，道光年间的《奉宪勒石碑》有载："嗣后尔等买卖烟皮，照依现在印用火烙型秤行使，以免争端。"[69]通过地方的市场监督机制，保障买卖双方的公平与利益。又如雷州地区，光绪二十五年（1899）三月树立《大塔庙鱼街碑》，其载："雷城南闉门外有买卖街，号曰卖鱼，原在调会坊土地庙，并庙后地，□胥交易，不知历几千百年矣。调会大塔白马庙近郭外，亦附三元大塔，故称大塔白马庙，亦不知历几千百年矣。近庙居民，朝夕奉侍甚谨。其香灯之费，俱向鱼街敛钱以应，千百年来未有改易之者。迄乾隆纪元，恩赐登仕佐郎何拔辅公恭谒大史陈公观楼，爰区名五行：一曰化龙，卖鱼也；二曰刚鬣，卖猪肉也；三曰大武，卖牛肉也；四曰脍炙，卖猪鸡等肉也；五曰西天，卖蔬菜也。每朝向卖家敛钱以备庙用。前人创之，后人守之，略无一牾焉。至咸丰某岁，各卖家希图争先超利，因此迁街于多幅坊，与调会坊相接。又郭自民视之似级，城内有白马庙。郭崩倾垮，成往来之通路。其庙近于鱼街，从此所向卖家敛钱，皆为两庙香灯均分。查两庙每年各公推六名敛钱司事，嗣后皆循平分之例，各无异言。在光绪二十四年戊戌年，好事者图登垄之狡情，定坊之常轨，轻此重彼，不均不平，经请城耆耄劝循古例，自此两下和平，悉免竞争之气。犹恐后有枝节别生，相与勒碑以传千万亿载。"[70]通过商业监督机制和地方权势的协调，解决有关市场争端问题，有利于商业市场平稳发展。

四、市场调节机制

市场调节机制，主要是指根据商业市场状况，经营者不断自我调节产业经营的发展方向与规模。由于农业产业经营已被纳入市场经济的发展轨道，所以经营者必须根据市场需求的变化而不断调整产业经营的发展方向与规模。如佛山地区，"麻及蓝靛，本乡所无，惟桑及花卉、药品则有之。桑叶用以饲蚕，价值随丝业之利钝为低昂，相差恒至倍蓰，获利较种稻为易，故近多改禾田以植之"[71]。又如开平地区，"道光以来，物产无大变异，惟自煤油入灌，而邑中花生为之绝种。南洋苦瘴，而沙冈蒜头为之畅销，此农事之转变也。自轮船簸荡而鱼虾卵育因之不繁，洋布充斥而机织棉麻亦成弩末，此物产之转变也”[72]。

市场调节机制还可以根据生态环境的变化调整产业经营品种。如新会地区，“桔比柑差小，味亦稍逊，但采果适在柑尽之时，得值或昂于柑，其利于农业经济者有数端。不畏风雨霜雾，一也。收成比柑较丰，二也。果能耐久远销，三也。近有轮船汽车交通，业此者每获大利，邑中新营果园，每植之”[73]。在生产规模及销售地域范围方面，也可以通过市场机制运作形成调节。如光绪年间，“清远向来以笋为土产大宗，今年产额仅十余万斤，是则宜谋扩充”[74]。市场需求大，促使产业生产与经营必须扩大生产规模。不同产品的销售地域也由市场状况决定。如高要地区，“鱼苗，其网取之法及分别鱼类之种类，具详《物产》中，惟网取后归总塘铺。铺至墟数口，分著鱼苗，俟客到购价之低昂，随时涨落。其销路，北汇之韶州等处，以大头扁鱼为最多，东江则鲶鱼为最多。其贩运于外省外埠者，则旺滞殊无定也”[75]。一些地区集市、墟市的开市时间也根据产业生产经营之远近而调节。如番禺，“茭塘之地濒海，凡朝虚夕市，贩夫贩妇，各以其所捕海鲜连筐而至。故开市之早晚，常因距海之远近而异。如沙亭市开始于一时以前，化龙市迟至二时，新造市则更在三时以后也”[76]。产业经营的产品销售通过市场调节机制而运作，以获取最佳效益。

五、利益分配机制

利益分配机制，主要是指生产者与销售者通过产品的商业流通获取并分配利润。在农业产业经营中，产品以市场交换为主要目的，商品化程度较高，这就产生了不同产业部门和不同产业阶段各自利益的划分问题。清代广东农业产业经营中的利益分配机制，一般实行投资主导原则，由投资方根据市场流通状况决定利润分配的比例。如1893年，在香山地区，据载："查本口附近界内，在淇澳司之金星门一带，现有闽人携到罂粟子粒，相地种植，教土人以栽培、收浆之法，约定收成后，由闽人收买，每斤给洋银三元。现在种植已有数千亩，额度每亩可收浆四斤。该罂粟种于晚稻刈获之后，收于早稻分秧之前，无害农时，不碍地利，傥克收效，恐将来香山一带遍地皆是矣。"[77]有的以定额预约形式决定各生产、经营集团的利益分配。其他行业大体上也是如此。如番禺的渔业生产行业，"俗称出海取鱼之大船为大罾船，大箍围近水各乡均有之。其上可以设楼橹，列兵械，三帆八棹，冲涛若飞，杂出江上，多寡无定。或千余艇为一䑸，或一二罛至十余罛为一朋，每朋则有数乡舠随之，同力以取大鱼，故曰朋罛，亦曰摆簾网船。此外尚有縤罛、沉罛、大舠、小舠、大涝罾、小涝罾等，皆捕鱼之船。即以所用渔具名之，每一度出海，所需工钱、食用等费，千数百元不等，均预向鱼栏息借，一去多日，满载而归。船中咸鱼，交由鱼栏代售，除去本息及佣，所获余利，悉归船中之人"[78]。基本上都是投资方扣除成本、利息和佣金后，再进行利益分配。又如蔗糖业，"糖户春以糖本分与种蔗之农，冬而收其利。旧糖未消，新糖复积，开糖房者多以是致富。蔗田几与禾田等"[79]。又有载："以正在生长着的甘蔗为对象的抵押贷款，大多是月利二分的重利。放款人常常自己就是糖商。他们对产品得到的支配权力是这样，以致排除了外国商人参与本埠糖的贸易。"[80]类似的利润分配都是通过市场利益分配机制得以完成的。

一些地区产业经营的利益分配由地方权势人物掌控，根据地区产业经营所得收益统一分配。如茂名地区，"莲塘，又名长塘湖，在鉴江之西，塘长三四里，渟畜多鱼，隆冬不涸，萦抱西岸。村民户千家，灌圃者咸资其利，糖水肥美，鱼苗自生，或遇江涨入塘，则聚鱼倍丰。村民以一家掌之，岁收租钱十余千，入公俾免渔夺"[81]。

利益分配还关系到产品在市场上的价格。产品在市场上能够取

得高端价格，获得较高利润，利益分配就更容易进行。产品价格通常是根据成本以及利润比例的总和而定。如清末花都地区，“产品价，以在县城中等时价计算，稻谷百斤四元，蔗糖百斤十元，松柴百斤五毫，花生百斤四元，猪百斤二十二元，炭百斤一元五毫。其他产品无甚大宗。又如沿粤汉铁路各地及第四五区以交通颇便，物价与广州市无大异”[82]。在交通便利的地方，市场流通畅旺，市场成本较低，商品价格自然容易掌控。一般情况下，不同的商品价格是根据产品在市场中的商业价值而定的。特别是一些产品经过加工，改变了自身的市场价值，从而可以获得较高的市场价格，其利润自然水涨船高。如清末西宁地区，“蜜枣，五六月时采生枣，先以针牌刮破其皮，水泡浸之，蜜煎晒干即成。都城商店多有业此者，运销省港，每百觔约值价银五六十元不等”。又如“柿饼，八九月收取圆柿一种，刀削去皮暴干，以白木乡人业此者最多。惟生柿俱贩自封川、长冈，而制工特良，销售亦广，每百觔约售价二十余元”[83]。加工工序长，投入成本高，市场受欢迎程度高，商品价格自然就会相应提高。质量和品牌也是市场价格调节机制的重要因素。如揭阳地区，“苧布，九都皆有，乡无不织之妇故也。其精细者名机上白，价可倍纱罗”[84]。而且，有些产品也会随市场的反应而调整价格。据清代刑部档案，乾隆八年（1743）十月十四日刑部尚书来保题称，广东琼山县柯凤翔、林凤集兄弟各出银二十两，林嵩山出银十两，合伙买荒山一座，雇工栽种槟榔树五万株。几年后，槟榔树长成，每年把槟榔果包给别人收割。乾隆六年（1741），刘白石以银八十六两承包收割，因榔价看涨，有人出价一百三十二两向刘白石转包。[85]由于市场反应良好，产品价格上涨，承包者抬价承包也有利可图。这说明市场分配机制对市场商品价格起到了重要的调节作用。市场商品价格完全根据市场供需状况而定，所以市场利益分配机制的运作，决定了利益分配的额度与产品利润的高低。

第四节　小结

清代广东农业产业经营的运行机制，主要表现为多方面的内容和多层次的运作，反映了广东农业产业经营的飞跃发展。因为产业经营规模越大，行业品类发展越多，运行机制就越复杂和多元，形成了清代广东农业产业经营的运行机制特色。

第一，清代广东农业产业经营的生产机制，主要是拓展农产品生产、种植与加工等方面的内容，体现了技术机制特色。在清代广东农业生产、种植、加工的运作过程中，无论是生产工具、生产方式，还是生产过程，都具有较高的生产加工技术水平，能够与广东农业生态环境相适应、相协调，能够利用社会发展的优越条件不断加大技术发展与改革的力度，以保证广东农业产业经营规模的不断扩大和发展。

第二，清代广东农业产业经营的管理机制，主要是对清代广东农业产业经营的发展进行行政上的监督与管理，体现了多元化的特色。既有政府层面的监管，也有地方权势豪绅阶层的监管，更有商业社会内部的自行规范与组织。多元化的监督管理机制，有利于清代农业产业经营的多元化发展。而且，随着社会的发展进步和商品经济的活跃繁荣，清代农业产业经营中，一方面，来自政府层面的管理机制越来越松弛，政府不时推出一些惠农政策，鼓励地方积极推动和参与农业产业经营；另一方面，地方豪绅私人势力层面的监管越来越重要，商业社会内部的自我管理能力也不断加强。这些都反映了在多元管理机制下，随着社会的发展，管理运行机制的主导力量也不断发生变化。

第三，清代广东农业产业经营的市场机制，主要是突出调节机制。通过在商业市场设立的各种商业组织与制定的各种商业政策，对产业经营的发展方向、发展规模、销售渠道与形式以及商品价格与利益分配等作出调整。通过市场机制的不断调节，进一步规范了市场的商业运作，稳定了商品销售市场，进一步推动了广东农业产业经营走向商业化与市场化。

清代广东农业产业经营运行机制的形成和发展，是社会经济发展的结果。由于商品经济的活跃，清代广东农业产业经营的规模越来越大，必然要求产业经营的运行更加规范，形成完整、合理的运行机制。清代广东农业产业经营运行机制的畅达，推动了农业产业经营进一步迈向一体化与多元化，从而为社会经济的飞跃发展带来了新的活力。

注释：

[1]《同治韶州府志》卷十一《舆地略》，《中国地方志集成·广东府县志辑》第8册，上海：上海书店2003年版，第363页。

[2]《民国和平县志》卷十五《实业志》，《中国地方志集成·广东府县志辑》第18册，上海：上海书店2003年版，第135页。

[3]《宣统南海县志》卷十一《艺文略》，《中国地方志集成·广东府县志辑》第30册，上海：上海书店2003年版，第251页。

[4] 转引自周宏伟：《清代两广农业地理》，长沙：湖南教育出版社1998年版，第235页。

[5]《光绪西宁县志》卷十四《食货三》，《中国地方志集成·广东府县志辑》第51册，上海：上海书店2003年版，第114页。

[6]《光绪茂名县志》卷一《舆地》，《中国地方志集成·广东府县志辑》第37册，上海：上海书店2003年版，第43页。

[7]（清）屈大均：《广东新语》卷二十七《草语》，北京：中华书局1985年版，第688页。

[8]《新会乡土志》卷十四，香港：香港冈州学会1970年版，第135页。

[9]《宣统番禺县续志》卷十二《实业志》，《中国地方志集成·广东府县志辑》第7册，上海：上海书店2003年版，第114页。

［10］《宣统番禺县续志》卷十二《实业志》，《中国地方志集成·广东府县志辑》第7册，上海：上海书店2003年版，第175—176页。

［11］《民国东莞县志》卷十三《舆地略十一》，《中国地方志集成·广东府县志辑》第19册，上海：上海书店2003年版，第107页。

［12］《宣统南海县志》卷四《舆地略》，《中国地方志集成·广东府县志辑》第30册，上海：上海书店2003年版，第152页。

［13］《新会乡土志》卷十四，香港：香港冈州学会1970年版，第130页。

［14］《民国东莞县志》卷十三《舆地略十一》，《中国地方志集成·广东府县志辑》第19册，上海：上海书店2003年版，第107页。

［15］《光绪镇平县志》卷五《日用》，《中国地方志集成·广东府县志辑》第21册，上海：上海书店2003年版，第248页。

［16］《宣统南海县志》卷四《舆地略》，《中国地方志集成·广东府县志辑》第30册，上海：上海书店2003年版，第151页。

［17］《新会乡土志》卷十四，香港：香港冈州学会1970年版，第130页。

［18］《光绪高明县志》卷二《地理》，《中国地方志集成·广东府县志辑》第34册，上海：上海书店2003年版，第30页。

［19］《光绪广州府志》卷十五《舆地略》，《中国地方志集成·广东府县志辑》第1册，上海：上海书店2003年版，第273页。

［20］《新会乡土志》卷十四，香港：香港冈州学会1970年版，第124页。

［21］（清）陈舜系等撰，李龙潜等点校：《明清广东稀见笔记七种》，广州：广东人民出版社2010年版，第98页。

［22］姚贤镐编：《中国近代对外贸易史资料（1840—1895）》（第三册），北京：中华书局1962年版，第1388页。

［23］《宣统南海县志》卷四《舆地略三》，《中国地方志集成·广东府县志辑》第30册，上海：上海书店2003年版，第153页。

［24］（清）屈大均：《广东新语》卷十六《器语》，北京：中华书局1985年版，第448页。

［25］《中国科技史资料选编——农业机械》，北京：清华大学出版社1981年版，第211页。

［26］《民国英德县续志》卷十六《物产略》，《中国地方志集成·广东府

县志辑》第 12 册，上海：上海书店 2003 年版，第 714 页。

［27］彭世奖校注：《历代荔枝谱校注》，北京：中国农业出版社 2008 年版，第 498 页。

［28］彭世奖校注：《历代荔枝谱校注》，北京：中国农业出版社 2008 年版，第 499 页。

［29］《民国英德县续志》卷十六《物产略》，《中国地方志集成 · 广东府县志辑》第 12 册，上海：上海书店 2003 年版，第 710 页。

［30］《新会乡土志》卷十四，香港：香港冈州学会 1970 年版，第 144 页。

［31］《清高宗实录》卷二百五十一，北京：中华书局 1985 年版，第 243 页。

［32］《同治河源县志》卷十一《物产》，《中国地方志集成 · 广东府县志辑》第 17 册，上海：上海书店 2003 年版，第 333 页。

［33］《同治河源县志》卷十一《物产》，《中国地方志集成 · 广东府县志辑》第 17 册，上海：上海书店 2003 年版，第 336 页。

［34］《民国阳江县志》卷四《地理四》，《中国地方志集成 · 广东府县志辑》第 40 册，上海：上海书店 2003 年版，第 215 页。

［35］《民国英德县续志》卷二《舆地略》，《中国地方志集成 · 广东府县志辑》第 12 册，上海：上海书店 2003 年版，第 528 页。

［36］《道光直隶南雄州志》卷九《舆地略》，《中国地方志集成 · 广东府县志辑》第 10 册，上海：上海书店 2003 年版，第 172 页。

［37］《广东提刑按察使司为严禁捞回抢竹木排张事告示》，谭棣华等编：《广东碑刻集》，广州：广东高等教育出版社 2001 年版，第 726 页。

［38］《光绪四会县志》编一《物产》，《中国地方志集成 · 广东府县志辑》第 49 册，上海：上海书店 2003 年版，第 121 页。

［39］《民国英德县续志》卷十六《物产略》，《中国地方志集成 · 广东府县志辑》第 12 册，上海：上海书店 2003 年版，第 713 页。

［40］《民国西宁县志》卷十三《食货》，《中国地方志集成 · 广东府县志辑》第 51 册，上海：上海书店 2003 年版，第 101 页。

［41］《民国阳江县志》卷十四《食货志二》，《中国地方志集成 · 广东府县志辑》第 40 册，上海：上海书店 2003 年版，第 310 页。

［42］《清圣祖实录》卷一百四十，北京：中华书局 1985 年版，第 537 页。

［43］《光绪广州府志》卷一百八《宦绩五》，《中国地方志集成 · 广东府县志辑》第 2 册，上海：上海书店 2003 年版，第 785 页。

［44］《契白告示》，谭棣华等编：《广东碑刻集》，广州：广东高等教育出版社 2001 年版，第 730 页。

［45］《宣统南海县志》卷二十六《杂录》，《中国地方志集成 · 广东府县志辑》第 30 册，上海：上海书店 2003 年版，第 508 页。

［46］《民国阳江县志》卷十六《食货志四》，《中国地方志集成 · 广东府县志辑》第 40 册，上海：上海书店 2003 年版，第 316 页。

［47］曾汉祥主编：《始兴县的传统经济、宗族与宗教文化》，国际客家学会，2003 年，第 71 页。

［48］《民国增城县志》卷九《实业》，《中国地方志集成 · 广东府县志辑》第 5 册，上海：上海书店 2003 年版，第 454 页。

［49］（清）屈大均：《广东新语》卷十四《食语》，北京：中华书局 1985 年版，第 395—396 页。

［50］《民国顺德县志》卷三《建置略二》，《中国地方志集成 · 广东府县志辑》第 31 册，上海：上海书店 2003 年版，第 535 页。

［51］《宣统番禺县续志》卷十二《实业志》，《中国地方志集成 · 广东府县志辑》第 7 册，上海：上海书店 2003 年版，第 176 页。

［52］《明清佛山碑刻文献经济资料》，广州：广东人民出版社 1987 年版，第 341 页。

［53］《民国佛山忠义乡志》卷六《实业》，民国十二年（1923）刻本。

［54］《民国佛山忠义乡志》卷六《实业》，民国十二年（1923）刻本。

［55］《民国佛山忠义乡志》卷六《实业》，民国十二年（1923）刻本。

［56］《民国佛山忠义乡志》卷六《实业》，民国十二年（1923）刻本。

［57］《民国佛山忠义乡志》卷六《实业》，民国十二年（1923）刻本。

［58］《民国佛山忠义乡志》卷六《实业》，民国十二年（1923）刻本。

［59］《民国佛山忠义乡志》卷六《实业》，民国十二年（1923）刻本。

［60］《民国顺德县志》卷三《建置略二》，《中国地方志集成 · 广东府县志辑》第 31 册，上海：上海书店 2003 年版，第 536 页。

［61］《光绪化州县志》卷二《乡都》，《中国地方志集成·广东府县志辑》第38册，上海：上海书店2003年版，第43页。

［62］《陆丰县乡土志》第五十八章，《乡土志抄稿本选编》，北京：线装书局2002年版，第660页。

［63］《民国英德县续志》卷十六《物产略》，《中国地方志集成·广东府县志辑》第12册，上海：上海书店2003年版，第710页。

［64］《宣统番禺县续志》卷六《建置志四》，《中国地方志集成·广东府县志辑》第7册，上海：上海书店2003年版，第105页。

［65］《道光英德县志》卷十六《物产略》，《中国地方志集成·广东府县志辑》第12册，上海：上海书店2003年版，第495页。

［66］《宣统番禺县续志》卷六《建置志四》，《中国地方志集成·广东府县志辑》第7册，上海：上海书店2003年版，第180页。

［67］曾汉祥主编：《始兴县的传统经济、宗族与宗教文化》，国际客家学会，2003年，第81页。

［68］《蒙县宪将早市秤拨送武庙香油告示碑记》，谭棣华等编：《广东碑刻集》，广州：广东高等教育出版社2001年版，第398页。

［69］载《南雄古今》1988年第3期。

［70］《大塔庙鱼街碑》，谭棣华等编：《广东碑刻集》，广州：广东高等教育出版社2001年版，第569—570页。

［71］《民国佛山忠义乡志》卷六《实业》，民国十二年（1923）刻本。

［72］《民国开平县志》卷六《舆地下》，《中国地方志集成·广东府县志辑》第34册，上海：上海书店2003年版，第320页。

［73］《新会乡土志》卷十四，香港：香港冈州学会1970年版，第130页。

［74］《民国清远县志》卷十四《实业》，《中国地方志集成·广东府县志辑》第13册，上海：上海书店2003年版，第451页。

［75］《宣统高要县志》卷十一《食货篇二》，《中国地方志集成·广东府县志辑》第47册，上海：上海书店2003年版，第149—150页。

［76］《宣统番禺县续志》卷十二《实业志》，《中国地方志集成·广东府县志辑》第7册，上海：上海书店2003年版，第176页。

［77］莫世祥等编译：《近代拱北海关报告汇编（1887—1946）》，澳门：

澳门基金会 1998 年版，第 162 页。

［78］《宣统番禺县续志》卷十二《实业志》，《中国地方志集成 · 广东府县志辑》第 7 册，上海：上海书店 2003 年版，第 176 页。

［79］（清）张渠撰，程明校点：《粤东闻见录》卷下，广州：广东高等教育出版社 1990 年版，第 94 页。

［80］李文治编：《中国近代农业史资料第一辑（1840—1911）》，北京：生活 · 读书 · 新知三联书店 1957 年版，第 527—528 页。

［81］《光绪茂名县志》卷一《舆地》，《中国地方志集成 · 广东府县志辑》第 37 册，上海：上海书店 2003 年版，第 37 页。

［82］《民国花县志》卷六《实业志》，《中国地方志集成 · 广东府县志辑》第 4 册，上海：上海书店 2003 年版，第 55 页。

［83］《民国西宁县志》卷十四《食货三》，《中国地方志集成 · 广东府县志辑》第 51 册，上海：上海书店 2003 年版，第 124 页。

［84］《乾隆揭阳县志》卷七《物产》，《中国地方志集成 · 广东府县志辑》第 29 册，上海：上海书店 2003 年版，第 46 页。

［85］转引自方行等主编：《中国经济通史 · 清代经济卷（上）》，北京：中国社会科学出版社 2007 年版，第 309 页。

第五章

清代广东农业产业经营的市场竞争与发展风险

农业产业经营，是指以农产品的生产、加工和销售为主要内容，以市场为导向，最终通过市场交换获取经营利润。在商业社会的发展过程中，产业经营必然存在市场竞争和经营风险，清代广东农业产业经营的发展也不例外。特别是有清一代，中国正处于从封建社会向半殖民地半封建社会转型的重要时期，中外关系纷繁复杂，商业大门洞开，国内矛盾尖锐交织，社会动荡不安。广东地区作为中国最早开放的地区，在中国社会转型的重要历史时期，居于中外社会政治、经济和文化冲突的前沿，其农业产业经营所面临的市场竞争与发展风险尤为突出，给清代广东农业产业经营的发展带来了深刻的影响。探讨清代广东农业产业经营的市场竞争与发展风险，可以从更多方面进一步认识广东农业产业经营的历史环境和历史特点，对于了解清代中外商业市场机制运行与农业产业发展的密切关系，具有重要的历史意义。

第一节　农业产业经营的市场竞争

农业产业经营，是指农产品经过处理或加工，通过市场交换成为商品。所以，市场竞争是农业产业经营的重要竞争形式。在农业产业经营中，掌握了产品在市场上的主动权和市场发展的动向与命脉，就能够在市场竞争中取得优势地位。清代广东农业产业经营的发展兴衰也取决于产品在市场竞争中所处的地位。而且，随着中国社会经济的变迁和演变，广东农业产业经营在市场竞争中的表现状况也会或高或低，起伏不定，呈波浪形不断向前发展。清代广东农业产业经营的市场竞争，在以下若干方面表现得最为突出。

一、中外市场竞争

中外市场竞争，主要包括两个方面的内容：一是广东农产品进入外国市场，与外国产品产生的市场竞争；二是外国产品打入中国市场后，对本地农产品造成的巨大的市场竞争压力。

广东是中国最重要的外贸中心，本地不少农产品往往通过对外贸易渠道打进国际市场，所以清代广东农业产业经营向来具有外向型的特点，具有相应的国际市场地位。清代前中期，中国具有一定的综合国力，同时由于中国的农产品物美价廉，在国际市场上享有美誉，因此具有一定的市场优势与市场竞争力。但是随着西方工业革命的发展，西方各国产业经营迅速发展，经济实力日渐强大，特别是鸦片战争以后，西方殖民者进一步加强对东方，尤其是对中国的侵略和掠夺，中国国力日渐衰落。西方商品凭借政治、经济与科技质量上的优势，逐步在国际市场上取得主导地位，对中国农产品在国际市场上的地位造成很大的冲击。在中国对外贸易中占有较大比重的广东农产品，也不得不面对国际市场的竞争，举步维艰，起伏不定，给清代广东农业产业经营带来了很大影响。

1. 蔗糖产业

广东、福建都是中国重要的产糖地区。在清代，尤其是在鸦片战争以后，中国糖在国际市场上的竞争越来越激烈。据载：“一八八二至一八八三年，国外对汕头糖的需要，在糖业中是一项值得重视的事项，英国和美国为仅次于香港的主要消费者。但是到一八八四年，直接运往美国的糖已经没有了，运往英国的也不关重要。这时，在政府补贴政策的刺激下，欧洲大陆甜菜糖的生产大为扩展，同时蔗糖也从其他地区获得充分供应，糖价因而下降，这样就阻止了中国糖对这些地区的贸易。……到一八八五年，香港这一市场也受了影响，马尼拉和爪哇糖对香港的廉价供应，开始代替了汕头糖的地位。汕头糖的价格，虽由于国内市场的需要，仍保持着原价，但是对香港的出口已经减少。在最后两年，出口数字是如此之低，两年的总数不足二万担，还不到一八八六年以前的任何一年出口额的十分之一。但这时国内市场对糖的需要却不断增长。”[1]

广东糖业产品的国际市场竞争对手，不仅有来自欧美的产品，也有来自东南亚的产品。特别是东南亚所生产的糖制品和广东、福建所生产的糖制品都属于蔗糖类产品，更是对广东蔗糖产品的出口带来很大影响。有谓：“自1884年以来，从中国运往香港及外国的糖（白糖、黄糖、冰糖）数量已经大为减少。1884年，白糖出口为四九五，〇〇〇担，现在已经减为一二九，〇〇〇担，黄糖则由一，〇二九，〇〇〇担减为四五八，〇〇〇担；冰糖出口减少的比例大致相同。在打狗、汕头、琼州的贸易报告中，谓蔗糖出口减少，是由于以下几个原因造成的，即台湾加征新税，其他各处糖特别是爪哇糖的竞争，其他国家（甚至昆士兰也可能）对制糖农作物的保护政策，以及中国南方产糖各省流行的旱灾。”[2]1884年，中国的糖出口减幅达74%左右，黄糖出口减幅达55.5%左右，其中广东生产的蔗糖产品占有较大比例，反映了广东蔗糖产业所面临的中外市场竞争之激烈。

2. 茶叶产业

茶叶也是清代广东重要的外销产品之一，在国际市场上同样存在着激烈的市场竞争。据《1875—1876年英国驻华领事报告》所载：“有关印度茶的统计告诉我们，仅只在1875年最后的四个月里，印度茶在英国的消费量就超过了英国1868年全部进口茶叶的总额。在去年以前，对日益增加的英国茶市的供应，是一直为印度茶和中国茶所分担的。但是从去年起，中国茶的供应量已停滞不进，全部增加数字为印度所独占。……中国茶在美国的情况，与此完全相似；十五年以前，美国茶叶市场是为中国所独占的，现在日本茶却占消费量的半数。”[3] 又据《1876年海关贸易报告》载：“在1867—1868年，日本茶的出口，相当于中国绿茶出口的37%；两年之后降至24%；在随后的两年中间，日本茶的出口，又复增加，相当于中国绿茶出口的50%。从此以后，不利于中国的百分比逐年增加，1873年，日茶出口为中国绿茶出口的59%，第二年增为70%，1875—1876年度两者比例相等，但截至1876年12月31日为止，日茶出口额已为中国绿茶的一倍以上。”[4]

国际茶叶市场的激烈竞争对广东茶叶产业的经营带来了重要的影响，原来的市场竞争优势顿减。据《粤海关十年报告（1882—1891)》载：“功夫茶主要在本省大山、肇庆和贺县等地区种植。在过去十年内，这种茶的质量日益衰退，据说是因为对茶树培养工作未加注意所致。它是最早受到日益增产的印度茶和锡兰茶冲击的茶种——良种茶首先受到影响，随后低档茶也遭受损失。目前，在伦敦市场，最低价格的功夫茶，无论是质量还是价格，都无法和印度茶叶竞争。……色种茶显然已不再从广州出口。香橙白毫茶出口量则急剧下降，现在主要只限于对澳大利亚出口的少数几批。这种茶在伦敦市场据说已‘过时’，对它的需求量甚少。珠兰香茶生产于西江、江谷和贺县等地区。这种茶作为广州出口产品的一部分，其质量据说尚能保持优良。由于它具有自己的某些独特品质，一度被认为不致受外国竞争者影响。但是，面对其消费量逐年迅速下降这一事实，看来这种希望只得放弃。实际上，无需多久，它将和广州其他茶叶一样逐步走向‘过时’。”[5]

面对国际市场的激烈竞争，广东农业产业经营如不能扭转劣

势，势必造成产能过剩，导致产业经营规模发生萎缩，甚至退市，严重打击地区社会经济的发展。如清末南海地区，“茶叶从前为出口货大宗，现在出口之数历年递减。光绪十八年出口尚有六万五千担，至二十八年出口不过二万四千担，盖西人多向锡兰、印度购茶，以其价廉也。前后仅距十年，销数之锐减已如是。中国茶叶之失败，亦大略可睹矣。西樵山多产茶，山人向以植茶为业。官山埠有茶市一区，近高街百步石地方，近日茶业失败，山人往往将地售作坟墓，所产茶株，比前百不存一，市地亦废，今已夷为民居矣”[6]。由此可知，国际市场的竞争常使产业出现重新洗牌，即便是中国的传统优势产品，在面对国际市场的激烈竞争时，也未必能够长期保持市场竞争优势。

3. **丝织产业**

传统丝织品同样在国际市场竞争中受到冲击。清代广东丝织品主要是以外销为主。1873 年有谓：“近年来养蚕产丝发展迅速，从本省西部到西北部一带农村，运至安南王国和南部海岸地区，桑树种植与日俱增。尽管广东产的丝在品质上无法与北方省份如浙江和江苏等地的丝竞争，但由于上年法国南部和意大利北部流行疫症损坏了很多蚕茧，导致欧洲丝产量下降，从而加剧了欧洲和美国对丝的巨大需求，使广东人在养蚕方面获利如此之丰，以致使他们将很多稻田改为桑园。”[7]但是好景不长，清代广东丝织品同样遇到了国际市场上的竞争对手。据《粤海关十年报告（1882—1891）》记载：“广州为外国市场生产的丝织品，主要包括刺绣品、柞丝绸及柞丝绸手帕。由于南美洲最近发生骚乱，刺绣品贸易严重衰退。柞丝绸（主要用于印花）和柞丝绸手帕因遇到日本同类产品的竞争而遭受严重挫折，日本货虽然不及广州货耐用，但其制作更精细，式样更美观。”[8]

国际市场竞争造成了广东传统丝织品外销减量，光绪十九年（1893），“至括丝及短红火东丝，去美国者多，本年出口较上年为少，缘美国各项生意疲败，加之愿买东洋丝多”[9]。市场竞争使产业经营所面临的经营压力进一步加大。

4. 草席产业

除了传统产品，一些新兴的外销型农产品，即使是广东特有的农产品，在国际市场上也逐步受到竞争冲击。如草席，在1882—1891年间，据载：“和前十年相比，草席出口量显著增加。令人满意的是，尽管近来有来自日本方面的竞争，但总的说来，在过去几年里，出口量还是稳步增长。现将1886年（当时日本刚开始这项工业）以来广州和日本草席出口数量对比如下：

年份	广州 卷	日本 卷
1886	137 852	*
1887	140 018	2 000
1888	155 605	5 000
1889	228 929	20 000
1890	177 645	50 000
1891	208 825	95 341

可以预见，日本草席生产者注定将成为广州生产者的有力竞争对手。广州草席生产者在国内遇到重重阻碍，他们不仅要交纳产品出口税，而且还要承担原料水草运往制造场地途中的税捐。”[10]

从上述草席出口数字的发展趋势来看，中国草席出口数量的增幅远远低于日本草席出口数量的增幅。所以至光绪二十年（1894），日本最终在很短时间内成为广东草席出口的重要国际市场竞争者。据载：“出口地席，其运往各处销售者，惟美国为最多，而上年贩运赴美为数甚巨，因一时销流不及，存候待沽，是以本年广州出口

者较少；并因日本国制席之草及已成之席均免征收税课，成本既轻，售价自贱，商人乐于贩运，是以华席生意为其搀夺。”[11]这也从一个方面反映了清代广东农业产业经营所面临的国际市场竞争的巨大压力。而且，随着西方以及日本等国农业产业的发展，外国农产品在与中国农产品的国际市场竞争中逐步取得了优势地位。

在中外市场竞争中，中国农产品除了在国际市场上面对着日趋激烈的竞争外，在国内市场上也同样面临新的挑战。鸦片战争以后，中国门户大开，外国商品纷纷进入中国市场，对中国农产品的内销形成了新的竞争。而且，西方殖民者凭借政治、军事上的优势，不断向中国内地市场倾销农产品，给清代广东农业产业经营带来了巨大的市场冲击。最典型的是纺织产业在市场竞争中逐渐走向衰落，如清末番禺地区，“布业昔甚发达，沙湾所处，经纬俱细致，以悦目致。朱坑蓝最有名，茭塘所出，经粗而纬细，以耐用著。牛仔榜最有名，均用矮机织成，用功至勤苦，而出货又甚迟。高机既出，改用日多。但高机之出品，耐用不若矮机，悦目不若洋布，虽属后起，不能代兴，洋布逐特霸矣”[12]。又如花县地区，“棉布，乡中妇女，纺棉织以自用者，坚厚耐久，曰家机。邑中女红，以纺织为业，近洋纱自外国至，质松价贱，末流趋利，以充土纱，遂多失业矣”[13]。不仅珠三角等发达地区感受到了来自西方商品的市场竞争压力，边远山区也同样受到外国商品的市场冲击。如清末西宁地区，“土布暖而耐久，咸同以前，几于无村不种棉，无家不纺织。自洋纱输入内地，纱细而匀，价廉质美。于是臃肿且贵之土纱相形见绌。种棉之家因渐稀少，甚至有家机织布以度活者，咸相率购买洋纱为趋时，而棉业且绝迹于乡村矣”[14]。外国商品的大量销入，给当地社会经济的发展带来了不利的影响。

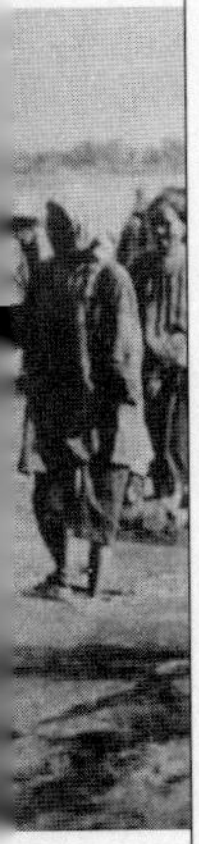

中外市场竞争是国际性的竞争，主要是中外产品在国际市场与中国国内市场的竞争，包括中外产品的质量竞争、价格竞争、技术竞争和经济竞争。鸦片战争前，中国尚有一定实力，中国的农产品

凭借产品的独特性以及传统的优势，尚能在国际市场以及国内市场上保持主导地位。但鸦片战争后，因受西方殖民者的压迫和掠夺，中国在政治、经济以及军事上的力量日渐衰弱，日本以及西方国家趁势取得市场上的优势地位，从而给中国农产品，包括广东的农产品带来了巨大的市场冲击。所以，中外市场竞争表现了时代的特征，以鸦片战争为界，中国的传统农产品在国际及国内市场上的竞争力日渐削弱，常常受制于人，开始步入衰退的历史阶段。

二、区域市场竞争

区域市场竞争，主要是指广东地区与国内其他地区的农产品在市场中的竞争以及本区域内市场中的自我竞争。这也是清代广东农业产业经营的市场竞争中的一个重要内容。随着社会经济的发展，中国其他发达地区的农业产业经营也逐步发达，如长江三角洲与台湾地区，对广东农业产业经营的发展构成了重要的区域竞争态势。据1871—1872年广州口岸贸易报告中所载："由于其他城市的开放，使广州失去它的对外贸易的主导地位。为此，广州人们必须开辟新的途径来弥补他所失去的。过去他们从外省采集茶、丝之类来广州，然后输往西方市场，而现在极自然地要努力试图用自己的产品来供应国外需要。因之导致大规模地种茶，继之大量地养蚕。由于本地茶、丝生产和对外出口的稳步增长，加上各种自产自销的工业品，令广州仍保持着'中国伯明翰'的地位。"[15] 其他地区区域贸易的增长与市场开放，和本地区农业产业经营的发展有密切的关系。所以，广东地区要保持贸易的发展区位，必须加大本地区农业产业经营对国内外市场的投放力度，也因此加剧了区域市场竞争的激烈程度。如清末海康县，"蒲包出口完全为我县利源，遂徐各县，绝无仅有，故近年以来有田之家，种草致富，不知凡几，即或无田贫民，男女织席织苞，亦可糊口度日。综计全年出口，约有三千余艇，其余销售地点运销日本者十之四，运销各国者十之六。近闻日人垂涎此利，购秧试种于台湾各地，倘或土地相宜，发生畅茂，是犹夺我胭脂山，而使妇女无颜色也”[16]。

区域市场竞争，还包括广东区域内不同地区农业产业经营的产品竞争。如葛布生产，“惟雷葛之精者。百钱一尺。细滑而坚。颜色若象血牙。名锦囊葛者。裁以为袍直裰。称大雅矣。故今雷葛盛行天下。雷人善织葛。其葛产高凉、硇洲。而织于雷。为絺者裕者。分村而居。地出葛种不同。故女手良与沽功异焉。粤故多葛。而雷葛为正葛。其出博罗者曰善政葛。……出潮阳者曰凤葛。以丝为纬。亦名黄丝布。出琼山、澄迈、临高、乐会者。轻而细。名美人葛。出阳春者曰春葛。然皆不及广之龙江葛坚而有肉。耐风日。凡此皆绘葛也”[17]。不同地区，葛的品种不同，其所织葛布的质量也有差异，将其投放市场中，必然形成区域市场竞争。又如橙，在新会地区，“产于本邑者最佳，以树老而迁地多者为良。老树者瓤干无核，底有螺旋纹，味香如蜜，最为上品。惟近日种橙者稀，因前时曾充贡品，黠者贿充甜橙头，任意讹噬农户，故农家不敢种植。今虽免贡，而业此者尚未扩充。况近年香山产橙甚多，味虽不及，而树状果大，收丰价廉，利较优胜。盖香山橙种，每择最壮之树为之。木邑无此佳种，故土宜虽优，而销路反彼畅我滞，此业尚须整顿，始能获利也”[18]。又如香山地区，“橙，邑产最多，味虽不及新会产，而树壮果大，收丰价廉，利较优胜，盖本邑橙种，每择最壮之树为之，新会无此佳种，故彼土宜，虽优而销路反逊于我”[19]。说明了区域市场竞争是综合实力的体现，不仅要有天时、地利，还需有人和因素，只有敢于创新、善于优化，才能在市场竞争中处于有利地位。

区域市场竞争，还包括同一产业的不同农产品之间的竞争，甚至有可能导致某一农产品退出历史舞台。如英德地区，“茶油，茶子所榨。榨油之茶，不堪烹啜，霜降摘子，花即随开，朵朵花心，具有滴水，甚甜。最忌冬雨淋去，即不结实。属内向多种茶为业，波罗岩山中产有椒子，每茶子一石，加椒子一斗同榨，其油甚香，辟春瘴，除鱼肉腥臭，蝇不敢近。自种落花生既多，而种茶子者渐少，即种亦不繁，消长之理然也”[20]。由于花生引种之后，产量高，油质优，所以逐渐在市场竞争中取得垄断优势。一些有优势的农产品由于能够在市场中以质取胜，价高利厚，因而具有较大的市场竞争力。如肇庆地区，“珠环山，旧传出硃砂，以竹插入，旧传土中砂即满管而出，今无。蟠龙山与阳春分界，山种缩砂比他处所产，价常三倍”[21]。

区域市场竞争，内容广泛，形式多样，产品经营方式、经营质量都对农业产业经营市场竞争的发展产生了重要的影响。市场竞争多数表现为良性互动、优胜劣汰，对地区农产品经营的发展也具有一定的推动作用。

清代广东农业产业经营的市场竞争，对清代广东农业产品的产销发展和兴衰具有重要的意义。清代广东农业产业经营的市场竞争具有多重特点，既有广东农产品在国际市场的竞争，也有与西方国家商品在中国市场的竞争，还有区域与区域之间、产品与产品之间的市场竞争。而且，其市场竞争的性质也各有特色。中外市场的竞争，一般带有政治性与强制性，主要体现了国家综合实力的消长兴衰。晚清政权日趋腐朽没落，一方面影响了中国传统农产品的技术与市场优势的发挥；另一方面，面对西方国家商品的倾销，清政权也未能建立良好的国家市场保护机制，以抵御外来商品的冲击。所以，在中外市场的竞争中，中国的农产品，也包括广东农产品，逐渐失去传统的优势，难以保持在中外市场竞争中的长久主导地位。而区域市场竞争，一般多受制于市场经济规律的运作，多为良性竞争，有利于农业产业经营的进一步发展，对地区社会经济的持续发展来说，也是一个重要的推动力。清代广东农业产业经营中市场竞争的发展，实际上也是由国家政治经济体系的变化所决定的。

第二节　农业产业经营的发展风险

农业产业经营的发展，不仅存在着各类市场的不同竞争，还存在着较大的经营风险。特别是在中国古代社会的末期，一方面，封建社会已经走向衰落，统治者苟延残喘，力图维持封建社会的统治，需要在政治、经济上加强控制和监管；另一方面，西方殖民者加紧对中国政治、经济上的侵略和掠夺，不断利用各种手段打击中国的产业发展，以控制中国社会的经济命脉。所以，在以农立国的古代中国社会，虽然商品经济的发展可能给新兴的产业带来发展的曙光，但也常常受到中外社会各种因素，包括政治、经济、文化及自然等方面因素的影响和制约，给农业产业经营带来较大的经营风险以及较多的不明朗因素。清代广东农业产业经营的发展也不例外。

一、政治风险

有清一代，中国仍然处于封建专制的统治之下，尽管不断受到西方社会各种因素的影响，但是并没有从根本上改变清朝政权对于市场商品经济发展的观念，他们对于市场经济和产业经营的发展始终怀有戒心。各级政权对于农业产业经营的飞速发展和商品经济的繁荣活跃，可能会不时地施加政治上或经济上的监控力和影响力，以限制农业产业经营的发展步伐，希望把农业产业经营纳入封建社会的运行轨道。广东农业产业经营在全国具有重要的经济地位，更引起封建政权的高度关注，同样面临着政权力量所带来的政治上与经济上的各种风险。这些风险主要表现在地方政权利用政治上的力量实行经济上的利益分成。

如“新会葵扇之利，周于天下，约计每年所产不下十万万柄有奇。……本县当以新会产扇虽多，获利甚少，小民终岁劳苦，除却赋税钱粮以及抽厘等费，所余甚属无几。加以阖邑贫民以及男妇人等，多借手艺营生，若因抽取过多，恐民生有碍"[22]。又如高要地区，"牛皮栏附城及各区皆有。其制造法：将生皮浸于石灰池内约十五日，乃取起。水牛皮可剥二层，黄牛皮可剥四层。宣统元年，附城开办屠牛捐，每宰牛一头，缴银二元，该款全拨为各学校辅助费，乡间私宰，从严拘罚"[23]。

有关税收已经成为地方政权重要的财政收入来源，但是若抽取过多，必然打击清代广东农业产业经营的发展。据载："前督部堂张大骏任内，据候补道叶昭遒禀请试樟脑，并请于农工商局内附设官脑总局，于曲江县地方设立分局。以曲江县属樟树最多，故请就近设立分局，以便于购买也。嗣经批准试办，随派委员赴曲江设局开办并釐定一切购树熬脑各项章程开办，逾年颇少起色。宣统元年元月，经驻分局委员会禀定变通办法，无论何项人等，皆准购树熬脑，所处樟脑尽缴官局，不得私运销售。议定樟脑百斤给价银五十余元，脑油百斤给价银一十四元。盖先时定章，以樟脑堪制军火，自应由官局熬炼，如民间有私自设灶熬脑者，查出究办。至是，以官局办无起色，始行变通办理也。然试办一日，民间到局说照者，甚属寥寥。推原其故，有树之乡，该绅耆等均避嫌，不敢私熬，致招物议。其有经商之人，又以不谙此业，未能操其计赢，不敢轻与尝试。先时，韶城地方，素业樟板者有二十余家，自开办樟脑，不准私买樟木，此项商家大都歇业。至是，经委员查悉，素有资本之商八人，商定购树，购定后赴局报明，由局派人勘验。有脑之树，选其好质者，拨派闽工，分配土工教熬，仍由局收买其脑，但此亦尝试办之一法，为维持脑局，冀臻发达而已。嗣以出售既少，成本过重，绝无余利可图。……与宣统元年九月将局裁撤，以节靡费。此曲江官脑局开办停办始末情形也。"[24]

地方政权出于政治上和经济上的各种考虑，对农业产业经营往往采取严格控制的态度，限制了农业产业经营的自由发展。所以，地方政权对于农业产业经营的态度与取向十分重要，会给农业产业经营的发展带来关键的影响。如大埔地区，“曾有一任县知事，力劝全邑种桑，从之者颇众，纷纷以田植桑。殊所出蚕丝已不易售出，且养蚕之法未精，一岁风雨失调，桑蚕尽死。因此皆视为畏途，复去桑而植稻”[25]。由此可说明，在农业产业经营的发展历程中，政治因素、政治导向常常处于较为主导的地位。只要政权倡导，不管是否符合地区状况，也不管最后结果如何，百姓都不得不从，从而加大了农业产业经营中的政治风险。而且，政治上的监控和干预，还包括在经济上通过税收手段给农业产业经营的发展施加影响。如光绪十二年（1886），“罗定州属山场多种桂树，凡自罗定、西宁、东安、高要、禄步各处贩运桂皮、桂碎、桂枝、桂子、桂油、桂叶等项，道出黄江税厂征收税银”[26]。又如“潮州府，经征广济桥商税正额银六千三百两，分设东关、南关、西关及蔡家围四厂征收。东关系征收本城及内地嘉庆州、闽省往来商人贩运鱼纸之税，并丝绸各项杂货税。南关、西关系征收青靛、乌糖及杂货各小税。蔡家围系征收竹木及杂货各小税（杂货不上五钱者名曰小税）”[27]。政府征税，有利于增加地方财政收入，但也可能由于税负过重，导致地方农业产业经营的风险进一步加大。如海南会同，“会邑役重赋繁，借槟榔输差。初种约十年方生子，不二三年遇风霜则败。况海外飓风，夏秋屡作，时遭催拆。榔有减而税如故，虽有利而亦有害”[28]。又如同治年间，广东“新会葵扇之利，周于天下，约计每年所产不下十万万柄有奇。……本县当以新会产扇虽多，获利甚少，小民终岁劳苦，除却赋税钱粮以及抽厘等费，所余甚属无几。加以阖邑贫民以及男妇人等，多借手艺营生，若因抽取过多，恐民生有碍”[29]。一些地方特色的上贡产品，也可能因为免贡，给本行业以及连带的辅助行业带来经营风险。如新会，“橙篓，在甜橙未免贡时，河村李姓善制之。盖贡橙需盛以瓷盅，而瓷盅则至江西始行采买。此篓以竹为之，独能蔽藏瓷盅，中具弹力，虽积压而内容不破。前之能制此者，仅有三户。今甜橙免贡，久已辍业，则恐无复能制此特别器皿者”[30]。这也是政治因素给农业产业经营带来的不稳定影响。上述这些说明了地方政权在政治、经济方面的举措，有可能会给广东农业产业经营带来一定的政治风险，对农业产业经营的发展来说，也是一个重要的制约因素。

二、自然风险

自然风险，主要是指自然生态环境的变化给农业产业经营带来的不利影响。

自然灾害会给广东农业产业经营带来冲击和风险。清代广东农业生产力虽然有了很大的提高，生产技术也有了很大的进步，但是抵御自然灾害的能力还是十分有限的，所以，一旦发生较为严重的自然灾害，往往会给农业产业经营带来较大的损失。如从化县，“康熙二十九年冬十一月，霜雪降。霜雪屡下，树叶尽枯，果木杀伤甚众。明年，荔枝不熟，春夏大旱”[31]。又如 1888 年 7 月，有载：“广州顺德县属龙口、龙山等处，俱产蚕丝，乡人饲蚕为业，获利较力田丰厚。本年霪雨为灾，河流盛涨，所有桑树被水浸坏，蚕不得食，出丝无多，故日下丝价视去年约增数倍云。”[32] 自然灾害给农业产业经营带来的风险是多方面的。

一是自然灾害造成了农产品的大幅度减产。如新会柑，“似橙而大，身扁，皮可为药，名曰陈皮，盖以陈久为贵也。其肉甘香，不亚于橙。惟遇风雨则多落，遇霜雾则多腐。农户业此者，每当飓风淫雨之年，大受耗折”[33]。又如 1893 年，“上年冬月间，陡致严寒，继以冰雪，果木冻萎者甚多，故本年出口生果较上年减少二万担。柑皮一项，亦少值银二万两。其豢猪刍料，亦以天寒，不能多生，故猪价亦贵”[34]。又如赤糖出口，“1898 年再度骤减，其原因是严重的干旱造成减产，在主要的产地——雷州与海南岛尤其如此。1899 年因再度旱灾造成出口量减至九万六千零二十担”[35]。自然灾害对农业原料生产造成了直接打击，从而可能导致农业产业链的解体或松弛。如 1911 年的丝绸贸易，“内如白丝、野蚕丝及绸缎皆形锐减，缘顺德、南海为产丝之区，不意首夏为行潦淹浸，桑叶多伤，所余者不敷饲蚕之用，是以出丝自少。业此者因而亏折，竟至数月赋闲”[36]。

二是自然灾害与气候变化也影响了农产品的质量。1876 年，广州地区据载：“上季从本口岸出口的新制功夫茶数量显著下降，主要原因是初春恶劣的气候影响了首造茶叶，且不利于茶叶加工。”[37]茶叶加工受到影响，茶叶的质量自然下降。1878 年，“由于今年春天潮湿多雨，不利于采摘茶叶，第一批功夫茶投放市场时，尽管从外表看成色很好，但实际上易碎且香味不足。……白毫茶产量少且质量差，上品的很罕见且价格昂贵。秋季，相当大量的功夫茶从澳门出口，主要是较粗劣的品种”[38]。又如丝及丝制品的出口，“1878 年出口低于往年平均水平。整个冬季和初春连续不断的潮湿和阴暗天气阻碍了需要充足阳光的桑树生长。尽管 4 月份天气好转，但大部分的头造丝在色泽和质量上都低于往年的平均水平。……广州丝在欧洲开包时，很多客商抱怨太潮湿，严重影响了广州丝在市场上的地位，这是由于产区太靠近口岸，生丝运来就马上装船运出所致。曾试图劝生产者在装船前将丝烘干，但至今为止未获成功。这些丝潮湿，出口商需承担重量损失和丝质变差的风险。欧洲市场对优质丝的需求量增加，导致丝内掺杂，从而进一步降低了广州生丝的声誉”[39]。自然灾害与气候变化加大了农业产业经营的风险系数。

不仅种植业等受到自然灾害与气候变化的影响，渔业生产也同样存在较大的自然风险，如沿海海水养殖。在澄海地区，“放蚶，蚶苗自闽省，其质至细而价甚高。以咸水放于泥坪，俗谓蚶埕，养之不数日，获息甚伙。淡水漫入即群毙。更或蚶虎，即螺之有班文者，族生，亦收成减半”[40]。类似的沿海养殖，一遇雨灾或洪灾，损失就十分严重。宣统三年（1911）三月，有载：“每年渔户所希冀贸易者，专在清明、重阳两节前后所产马有鱼、鲈鱼、鲵鱼、墨鱼、狮子鱼、黄花鱼、风鳝等物，近因天时不和，沿海所产甚少，渔业日见坠落，其市所市之鱼多由顺德、九江等处输入。”[41]自然灾害或严重的气候变化，可能导致渔业产业经营的大幅度倒退，所以，渔业产业经营同样需要承担自然风险所带来的后果。

自然风险还包括地理环境对于某些农业产业经营发展的制约，如地貌地形因素可能造成某些经济作物难以在一些地区推广种植，从而限制了农业产业经营的进一步扩大。如罂粟种植，“1892 年及随后的一年，在香山和东莞地区，罂粟种植被首次引进，每亩可收获约 20 斤鸦片，每斤售价约 5 元。但是在珠江三角洲地区，无论天气或土壤，都不适合种植罂粟，因而只好放弃”[42]。又如乐昌地区，“蚕桑一事，光绪末年，有第四区黄姓种桑饲蚕，既有动机，特碍于交通未便，购种为难，成效缺如”[43]。这些都是由于地理环境条件不足，从而阻碍了农业产业经营的发展。

有时，由于农业产业经营的无序发展，造成环境恶化，从而给农业产业经营带来更大的自然风险。如封川地区，“数十年前，黄冈山中有炭厂、纸厂、农具厂、船筋厂、浮炭厂、香粉车、石灰窖及蓝靛、香菌之类，均由渔涝河出至河口。又有大洲东安等处柴船竹簰浮江而下，售于广州，岁不下数十万，亦利薮也。近则山林之利稍竭，惟纸厂数十户而已。生之者寡，食之者众，乌在其可恃也”[44]。在广州地区的城市化过程中，环境的变迁有时也给近郊农业产业经营造成了重要的影响。有谓：“小北门内，旧多蕹塘，种蕹菜为业。近年填塘建屋，所产顿稀，惟藉乡贩入市，有水、旱两种，水蕹较良。”[45]一些农业经济作物，由于对自然环境破坏性较大，从而造成产业衰退。如南雄地区的烟草种植，“近四五十年，

日渐增值，春种秋收，每年约货银百万两，其利几与禾稻等。但种烟之地，俱在山岭高阜，一经垦辟，土性浮松，每遇大雨，时行冲刷，下注河道，日形壅塞，久则恐成水患。然大利所在，趋之若鹜。是惟有土者严禁新垦，庶可塞其流而端其本耳”[46]。

清代广东农业产业经营，在其发展的历程中，难免面临各种各样的自然风险，有些是主观性的，有些是客观性的，有些是多重性的。如清末东莞地区，“邑境北带东江，西南环巨海，鳞介之属，所出至繁，而海物尤胜。……近日沙田涨淤，江流渐浅，咸海渐低，兼以轮船往来，搅使惊窜，滋生卵育，棲讬无由，不惟海错日稀，即江鱼亦甚少矣。此亦可以观世变也”[47]。风险的多重性加大了农业产业经营地域化解自然风险的难度。

三、市场风险

市场风险，主要是指在农业产业经营的发展过程中，商品销售常常因为各种因素，导致商业市场的狭小或萎缩，致使产品滞销，产业经营也逐渐陷于衰退。

有的市场风险是由于在与外来商品的竞争中处于劣势，从而导致产业经营的衰落。特别是鸦片战争以后，中国市场进一步开放，大批外国商品输入中国，给中国农业产业经营带来了巨大的冲击。

如棉布生产，在番禺地区，“有新造机、水坑机、市桥机、傍江机，皆即其他所出以为名，其妇女纺棉织以自用者，坚厚耐久，曰家机。邑中女红，以纺织为业，近洋纱自外国至，质松价贱，末流趋利，以充土纱，遂多失业矣”[48]。市场竞争，主要是产品技术的竞争、质量的竞争、价格的竞争。广东农业产业经营，由于技术滞后，产品质量和价格都难以与外国倾销产品竞争，必然面临巨大的市场风险，造成地区产业经营的衰落。番禺地区的纺织业由盛至衰便是最好的例证。“纺纱在昔尤发达，新造地所出之棉花幼细而白，长而韧松而暖，为各属冠。往时业此者甚多，几乎无男不种植，无女不纺织。布墟纱市，随地有之。近年则纺纱之业风流云散，至觅一纺纱器具而不可得。织布之业亦一落千丈。新出高机尚可支持，旧日矮机已成仅有。而种棉之业尤不堪问。往往数里之内，不见一棉。南村之棉花会馆，门额仅存，风雨飘摇，无或过问，询之乡人，多不能举其名。而纱市街改纱为沙，一二遗迹，亦将湮没以尽。地非不宜，工非不良。数十年来一至于此，当细求其故。盖洋花之暖，虽不及广花，然洋纱貌美价廉，适于时尚，输入之后，于是臃肿且贵之土纱相形见绌，犹复墨守成法，销路逐窒。此纺纱之业所由衰败也。洋纱幼细而匀，所织成之布，自比土布为可爱，而其染色更娇艳夺目，非土布所能望其肩背。虽土布暖而耐久，然风俗日趋于奢侈，与其无华，毋宁易敝，竞以洋布相夸耀，而土布逐落人后矣。此织布之业所由衰败也。”[49]

茶叶产业经营也存在同样的市场风险问题。如光绪后期，“若茶务一项，从前较丝为佳。自印度种茶而后，各国接踵而起。西人既自出茶，虽不能不买中国之茶，而已不能居为奇货，以致上市之时，货则由彼提高，价则由彼杀低。近年以来，各处茶客之亏折者，无不累千盈万，说者谓价由西人所定”[50]。广东的情况也不例外。如南海地区，“茶叶从前为出口货大宗，现在出口之数历年递减。光绪十八年出口尚有六万五千担，至二十八年出口不过二万四千担，盖西人多向锡兰、印度购茶，以其价廉也。前后仅距十年，销数之锐减已如是。中国茶叶之失败，亦大略可观矣”[51]。又有载：“1892 年至 1901 年间，茶的出口量几无变动，本十年的最后一年却剧减七千担。如今，出口茶几乎全部运至香港，供香港及马六甲海峡华人饮用。与英国的茶贸易一度兴旺，船运量每季度达到五百万磅，与澳大利亚及美国的茶贸易也曾有利可图。可是，由于英国人喜欢喝茶，并在英国种植茶叶，在此竞争下，中国茶叶贸易现已衰落，而今几乎不再出口。究其原故，或因中国茶农未受关注，或因英国茶叶味道浓郁。本十年间，茶的银价无甚变动，银两的兑换价却大幅下降，有人认为中国茶或许可以在外国市场立足。可是当今时尚浓茶，尽管许多著名的医生宣称中国茶的功效胜于锡兰茶和印度茶，但它已不再受到外国大多数买家的青睐。”[52]

蔗糖产业也同样经历了市场风险的打击而逐步衰落。如海阳地区，“虽瓷器、蔗糖，出产类多，然皆守旧，而不改良，成本重，获利轻，况洋瓷、洋糖，质美价廉，人争用之，此商务之所以日坏也”[53]。市场风险导致产业利润下降，由于无利可图，产业的最终衰落无可避免。因为产业经营乃是生产、交换和销售一体化的链条结构，一环扣一环，牵一发而动全身。所以在南海地区，“三江一带，山坡之田，旧多种蔗，故糖业甚多。近因获利甚微，已有每况愈下之势”[54]。

广东农业产业经营的市场风险，除了外部因素，还与产业经营的内部因素问题有关。

有的是因为不思改进和提高生产种植技术，导致农产品质量下降。张之洞曾指出：“近年工商间有进益，惟农事最疲，有退无进。大凡农家率皆谨愿愚拙、不读书识字之人。其所种之物，所植之法，止系本乡所见，故志所传，断不能考究物产，别悟新理新法，惰陋自甘，积成贫困。”[55]因循守旧，必然降低了农产品的市场竞争力，加大了农产品的市场风险，导致农业产业经营发展的阻滞和萎缩。如茶叶种植生产，据《1902年至1911年海关贸易十年报告》载：“中国人对于茶树的剪枝和拔疏一向抱有反感，并且认为在一块土地上种的茶越多，茶叶的产量就越大。同时对茶地的田赋政策，加强着这种不良趋势，妨碍着专用土地来培养幼苗的措施，甚至迫使茶农不得不在茶树的行间栽种其他作物，以求获得更多的收成。复次，由于植茶者不善于剪疏枝叶及拔去无用的老干，妨碍了茶叶生长所最需的阳光和空气。由于以上原因，茶农所遭受的损失更大些。摘茶叶的方法也非常有害，茶农经常要等待茶树长满茶叶之后，一次全部摘光，这样，削弱了茶树的再生能力，降低了第二以及第三次收成的质量。印度的种茶者都备有茶种的培养场，以替换老的茶树。新茶树长到第二年便生出少数的茶叶，长到第五年便可以全部采摘了。采摘时只采取茶芽和顶上两片茶叶，将叶腋间很快要长出嫩芽的较老的叶子保留几个月，以便每星期摘一次品质很好的茶叶，对于茶树的损耗也比较少。这样，印度种茶者，能够不断将茶叶供应市场。而中国的茶农，对每次采摘的茶叶，必须一次制造，这不仅使工作繁忙，因而影响了加工的仔细，而且可能发生损坏情形。因此每次收的茶叶总不免变质。并且摘下的茶叶堆积一起，要等候轮流烧干，这时正值雨季，如果打湿了，茶叶的香气和外貌都要遭受损失。”[56]其他经济作物的生产种植，也有因技术因素而加大了市场的风险。如光绪三十一年（1905），有谓：“因前二年出口之席质地甚劣，现在外洋存栈极多，尚未售去。去年制造地席已大加改良，惟种苇之人，未能小心讲求种植，以致席草少出，而价值昂贵，恐此贸易，明年似受其害。”[57]

有的是因为生产种植规模有限，制约了产业经营的进一步拓展。如清末，“广州蚕桑之利，顺德特首，南海次之，莞未之前闻。然据旧志所载，地未尝不宜桑也。前三十年间，诸缙绅立普善堂，提倡蚕桑，购桑载于顺德，并请养蚕之善者为之，自是播种渐兴。峡内、石步、周屋、厦半、仙山诸乡，产丝尤夥，然桑市未立，养蚕之家值将熟时，每虞缺饲。邑中善士，能诱掖而振兴之，使风气大开，庶获利之丰，可几于南、顺乎。若麻之属，多可为布，旧志所载诸种俱有而莞俗无作之者。此亦士大夫所亟宜讲求以兴工业也”[58]。

有的是因为在市场供需发生变化时，未能及时进行调整，以降低市场风险，从而造成产业经营衰退。如清末西宁地区的棕屐生产，“购棕以织成木屐，本少而利亦微。但贫家妇孺，人人皆可为之，颇资日用，业此者以大湾乡人为多，多运往西南、佛山、江门

等处，销路亦广。近来工商喜用皮屐，此业渐衰矣”[59]。

有的是由于产业经营中产业链脱节，致使产业发展无以为继。如开平地区，“光绪末，楼冈有自顺德丝厂佣工，归者试行养蚕，劝人种桑，一时山冈河壖殆遍。未几相继告罢。因邑无桑市，养蚕者仅数家，若蚕种不良，则桑即滞销，故种桑者不得不罢”[60]。又如阳江地区，“吾邑油麯，岁销于外，为数甚巨，实为土产一大宗。自光绪末，花生失收，此业遂不振”[61]。

有的是因为产业生产方式落后，产能无法扩大，难以抵御市场风险，最后必然为市场所淘汰。如增城地区，“女儿葛最多，所谓北有姓城䋼，南有女葛者，产竹丝溪、百花林二处皆良。采必以女，一女之力，日只得数两丝，缕以针，不以手，织之终岁，乃成一匹。近则无矣。市上所鬻逊女儿葛远甚，其以丝兼者名兼丝”[62]。由于生产经营方式落后，即使产品质量好，若没有一定规模和产能的支撑，也难以形成市场效应，势必衰亡。清代广东农业产业经营由于顾及地方就业生计，对一些较为先进的农业产业生产方式往往持反对态度，也影响了产业经营生产方式的改革步伐。如1881年，“10月5日，在距广州30哩的南海县西樵附近，一些中国商人开办的用西式机器缫丝的工厂，因民众反对，引起骚乱而停工。反对者认为西式机器将使自己失去生计。骚乱在军队赶到时才停止，幸未蔓延，但已造成伤亡，一台机器毁坏，一万斤蚕茧损失。地方当局主张镇压骚乱，但强调使用节省劳力的机器，必须在官方的主持下进行，以防止厂主为追求大量利润和谋取垄断而损害劳工利益”[63]。产业改革经营生产方式的改革停滞不前，不利于产业生产规模和产能的扩大以及产品质量的提高，也影响了产品在市场上的竞争力。

有的是由于不法商人垄断、掺假，谋取暴利，造成产品质量下降，影响了产品的市场公信力，最终造成产销脱节、产业衰退。如新会地区，“茶种于高山。三十年前，本境茶叶极盛。因通商之初，西人运茶，本在广东。邑人阚绿护屏，迤西数十顷山地种之，获利甚厚。后因用野草鬼灯笼等掺杂作伪，顿失信用，西人无复采办者。今则多行荒废，仅余附近鹤山处诸少数耳”[64]。又如清远地区，光绪年间，“邑中今年产茶约六十四万斤，向销美俄各国，近因私贩掺以杂树叶，且有杂以铁屎者，致清远茶名誉顿减，销途日窒”[65]。农业产业经营不仅有生产规模大小所带来的市场风险，也有产品质量高低所带来的市场风险。

还有一些不法商人在销售过程中，利用汇率变化的差价从中获利，从而损害了产业生产加工的发展，也有可能带来较大的市场风险。如1906年，据《通商各官华洋贸易总册》下卷记载，广州地区，“办席商人获利均非正道，伊等所经东莞、连滩两处制席之人，均用省城小银元。而贩席出口，各洋行所给席价，均照香港银水支给。是以除去用钱之外，伊等于找换银水之中，可获利一百分之五，或一百分之六分五也。至制席之人，因席价甚低，故不能获利。种席草之人，亦因价低亏本，更因秋间风灾损害席草也”[66]。

有些社会环境因素也会给农业产业经营带来各种市场风险。如新会地区，“山松，自然生殖于山中，可制松香，其枝叶亦可供燃料。三十年前，近山各乡尚多以种松为业者，今则以畏盗伐而停废，众山濯濯而已”[67]。由于人为的原因，生态环境受到破坏，一些农业产业经营也受到了打击。社会治安不稳定也是农业产业经营的重要破坏因素。如同治九年（1870），广宁地区商家贩运竹木，常遭截抢，引起了地方政权的高度重视。“示谕广州府南海县、顺德县、云水县，肇庆府高要县、广宁县、四会县，所属各乡绅耆，及沿河居民人等知悉：嗣后如遇有贩运竹木排张，经由该处河面，预当约束乡人子弟，安分守法，毋得藉端拦阻，肆意讹索。如竹木排张船只，有遭风遇涨，被水冲漂，不得乘机捞抢，盗卖勒赎。店铺人等，亦不得窝留私买，倘敢故违，一经访问或被告发，定饬严拿，勒交究办。绅耆牌保，如敢纵容包庇及串通分肥，亦即一并拿究，决不宽贷，各宜凛遵，毋违。特示。”[68]又如清末花县地区，

“竹蔗，此业从前颇盛，故广州市糖行亦有花县片之称。但至今则较衰，比前者实减十之五乃至三之二云，今查第二、三区之平山至横潭墟一带，第四、五区之宝鸭湖、丫髻岭、国太墟一带约有蔗糖寮共六七十所，每年植蔗约八十亩至百二十亩耳。推其衰落之故，一因匪患多，一因地脊，收量日减也”[69]。社会环境安定与否对市场经营风险系数的高低具有重要的意义。

在清代广东农业产业经营的历史发展过程中，由于市场竞争愈演愈烈，所以一直存在着各种各样的市场风险，而且由于各种社会因素交织构成，复杂多变，也加大了农业产业经营应对市场风险的难度。如东莞地区，“邑中诸果，蔗为最，蕉次之，荔枝、龙眼、橄榄等又次之。缘邑人榨蔗为糖，其制法旧胜于他县，故获利厚而种植多。近因外洋以萝菔制糖，掺入内地，邑之糖业渐衰落矣。蕉产于水乡特佳，售之广州，市利几倍，然只充食品，不能行远也。荔枝、龙眼、橄榄等果焙制之，可以行远，惟树必十年方始结实，一遇两乡愤斗，斫伐至多。夫安邑千树枣，燕秦千树栗，蜀汉江陵千树橘，以及千亩卮茜，千畦姜韭，史迁并以为富给之资。然则以械斗之风，而兴种植之利，邑搢绅当从事也。若夫讲求制法，抵制外货，以收利权，是又所望于格致家矣”[70]。农业产业经营的市场风险是一个集合体，与社会政治、经济和文化的发展演变息息相关，必须按照市场经济发展规律去应对和化解。但由于清代中国正处于从封建社会向半殖民地半封建社会演变的历史阶段，政治黑暗，国力衰弱，无法解决当时社会的各种矛盾与问题，也无法按市场规律去应对和化解农业产业经营所面临的各种市场风险，从而导致清代广东农业产业经营在应对各种市场风险中一直处于较为被动的状态，只能面对市场经营风险的各种冲击，艰难地向前发展。

第三节　小结

在清代广东农业产业经营的发展过程中，一直存在着各种各样的市场竞争和市场经营风险，这是由市场经济的发展规模所决定的。随着农业产业经营的不断发展，经营市场不断扩大，必然会引起竞争，也必然会存在各种各样的经营风险。经营市场越扩大，市场竞争就会越激烈，市场经营风险就会越来越大。产业经营只有在市场竞争中处于主动，释放风险，化险为夷，才能获得更多的经营回报和经营利润。关键是怎样才能在市场竞争中取得主动，取得优势，立于不败之地。这是由社会内部政治、经济、文化各个层面的因素所决定的。清代广东农业产业经营在市场竞争、市场风险中的发展历程，也清楚地说明了这一点。

清代广东农业产业经营，尽管具有地区特点和开放特色，但始终被清代中国社会的发展趋势所主导。清代中国社会正处于一个重要的历史转折时期。在鸦片战争以前，中国还具有一定的综合国力，中国的农村自然经济还占有一定的优势，农业产业经营在封建统治下缓慢发展，商品化程度尚有待进一步提高，市场竞争与市场风险也相对较小；而鸦片战争以后，中国从封建社会向半殖民地半封建社会转化，政治衰落，国力削弱，门户大开，西方殖民者在政治、经济和文化上不断对中国进行压迫与掠夺，给中国农业产业经营的发展带来很大的影响。广东农业产业经营的商品化程度相对较高，外向型经济特色较为明显和突出，与国际贸易市场的关系千丝万缕，在中国社会的转型历程中自然首当其冲，受到更大的冲击，引起更多的市场竞争，经受更多的各种各样的市场经营风险。虽然广东农业产业经营起步较早、基础较雄厚，也不断吸收西方的经营方式，在市场竞争中不断采取各种办法应对市场竞争，降低市场风险。如地席，“1879 年出口数量较上年减少 2.2 万卷，或许因为美国市场存货很多，而那里占有总出口量 9/10 的销路，这是一种无论在质量或者价格方面都极少有被动的商品。大部分出口地席都是根据合同编织，因此，在某种程度上可以避免其他商品经常遭受价格升降的风险”[71]。但是，由于清代中国逐步走向半殖民地半封建社会，政治上、军事上处于弱势被动地位，经济上也难以与西方殖民者相抗衡，所以，广东农业产业经营尽管依靠传统的产品，在中外市场上尚有一定的份额，但总体上一直很难在中外市场竞争中处于主导地位。而且随着中国社会的衰落，广东农业产业经营承受的市场经营风险也越来越大。即使在鸦片战争后，广东农业产业经营仍能够维持一定的产能与水平，但与鸦片战争之前相比，其发展规模与发展进度已不能同日而语。在半殖民地半封建社会中，广东农业产业经营的发展受到中外政治、经济形势变动的影响，在市场竞争中常常处于被动地位，受到各种各样的市场风险的巨大冲击，其发展也难以有更大的突破。这说明了社会政治与经济的关系密不可分。一个国家只有在政治上强大，经济才能够腾飞，产业经营才能够持续发展；否则，产业经营始终难以在市场竞争中占据主动，只能承受更多市场经营风险的冲击，难以在经营上有更大的发展和突破。清代广东农业产业经营所经历的市场竞争与市场风险，也清楚地反映了这一历史规律。

注释：

[1] 李文治编：《中国近代农业史资料第一辑（1840—1911）》，北京：生活·读书·新知三联书店 1957 年版，第 399—400 页。

[2] 李文治编：《中国近代农业史资料第一辑（1840—1911）》，北京：生活·读书·新知三联书店 1957 年版，第 400 页。

[3] 李文治编：《中国近代农业史资料第一辑（1840—1911）》，北京：生活·读书·新知三联书店 1957 年版，第 393 页。

［4］李文治编：《中国近代农业史资料第一辑（1840—1911）》，北京：生活·读书·新知三联书店1957年版，第393—394页。

［5］广州市地方志编纂委员会办公室、广州海关志编纂委员会编译：《近代广州口岸经济社会概况——粤海关报告汇集》，广州：暨南大学出版社1995年版，第859页。

［6］《宣统南海县志》卷四《舆地略三》，《中国地方志集成·广东府县志辑》第30册，上海：上海书店2003年版，第152页。

［7］广州市地方志编纂委员会办公室、广州海关志编纂委员会编译：《近代广州口岸经济社会概况——粤海关报告汇集》，广州：暨南大学出版社1995年版，第75页。

［8］广州市地方志编纂委员会办公室、广州海关志编纂委员会编译：《近代广州口岸经济社会概况——粤海关报告汇集》，广州：暨南大学出版社1995年版，第863页。

［9］广州市地方志编纂委员会办公室、广州海关志编纂委员会编译：《近代广州口岸经济社会概况——粤海关报告汇集》，广州：暨南大学出版社1995年版，第341页。

［10］广州市地方志编纂委员会办公室、广州海关志编纂委员会编译：《近代广州口岸经济社会概况——粤海关报告汇集》，广州：暨南大学出版社1995年版，第864页。

［11］广州市地方志编纂委员会办公室、广州海关志编纂委员会编译：《近代广州口岸经济社会概况——粤海关报告汇集》，广州：暨南大学出版社1995年版，第349页。

［12］《宣统番禺县续志》卷十二《实业志》，《中国地方志集成·广东府县志辑》第7册，上海：上海书店2003年版，第181页。

［13］《民国花县志》卷六《实业志》，《中国地方志集成·广东府县志辑》第4册，上海：上海书店2003年版，第53页。

［14］《民国西宁县志》卷十四《食货三》，《中国地方志集成·广东府县志辑》第51册，上海：上海书店2003年版，第124页。

［15］广州市地方志编纂委员会办公室、广州海关志编纂委员会编译：《近代广州口岸经济社会概况——粤海关报告汇集》，广州：暨南大学出版社1995

年版，第 65 页。

［16］《民国海康县续志》卷二《地理》，《中国地方志集成·广东府县志辑》第 44 册，上海：上海书店 2003 年版，第 312—313 页。

［17］（清）屈大均：《广东新语》卷十五《货语》，北京：中华书局 1985 年版，第 423 页。

［18］《新会乡土志》卷十四，香港：香港冈州学会 1970 年版，第 130 页。

［19］《香山乡土志》卷十四，中山市地方志编纂委员会办公室，1988 年。

［20］《道光英德县志》卷十六《物产略》，《中国地方志集成·广东府县志辑》第 12 册，上海：上海书店 2003 年版，第 495 页。

［21］《道光肇庆府志》卷二《舆地》，《中国地方志集成·广东府县志辑》第 46 册，上海：上海书店 2003 年版，第 75 页。

［22］李文治编：《中国近代农业史资料第一辑（1840—1911）》，北京：生活·读书·新知三联书店 1957 年版，第 921—922 页。

［23］《宣统高要县志》卷十一《食货篇二》，《中国地方志集成·广东府县志辑》第 47 册，上海：上海书店 2003 年版，第 151 页。

［24］《清末民国财政史料辑刊》第八册，北京：北京图书出版社 2007 年版，第 640 页。

［25］《民国新修大埔县志》卷十《民生志》，《中国地方志集成·广东府县志辑》第 22 册，上海：上海书店 2003 年版，第 221 页。

［26］《广东财政说明书》卷五《关税》，（清）广东清理财政局，1910 年，第 26 页。

［27］《广东财政说明书》卷五《关税》，（清）广东清理财政局，1910 年，第 27 页。

［28］《嘉庆会同县志》卷二《土产》，《中国地方志集成·海南府县志辑》第 4 册，上海：上海书店 2001 年版，第 19 页。

［29］李文治编：《中国近代农业史资料第一辑（1840—1911）》，北京：生活·读书·新知三联书店 1957 年版，第 921—922 页。

［30］《新会乡土志》卷十四，香港：香港冈州学会 1970 年版，第 143 页。

［31］《雍正从化县新志》卷二《灾祥》，《中国地方志集成·广东府县志辑》第 4 册，上海：上海书店 2003 年版，第 355 页。

［32］《〈申报〉广东资料选辑》，广东档案馆，1995年，第269页。

［33］《新会乡土志》卷十四，香港：香港冈州学会1970年版，第131页。

［34］莫世祥等编译：《近代拱北海关报告汇编（1887—1946）》，澳门：澳门基金会1998年版，第160页。

［35］莫世祥等编译：《近代拱北海关报告汇编（1887—1946）》，澳门：澳门基金会1998年版，第54页。

［36］莫世祥等编译：《近代拱北海关报告汇编（1887—1946）》，澳门：澳门基金会1998年版，第277页。

［37］广州市地方志编纂委员会办公室、广州海关志编纂委员会编译：《近代广州口岸经济社会概况——粤海关报告汇集》，广州：暨南大学出版社1995年版，第161页。

［38］广州市地方志编纂委员会办公室、广州海关志编纂委员会编译：《近代广州口岸经济社会概况——粤海关报告汇集》，广州：暨南大学出版社1995年版，第216页。

［39］广州市地方志编纂委员会办公室、广州海关志编纂委员会编译：《近代广州口岸经济社会概况——粤海关报告汇集》，广州：暨南大学出版社1995年版，第215—216页。

［40］《嘉庆澄海县志》卷六《风俗》，《中国地方志集成·广东府县志辑》第26册，上海：上海书店2003年版，第62页。

［41］《两广官报》第七期，《近代中国史料丛刊》三编第57辑，台北：文海出版社1998年版，第1354页。

［42］广州市地方志编纂委员会办公室、广州海关志编纂委员会编译：《近代广州口岸经济社会概况——粤海关报告汇集》，广州：暨南大学出版社1995年版，第921页。

［43］《民国乐昌县志》卷九《实业》，《中国地方志集成·广东府县志辑》第9册，上海：上海书店2003年版，第337页。

［44］《道光封川县志·舆地》，《中国地方志集成·广东府县志辑》第50册，上海：上海书店2003年版，第484页。

［45］《宣统番禺县续志》卷十二《实业志》，《中国地方志集成·广东府县志辑》第7册，上海：上海书店2003年版，第175页。

［46］《道光直隶南雄州志》卷九《物产》，《中国地方志集成·广东府县志辑》第10册，上海：上海书店2003年版，第172页。

［47］《民国东莞县志》卷十五《物产下》，《中国地方志集成·广东府县志辑》第19册，上海：上海书店2003年版，第127页。

［48］《同治番禺县志》卷七《舆地五》，《中国地方志集成·广东府县志辑》第6册，上海：上海书店2003年版，第51页。

［49］《宣统番禺县续志》卷十二《实业志》，《中国地方志集成·广东府县志辑》第7册，上海：上海书店2003年版，第182页。

［50］李文治编：《中国近代农业史资料第一辑（1840—1911）》，北京：生活·读书·新知三联书店1957年版，第554页。

［51］《宣统南海县志》卷四《舆地略三》，《中国地方志集成·广东府县志辑》第30册，上海：上海书店2003年版，第152页。

［52］莫世祥等编译：《近代拱北海关报告汇编（1887—1946）》，澳门：澳门基金会1998年版，第55页。

［53］《海阳县乡土志》，《乡土志抄稿本选编（十六）》，北京：线装书局2002年版，第603页。

［54］《宣统南海县志》卷四《舆地略三》，《中国地方志集成·广东府县志辑》第30册，上海：上海书店2003年版，第151页。

［55］李文治编：《中国近代农业史资料第一辑（1840—1911）》，北京：生活·读书·新知三联书店1957年版，第579页。

［56］李文治编：《中国近代农业史资料第一辑（1840—1911）》，北京：生活·读书·新知三联书店1957年版，第578—579页。

［57］广州市地方志编纂委员会办公室、广州海关志编纂委员会编译：《近代广州口岸经济社会概况——粤海关报告汇集》，广州：暨南大学出版社1995年版，第437页。

［58］《民国东莞县志》卷十三《舆地略十一》，《中国地方志集成·广东府县志辑》第19册，上海：上海书店2003年版，第107页。

［59］《民国西宁县志》卷十四《食货三》，《中国地方志集成·广东府县志辑》第51册，上海：上海书店2003年版，第125页。

［60］《民国开平县志》卷六《舆地下》，《中国地方志集成·广东府县志

辑》第34册，上海：上海书店2003年版，第315页。

［61］《民国阳江县志》卷三十八《杂志下》，《中国地方志集成·广东府县志辑》第40册，上海：上海书店2003年版，第591页。

［62］《民国增城县志》卷九《实业》，《中国地方志集成·广东府县志辑》第5册，上海：上海书店2003年版，第445页。

［63］广州市地方志编纂委员会办公室、广州海关志编纂委员会编译：《近代广州口岸经济社会概况——粤海关报告汇集》，广州：暨南大学出版社1995年版，第266页。

［64］《新会乡土志》卷十四，香港：香港冈州学会1970年版，第132页。

［65］《民国清远县志》卷十四《实业》，《中国地方志集成·广东府县志辑》第13册，上海：上海书店2003年版，第452页。

［66］李文治编：《中国近代农业史资料第一辑（1840—1911）》，北京：生活·读书·新知三联书店1957年版，第525页。

［67］《新会乡土志》卷十四，香港：香港冈州学会1970年版，第140页。

［68］《广东提刑按察使司为严禁捞回抢竹木排张事告示》，谭棣华等编：《广东碑刻集》，广州：广东高等教育出版社2001年版，第726页。

［69］《民国花县志》卷六《实业志》，《中国地方志集成·广东府县志辑》第4册，上海：上海书店2003年版，第55—56页。

［70］《民国东莞县志》卷十三《舆地略十一》，《中国地方志集成·广东府县志辑》第19册，上海：上海书店2003年版，第111页。

［71］广州市地方志编纂委员会办公室、广州海关志编纂委员会编译：《近代广州口岸经济社会概况——粤海关报告汇集》，广州：暨南大学出版社1995年版，第242页。

第六章

清代广东农业产业民俗文化

清代广东农业产业经营的发展，给广东社会带来了重要的影响，具有深远的历史意义。它不仅推动了清代广东社会经济的大发展，也促进了广东社会民俗文化的变迁与社会生活消费水平的提高；不仅表现在物质生活方面，也同时表现在精神生活方面。尽管农业产业经营的发展在精神生活方面所产生的影响或许并不是那么显而易见，或者说只是潜移默化，但这种产业民俗文化的软实力渗透在社会生活的各个层面，必然给社会经济基础带来新的冲击，从而引起新的调节和新的变化。所以，清代广东农业产业经营发展下所出现的有关产业民俗文化活动表明，当社会经济基础发生变化后，与社会上层建筑有关的精神生活也不可避免地发生演化和变迁，并反作用于社会经济基础，从而推动地区社会历史风貌的转变。清代广东农业产业经营中产业民俗文化活动的发展史实，也进一步印证了物质生活与精神生活相互作用、相互制约的社会历史发展规律。

第一节　社会观念与风尚变迁

清代广东农业产业经营的发展，给社会观念与风尚的变迁带来了重要的影响。因为农业产业经营改变了土地经营的发展方向，促进了经济作物种植规模的不断扩大，而粮食作物种植规模却不断萎缩。这种改变主要也是由商品经济利益的驱动所致。如雍正五年（1727）二月，据记载：“谕内阁，广西巡抚韩良辅奏称，广东地广人稠，专仰给于广西之米。在广东本处之人，惟知重财贪利，将地土多种龙眼、甘蔗、烟叶、青靛之属，以致民富而米少。广西地瘠人稀，岂能以所产供邻省多人贩运之语，此类与朕前旨相符，可知闽、广民食之不敷有由来矣。着两省总督、巡抚等悉心劝导，俾人知食乃民天，各务本业，尽力南亩，不得贪利而废农功之火，不得逐末而忘稼穑之艰。至于园圃果木之类，当俟有余地余力而后为之，岂可图目前一时之利益，而不筹画于养命之源，以致缓急无所倚赖而待济于邻省哉！假使邻省或歉收，则又将何如哉？该督、抚等，务须淳切晓谕，善为化导，俾愚民豁然省悟，踊跃趋事，则地力不致虚耗，而米谷不致匮乏矣。”[1]

雍正上谕所说反映了清代广东农业土地经营的变化，因大量种植经济作物而导致了粮食减产。商品经济的不断活跃，必然在不同程度上冲破封建政权力量的束缚，在社会上形成了趋利的经济浪潮与风气。土地经营的变化，正是商品经济活跃的一个缩影。另一方面，经济作物种植规模的不断扩大，也进一步推动了农业产业经营的飞跃发展，对社会发展进步具有重要的意义。当然，同时也可能给社会带来一些问题，如劳动力可能由于产业经营技术机制运行的完善而供大于求，造成新的社会矛盾。广大农村劳动力为了寻求新的社会出路，有的出洋经营，有的流向城镇，也有的成为盗贼而影响或扰乱社会治安。光绪二十五年（1899），曾有谓：“兹据各厅州县先后详称：无旷土可开垦者十居八九。臣等查广东省三面滨海，地狭人稠，一岁三收，农力已竭，茶桑果木，到处成林，地利亦尽。人多无田可耕，野无可耕之土，故安份者出洋为商，游惰者非赌即盗，藐法横行，为饥所驱，亦良可悯。”[2]这说明，随着土地经营的变化以及农业产业经营的发展，农村社会已出现了分化，而且

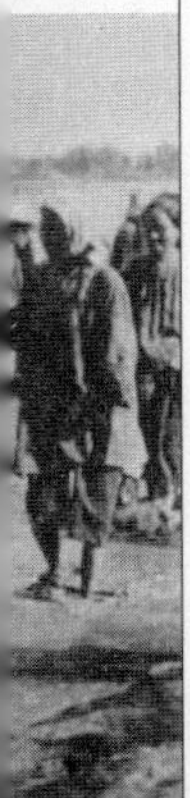

越来越严重。中国是一个农业大国，农业、农村的变化也必然推动社会变迁，有可能为社会带来新的社会观念与风尚追求。如一些山区，尽管整体经济仍落后于广东其他较为先进的地区，但随着社会经济的发展，山区农业产业经营逐步扩大，社会生活消费水平不断提高，其社会观念与社会风尚也发生了较大的变化。如阳春地区，“道光以前，皆尚朴素，殷富之家，平时惟穿麻布，其纱罗绸缎呢绒，间制以备礼服。光绪以后，寖尚奢华，不特服制为然，婚嫁丧祭以侈靡成风，以险啬为耻”[3]。社会观念与社会风尚的变化，还表现在广东不少地区的生活消费范围不断扩大，逐渐从物质生活领域进一步扩大到精神生活领域。在一些地区，社会对于精神生活的消费也十分重视，往往会不惜重金，大力追求。如香山地区，道光十六年（1836）十月，有载：“习俗踵尚奢华，应示以俭朴也。粤东素称殷庶，近来生齿日繁，惰游者众，物力凋敝，盗窃频闻，则皆侈靡之习有以致之也。盖其始由于富商巨贾以财自雄，夸耀闾里，而愚民无知，转相慕效，渐染已久，实为风俗之忧其最甚者。省会之灯棚酒馆，沿河之画舫歌楼，故无论已，乃至一丧苑也，而延宾迎吊，动辄千金；一婚娶也，而丝竹酒筵，奚啻百贯。财产安得不屈，用度安得不穷。至于村落间耗费民财，尤以演戏、赛会二者为最甚。十室之邑，每岁必演戏，以乐神出会之法，则迎神出游，千百为群，金鼓旌旗，绵亘数里。凡梨园之犒赏，亲戚之宴集，靡费实多，夫春祈秋报，例本不禁，然借此而务为无益之费，闾之蓄积几何，为民牧者似不宜置之度外。”[4]社会的奢华风尚已经引起了地方统治者的担忧，但追求奢华之风尚不息，如香山地区，“又一种以黄蚕丝织之，细滑黄韧，乡人尤所贵重。一匹须茧至万，工费甚多，富人织以自服，不常得也”[5]。有些地区甚至以绸缎作为陪葬品。如阳春，“纱瑯茧绸，山蚕丝所为绸，其坚韧可比程乡茧，土人以为殉葬，入土数十年，改葬犹完好，油污置之自脱。以少出，故不通行，亦以丝色不纯，故人轻之。然选丝成绸则佳矣"[6]。这也是在社会观念与社会风尚的改变下，生活习俗渐趋奢华的情况。

社会观念与风尚的变迁，有的是由于社会经济的发展和产业经营的带动，进一步提高了人们的物质生活水平，从而影响了人们对物质世界与精神世界的看法与感受。而在社会历史的发展过程中，精神生活也会反作用于物质生活，也可能会给经济基础带来一些不稳定的因素。因此，社会观念与风尚的变迁，也可能给广东农业产业经营的发展带来一些负面影响。如番禺地区的纺纱业过去一直十分发达，但鸦片战争后，一些外国商品大量倾销中国，由于社会观念与社会风尚的改变，也影响到中国小农经济抵御外国商品入侵的能力。有谓："纺纱在昔尤发达，新造地所出之棉花幼细而白，长而韧、松而暖，为各属冠。往时业此者甚多，几乎无男不种植，无女不纺织。布墟纱市，随地有之。近年则纺纱之业风流云散，至觅一纺纱器具而不可得。织布之业亦一落千丈。新出高机尚可支持，旧日矮机已成仅有。而种棉之业尤不堪问。往往数里之内，不见一棉。南村之棉花会馆，门额仅存，风雨飘摇，无或过问，询之乡人，多不能举其名。而纱市街改纱为沙，一二遗迹，亦将湮没以尽。地非不宜，工非不良。数十年来一至于此，当细求其故。盖洋花之暖，虽不及广花，然洋纱貌美价廉，适于时尚，输入之后，于是臃肿且贵之土纱相形见绌，犹复墨守成法，销路逐窒。此纺纱之业所由衰败也。洋纱幼细而匀，所织成之布，自比土布为可爱，而其染色更娇艳夺目，非土布所能望其肩背。虽土布暖而耐久，然风俗日趋于奢侈，与其无华，毋宁易敝，竞以洋布相夸耀，而土布逐落人后矣。此织布之业所由衰败也。"[7]洋纱质优价廉固然是重要原因，但社会观念与社会风尚渐趋奢华，对洋布、洋纱在中国市场大行其道也起到了重要的推动作用。一般而言，经济基础决定上层建筑，而上层建筑也可能对经济基础产生反作用，从而影响社会经济的稳定性。

第二节 产业经营与宗教崇拜

宗教是麻醉人民的精神鸦片。在清代广东的农业产业经营中，同样存在宗教信仰与宗教迷信的现象，表现为宗教崇拜与产业经营的有机结合，其形式多样，形成了宗教崇拜中的产业民俗文化。

有的是对产业经营土地的崇拜。土地是产业经营的重要基础，一般民众对土地都怀有深厚的感情，从而发展成为宗教崇拜，尤其对那些具有产业经营发展潜力的土地更是如此。如近代阳春地区，“鹦鹉塘，在城西水口股鹦鹉岭脚，西南至北十余里，东至西二里许。其塘大小数口，所蓄鲩鱼味甚甘旨。每年取鱼一次，以腊月廿二日为期，俗人称英塘鲩，人争买之。凡届取鱼时，必先祭塘神，否则鱼尽藏石罅，任网不得”[8]。由于对土地的崇拜，所以需要定期拜祭相关土地神，祈求土地能为产业经营提供更多的产品，以获取更大的产业收益。

有的是将优质的产业经营产品作为崇拜对象，举行一些宗教崇拜活动。如新安地区，“香树，邑内多植之。东路出于沥源、沙螺湾等处为佳，西路出于燕村、李松萠等处为佳。叶似黄杨，凌寒不落。子如连翘而黑，落地则生，经手摘则否。香气积久而愈盛，正干为白木香，出土尺许为香头，必经十余载，始凿如马牙形，俗呼为牙香。凡种香家，妇女潜取佳者藏之，名香山香，岁时供神，以此为敬”[9]。有些地区崇奉生产物为神，并举行大型宗教活动。广州地区盛产素馨花，并已形成相当的产业规模，因而广州地区盛行以素馨花为主题而举行的大型宗教活动。据载：“广中七七之夕。多为素馨花艇。游泛海珠及西濠、香浦。秋冬作火清醮。则千门万户皆挂素馨灯。结为鸾龙诸形。或作流苏。宝带葳蕤。间以朱槿以供神。或当宴会酒酣耳热之际。侍人出素馨毬以献客。客闻寒香。

而沉醉以醒。若冰雪之沃乎肝肠也。以挂複斗帐中。虽盛夏能除炎热。枕簟为之生凉。谚曰。槟榔辟寒。素馨辟暑。故粤人以二物为贵。献客者先以槟榔。次以素馨。素馨贵而茉莉贱。茉莉宜于女子。素馨宜于丈夫。”[10]又如“广州西瓜不佳，多红色，惟白云山所产者黄色，味亦甘美。西瓜产山南望者尤多，每岁七月中旬，村人赛神作西瓜会。番禺茭塘者亦佳”[11]。通过有关的宗教活动，加强地区对农业产业经营的重现，以推动地区产业经营的顺利发展。

在一些地区，那些在农业产业经营发展中作出贡献、技术水平较高的生产者，也有被尊奉为神而奉祀的。如高要地区，“邓福新，江白丈村人，善造竹器，诸式俱精，江门竹器商尊为先师而奉祀之”[12]。这是英雄崇拜的又一种表现形式。

也有的利用宗教禁忌，约束人们的有关生产经营活动，以保护地区的特色产业。如西宁地区，利用一些传说，把本地特产赋予神秘宗教色彩，并借此禁止随意采制。“邑云盖山之西有龙湾，产龙须草。俗传编为席，夏凉冬温，然地险不易采得，若有人盗采该处地方，必受风灾，故至今乡禁甚严。”[13]通过万物有灵的宗教信仰，规范人们的生产经营行为，以保护地方产业资源。

也有一些地区为了保护产业经营的顺利开展，行业内部集体募捐筹资，酬敬所尊奉的保护神。如同治四年（1865）二月，吴川县曾有告示，谓：“切朝廷致治，非法令不行；市井交易，无行规则紊。职等贩卖竹木生意，向由上江装筏运来，数历风波，素敬天后并伏波将军，每逢诞期，酬神唱戏，所有戏金之资，因难派收。同治元年，集众议立行规，每千抽头钱五文出众，并禁木匠、船户、跟随私掌客人扣串等款，以供神功费用，各遵无异。……为此示谕：凡有行采竹木等物者，不得扣串，并船户木匠跟随，及引至来买之人，亦不得强取私索。一并人等知悉，即将抽头之钱，议派公正之人随时收蓄，不得私收匿骗归囊。每逢二庙神诞，以供唱戏之资。自示之后，尔等务宜恪遵行规章程，不得更变。勒石竖碑，以垂久远。”[14]说明了行业内部对于宗教活动的重视，而且有严格的资助行规以保护宗教信仰活动能够相对公平地开展，以庇佑地方产业行业的发展。

清代广东的农业产业经营中，随着产业的发展和壮大，宗教崇拜的地位也更加重要，人们通过一系列宗教崇拜等民俗文化活动，希望能够更好地利用宗教的力量保护与推动农业产业经营的进一步发展。产业经营与宗教信仰之间形成了千丝万缕的关系，宗教活动也成为产业民俗文化的重要组成部分。

第三节　社会生活与产业民俗文化

清代广东，随着农业产业经营的不断发展，一些地方的民俗文化活动也随着产业经营规模的扩大、升级而得到更多的支持，不断发扬光大，并逐步深入到社会生活的各个层面，形成了各具特色的地方产业民俗文化。

一、花卉产业民俗文化

花卉观赏作物产业经营的发展，对广东社会民俗文化产生了很大影响，花卉在民俗文化活动中的作用日趋重要。在年节或节气中，人们将花卉摆设造型，以贺节庆。如德庆地区，有吊钟花，“木本，花红白色，形如钟，皆下垂无仰口者，簇生叶下”，“此花并木折下，能耐久。腊尽卖于街，土人市以度岁，取其置瓶中，不萎也”[15]。又如广州地区，“每届年暮，广州城内双门底卖吊钟花，与水仙花成市，如云如霞，大家小户，售供座几，以娱岁毕”[16]。也有的以作观赏用的柑、桔产品作为年节摆饰，以图吉庆。如花县地区，“桔，有多种，红者曰硃砂桔，黄者曰黄莲。最小者邑人除夕同利市钱悬于户”[17]。海南地区也流行类似的年节民俗，如定安地区，“橘，有两种，家庭常种者，实大而色黄润，名为金橘，山中产者为山橘。南人度年虽贵，必购之以供新年，盖取字音，有类于吉利之吉也”[18]。年节或节气喜庆的需求，也推动了花卉业的兴旺，如番禺地区，“花埭诸园林，皆以卖花为业，多装设盆景。每岁春初游船麕集，花事尤盛”[19]。

花卉业是清代广东农业产业经营，特别是珠江三角洲发达地区农业产业经营中的重要发展项目。花卉业的兴旺，既满足了社会生活民俗对花卉产品的需求，也推动了节日花卉装饰活动的进一步发展，花卉装饰活动可谓花样百出。有载：“素馨花出广州府，自西国移植，不变水土。相传素馨乃女子名，以相思而死，其墓上产此，故其香染人衣袂不易散也。广州城南有花田，伪汉刘钅长葬美人于此，此种尤多，土人取花结为彩灯，亦风艳有致。”“茉莉花出广州花田中，有千叶者，土人至夏秋之交取之穿篾作灯球，晚以燃烛，香色皆异常，若明珠光洁，而酷烈尤甚。肇庆亦有之。”[20]这些都是以花卉为媒介的喜庆装饰。花卉也成为一些文人雅士茶余饭后的雅兴赏品，如番禺，“今居人以种素馨为业，采之穿灯，贩于城市，或贯为花盘，妇人买以围髻，士大夫多吟吊焉”[21]。

广东地区流行的插花瓶玩的雅俗也应运而生。如新会，“万年青，生于山中，邑人采以供瓶玩”[22]。在新会，赏玩盆栽、园栽观赏性花木的风气也十分流行，“九里香，多值于社坛之上，或以小者制成古树，干枝拳曲，以充赏玩”[23]，又如“扁柏，树身矮小，叶如杉叶，邑人每植于园林，以供赏玩，叶可为药”[24]。以观赏花木来美化生活环境，增加文化气息。又如藤竹，“坚实耐久，长逾寻丈，琼南而与诸花杂种以为园林雅玩”[25]。随着花卉业的发展以及花卉产业民俗文化的盛行，花卉在社会生活中的应用也越来越广泛，甚至在丧葬活动中也以鲜花纪念故人。如番禺，“庄头村人，近益拓地，凡茉莉、含笑、夜合、鹰爪兰、珠兰、白兰、玫瑰、夜

来香之属，皆广为播植，连畦坚陌，香气氤氲。每日凌晨，花贩络绎于道。近年婚丧等事，多用生花，业此者益众”[26]。这反映了花卉产业经营与社会生活民俗文化需求之间的相辅相成、同步发展。

随着花卉在日常生活中的地位日高，应用更为广泛，一些花卉业发达的地区更不时地举行类似花博会、花文会的大型盛事，以推动地方产业民俗文化的发展。如菊花的种植在广东地区颇为盛行，有关菊花的盛会也最为瞩目，最典型的是小榄地区的菊花盛会。有谓：“粤中洋菊种类甚夥，如雉尾、龙鳞之属，不一其名。每至十月，香山人有斗菊之会，其胜者得金猪花红，亦有用以充膳者。张南山司马邀予于学海堂，适席中有此品，调以霜糖，甘脆如荠。”[27]又有谓：“菊花之盛，莫过吾邑小榄乡，约十年赛菊之会，不下数千百种，虽刘、范诸谱不能尽。当赛菊时，比户陈列，幽馨袭人，弦歌盈耳，真香国也。”[28]小榄地区的菊花盛会，经过多年的发展，已成为地区的一个重要的产业民俗文化活动，涉及花卉种植和花卉造型技艺，因此也是文人博览群菊、吟诗作对的文化交流场所。有谓：“香山小榄人善种菊，每植一株，分数十枝或百枝，一枝只留一蓓蕾，扶以小竹，至花时齐开，而尤以绿叶经霜不晚者为上。盛开时，集乡人所植各种，评其高下，曰菊试。联二三知己，倾樽篱下，索句花前，曰菊社。至于菊命起止，凡三日夜，张灯结彩作梨园乐。花路、花桥、花楼，络绎数里。各族祠宇，门庭斋舍，悉选花之佳者，布列点缀，间以名人字画及古玩器，开筵迎客，或命他题。援旧社事例征诗，幽香满座，四方来观千万人。”[29]香山小榄菊花盛会，已成为远近驰名的花山文海，能够满足人们物质生活与精神生活的需求。这一产业民俗文化的盛会，也成为清代广东重要的社会风尚和文化景观。

二、婚姻民俗文化

婚姻民俗方面也有不少生活习俗与当地农业产业经营的相关产

品相联系，同样具备了产业民俗文化特征。

清代广东是中国重要的蔗糖生产基地，甘蔗种植与制糖业十分发达。蔗糖与婚姻民俗文化的关系十分密切，主要是以糖寓意婚姻生活的甜蜜美满。如雷州地区，蔗糖生产具有重要的产业经营地位，有谓："蔗种有二。一种大径寸，长可五六尺，节二寸许，皮或红或紫，浆多而性寒曰昆仑蔗，俗名乌脚蔗。一种大如拇指，或三四寸一节，皮劲浆少，味甘沉重。榨其浆可煮黑白糖，曰荻蔗，俗名茅蔗。徐闻多种之，一年之间，蔗糖之利，几与谷相半。"[30]由于蔗糖成为当地的重要产业经营成品，又能寓意生活甜蜜美好，所以"雷人婚嫁之礼，必需糖，故糖价与米价等"[31]。

一些地区的婚俗也多以干湿果品作为婚姻行聘之礼，也是以糖品为主。有载："广中隆冬时。常得鲜蔬十余种。故人家绝少咸菹。谚曰。冬不藏菜。宾客至。以菹荐之。谓之不敬。诸果亦然。率以鲜者不以干。荔支之脯。橄榄之豉。杨桃之蜜煎者。人面之醋渍者。皆不登于器。嫁女则以干湿诸果为女贽。多至数千百罂。而糖梅为长。无糖梅。虽多远方珍果。充溢筐筥。未为成礼也。故召宾之辞。皆曰梅酌。宾亦以糖梅展转相馈。务使人人口尝而后已。故曰。男贽茶麻女贽梅。梅七而榄三谓之敬。梅三而榄七谓之不敬。"[32]又有谓："居人以朱槿花和盐曝之。其色可爱。曰丹梅。又有以大梅刻镂为瓶罐结带之类。渍以棹汁。味甚甘脆。东粤故嗜梅。嫁女者无论贫富。必以糖梅为舅姑之贽。多者至数十百罂。广召亲串。为糖梅宴会。其有不速者。皆曰打糖梅。糖梅以甜为贵。谚曰。糖梅甜。新妇甜。糖梅生子味还甜。糖梅酸。新妇酸。糖梅生子味还酸。糖榄亦然。有糖梅必有糖榄。榄贵其有雌雄。雄者花而雌者实也。凡女既入门。诸媵妗相与唱歌。其歌曰解。解糖梅者词美新妇。解糖榄者词美新郎。"[33]不管何种干湿果品，都是以广东生产的蔗糖糖渍品为贵。

有些地区以地方特产入糖，制作成糖渍果品以为婚姻行聘之

礼。如揭阳地区，“橘有金橘、珠橘、四季橘。四时结实，花亦香美，惟甜橘为上。咸青为橘酱，以糖熬者为橘饼。土人最重橘饼，婚嫁行礼必用之”[34]。有的以槟榔为礼。槟榔是广东地区重要的农业产业经营产品，婚俗中多以槟榔为礼。有谓：“广东初行亲礼，规矩用槟榔，富者用槟榔一百斤，或三二十斤亦可。贫者用四两、半斤以为定亲之礼。乡里村间贫者娶亲时，只用青布一块包头，再用雨伞一把将新人接回拜堂，即此以为完娶之礼。”[35]

也有一些地区根据地区农业经济作物的形态特征，在婚姻民俗中广泛运用这些经济作物，以寓意美好的婚姻生活。如芝麻，取其多子之意，“凡种芝麻，夫妇同种则更茂盛，粤俗行聘多用之”[36]。如香山地区，“胡麻，乡间但种白者，为日用常需，行聘礼者用之，无以织布者”[37]。芝麻主要是寓意婚姻生活美满，多子多福。又如西宁地区，有柏，“质香理细，不花而结实成毬，其子渍油可光发入药，各柏子仁。人家植于园，取多子之义，遇婚嫁事，辄折其枝叶用之”[38]。又如海阳地区，“甘蕉，蕉有两种，惟牙蕉黄时味甘。……邑人婚礼多用此义，取招子也”[39]。类似的婚姻聘礼，一般都是地区农业产业经营中的重要产品。如海南地区盛产槟榔，是地区重要的农业产业支柱之一，有关槟榔的婚俗也由此而起。在琼州地区，据载：“以槟榔为命，四州皆产。文昌、琼山、会同特多。人无贫富，皆酷嗜之，以消瘴能忍饥，而不能顷刻去此。亲朋来往，非槟榔不为礼。至婚礼媒妁，通问之初，洁其槟榔，富者盛以银盒，至女家非许亲不开盒。但于盒中手占一枚，即为定礼。凡女子受聘者谓之喫某氏槟榔，此俗延及闽广。”[40]

三、其他民俗文化

在日常社会生活中，很多其他民俗文化的内容也与地区农业产业经营的发展密切相关。

如文娱活动方面，有载：“广州儿童有赌蔗斗柑之戏。蔗以刀破，自尾至首不偏一黍者为胜。柑以核多为胜。每岁五六月有放鸽之会。九月、十月有放纸鹞之会。潮人于斗鹌鹑、蟋蟀之外，喜为斗鹅。以咬眼为上，咬舌次之。以上各有胜负。”[41]广州地区盛产蔗、柑作物，潮州养鹅业十分发达，当地民众一直将其作为日常娱乐活动的工具，逐渐形成地区产业民俗文化活动。一些重要的经济作物也成为日常娱乐活动的戏具之一。如岭南佳果荔枝，据载：“粤俗，儿童有赌蔗、赌柑、赌荔之戏。蔗以刀自尾至首破之，不偏一黍，又一破，直至蔗首者为胜。柑以核多为胜。荔以粉与黑各涂之，入瓦罂中，共摸之，以得白者为胜。和凝词云：椒户闲时竞学樗蒲赌荔枝。可知此戏古已有之，但其法不传耳。”[42]

又如饮食民俗方面，农业产业经营对饮食民俗的发展也产生了重要的影响。作为中国重要菜系之一的粤菜，一向偏甜，或许与广东的生态环境以及当地盛产蔗糖有关系。据载：“广中市肆卖者有茧糖。窠丝糖也。其炼成条子而玲珑者。曰糖通。吹之使空者。曰吹糖。实心者小曰糖粒。大曰糖瓜。铸成番塔人物鸟兽形者。曰飨糖。吉凶之礼多用之。祀灶则以糖砖。燕客以糖果。其芝麻糖、牛皮糖、秀糖、葱糖、乌糖等。以为杂食。葱糖称潮阳。极白无滓。入口酥融如沃雪。秀糖称东莞。糖通称广州。乌糖者。以黑糖烹之成白。又以鸭卵清搅之。使渣滓上浮。精英下结。其法本唐太宗时贡使所传。大抵广人饮馔多用糖。糖户家家晒糖。以漏滴去水。仓囤贮之。”[43]蔗糖产业经营能够满足广东饮食之需，甜食也成为清代广东产业民俗文化的重要标志。

又如居住民俗方面，广东地处沿海，海产养殖业较为发达，沿海地区的民居也利用海产养殖业的一些副产品作为建筑材料，有载：“南海有浮沉之田。浮田者，蕹簰是也；沉田者，种蚝种蚬之所也。蚝蚬皆介类，安得有田？盖土人以石烧红，散投海中。蚝生其上，磊砢相连，故曰蛎房。潮退往取。岁凡两投两取。生蚝之所

即谓蚝田，生蚬之所即谓蚬塘。又有蟦者，似蚬而大。蚬乘雾而落，蟦闻雷而生。春初取小蟦种之，至冬乃取，亦曰蟦塘。田塘在海水中，此疆彼界，尺寸不逾，而皆无丝毫实土。蚝肉，白而含绿粉。生食曰蚝白，腌之曰蛎黄，小者曰珠蚝。新会海水中蚝壳日捞不竭，番禺茭塘村掘地二三尺皆是。夫内销何处而空壳何多？此理殊不可解。粤人以壳砌墙，鳞鳞可观，由高至数丈者。诸壳凑累而成，动一则全壁皆塌，可绝穿窬之盗，故梅圣俞诗比之铁石。民居无贵贱皆然。”[44]以壳砌墙，使居民成为沿海居住民俗文化中的特色建筑物。

清代广东日常生活中的民俗文化与习俗活动说明，广东经济作物种植的发展和农业产业经营的兴旺发达，给清代广东社会民俗文化带来了很大的影响。因为民俗文化具有社会性、地域性等特点，必然与地区社会经济的发展密切相关，自觉不自觉地反映地区社会生产的特点。清代广东民俗文化活动也自然围绕相关产业经营的发展特点而形成地区特色。例如，一些地名即是以地区重要作物来命名，如番禺荔枝山，“旧多荔，故名，近种梨有夥”[45]。甚至一些产品的命名，也因地区地名的命名而源远流长，声名远扬。如梅州地区，“州俗多植芥菜，至冬月斫取，挂置数日，以盐擦之，曰水咸菜。晒干曰干咸菜。藏之十余年，则谓之老咸菜。皆贮存之于甕，无埋地中者。咸菜，广、肇向呼为梅菜，缘此物梅产为佳，故名也”[46]。反映了地区农业产业经营在地区民俗文化特色的形成中所具有的重要历史文化意义。

第四节　小结

清代广东农业产业经营的发展，给广东社会经济的进步带来了重要的影响，同时也对广东社会民俗文化的形成起到了重要的催化作用，给地区社会民俗文化的变迁带来了新的元素，形成了新的社会风尚。

第一，清代广东农业产业民俗文化的发展变化具有双向性。农业产业经营发展的影响不仅表现在物质生活水平的提高、消费范围的扩大等方面，而且表现在精神生活方面，给社会观念与社会风尚的变迁带来了冲击，也推动了有关产业民俗文化活动的内涵不断丰富。总而言之，农业产业经营的发展对清代广东民俗文化的发展具有重要的催化作用。

第二，清代广东农业产业民俗文化活动，内容十分广泛，涉及社会生活的各个层面，表现形式多种多样。有的通过宗教活动形式，有的通过文化活动形式，还有的通过日常生活形式，表明了农业产业经营发展中的产业民俗文化所具有的多样性，也说明了产业民俗文化活动已经深入到社会生活的各个层面，社会民俗文化活动已与农业产业经营的发展结下不解之缘。

第三，清代广东农业产业民俗文化活动，既是一个从物质到精神的历史发展过程，也是一个由精神到物质的过程。各种产业民俗文化活动，不仅推动了社会文明的进步，也影响了农业产业经营发展的规模与方向。例如，生活风尚的改变就有可能给农业产业经营的供求关系带来新的冲击；而农业产业经营面临新的市场冲击，必然进行产业调整，以达到新的供求平衡，因而就会对产业不断优化重组提出更高的要求，有利于农业产业经营不断改革创新，促进可持续发展。

清代广东农业产业经营，不仅仅是社会经济的发展问题，也可以通过各种生活载体折射出地区社会文明和文化的发展变化。

注释：

[1]《清世宗实录》卷五十三，北京：中华书局 1985 年版，第 810 页。

[2] 李文治编：《中国近代农业史资料第一辑（1840—1911）》，北京：生

活·读书·新知三联书店1957年版，第945页。

［3］《民国阳江县志》卷一《舆地》，《中国地方志集成·广东府县志辑》第40册，上海：上海书店2003年版，第274页。

［4］《香山明清档案辑录》，上海：上海古籍出版社2006年版，第24页。

［5］《光绪香山县志》卷五《舆地下》，《中国地方志集成·广东府县志辑》第32册，上海：上海书店2003年版，第64页。

［6］《光绪重修电白县志》卷三十《纪述六》，《中国地方志集成·广东府县志辑》第41册，上海：上海书店2003年版，第313页。

［7］《宣统番禺县续志》卷十二《实业志》，《中国地方志集成·广东府县志辑》第7册，上海：上海书店2003年版，第181—182页。

［8］《民国阳江县志》卷一《舆地》，《中国地方志集成·广东府县志辑》第40册，上海：上海书店2003年版，第272页。

［9］《嘉庆新安县志》卷三《舆地图》，《深圳旧志三种》，深圳：海天出版社2006年版，第688页。

［10］（清）屈大均：《广东新语》卷二十七《草语》，北京：中华书局1985年版，第696页。

［11］《光绪广州府志》卷十六《舆地略》，《中国地方志集成·广东府县志辑》第1册，上海：上海书店2003年版，第285页。

［12］《宣统高要县志》卷十八《人物篇一》，《中国地方志集成·广东府县志辑》第47册，上海：上海书店2003年版，第274页。

［13］《光绪西宁县志》卷十四《食货三》，《中国地方志集成·广东府县志辑》第51册，上海：上海书店2003年版，第112页。

［14］《分府告示》，载谭棣华等编：《广东碑刻集》，广州：广东高等教育出版社2001年版，第480页。

［15］《光绪德庆州志》卷六《食货志五》，《中国地方志集成·广东府县志辑》第51册，上海：上海书店2003年版，第475页。

［16］（清）张心泰：《粤游小志》，《小方壶斋舆地丛钞》第九帙。

［17］《民国花县志》卷六《实业志》，《中国地方志集成·广东府县志辑》第4册，上海：上海书店2003年版，第53页。

［18］《光绪定安县志》卷一《舆地》，《中国地方志集成·海南府县志辑》

第 5 册，上海：上海书店 2001 年版，第 64 页。

[19]《宣统番禺县续志》卷十二《实业志》，《中国地方志集成 · 广东府县志辑》第 7 册，上海：上海书店 2003 年版，第 175 页。

[20]（清）吴绮撰，林子雄点校：《岭南风物记》，《清代广东笔记五种》，广州：广东人民出版社 2006 年版，第 17—18 页。

[21]《同治番禺县志》卷二十四《古迹二》，《中国地方志集成 · 广东府县志辑》第 6 册，上海：上海书店 2003 年版，第 282 页。

[22]《新会乡土志》卷十四，香港：香港冈州学会 1970 年版，第 139 页。

[23]《新会乡土志》卷十四，香港：香港冈州学会 1970 年版，第 133 页。

[24]《新会乡土志》卷十四，香港：香港冈州学会 1970 年版，第 138 页。

[25]《道光广东通志》卷九十七《舆地略十五》，上海：商务出版社 1935 年版，第 1859 页。

[26]《宣统番禺县续志》卷十二《实业志》，《中国地方志集成 · 广东府县志辑》第 7 册，上海：上海书店 2003 年版，第 175 页。

[27]（清）陈微言撰，谭郝子校点：《南越游记》卷二，广州：广东高等教育出版社 1990 年版，第 182 页。

[28]（清）黄芝撰，林子雄点校：《粤小记》，《清代广东笔记五种》，广州：广东人民出版社 2006 年版，第 439 页。

[29]《光绪广州府志》卷一百六十二《杂录四》，《中国地方志集成 · 广东府县志辑》第 3 册，上海：上海书店 2003 年版，第 835 页。

[30]《嘉庆雷州府志》卷二《地理》，《中国地方志集成 · 广东府县志辑》第 43 册，上海：上海书店 2003 年版，第 89—90 页。

[31]《嘉庆海康县志》卷一《疆域》，《中国地方志集成 · 广东府县志辑》第 44 册，上海：上海书店 2003 年版，第 46 页。

[32]（清）屈大均：《广东新语》卷十四《食语》，北京：中华书局 1985 年版，第 394 页。

[33]（清）屈大均：《广东新语》卷十四《食语》，北京：中华书局 1985 年版，第 389—390 页。

[34]《光绪揭阳县续志》卷四《风俗志》，《中国地方志集成 · 广东府县志辑》第 29 册，上海：上海书店 2003 年版，第 614 页。

[35]（清）吴绮撰，林子雄点校：《岭南风物记》，《清代广东笔记五种》，广州：广东人民出版社2006年版，第28页。

[36]（清）范端昂撰，汤志岳校注：《粤中见闻》卷二十五，广州：广东高等教育出版社1988年版，第278页。

[37]《香山乡土志》卷十四，中山市地方志编纂委员会办公室，1988年。

[38]《民国西宁县志》卷十四《食货三》，《中国地方志集成·广东府县志辑》第51册，上海：上海书店2003年版，第115页。

[39]《光绪海阳县志》卷八《舆地略七》，《中国地方志集成·广东府县志辑》第26册，上海：上海书店2003年版，第452页。

[40]《道光琼州府志》卷三《舆地志五》，《中国地方志集成·海南府县志辑》第1册，上海：上海书店2001年版，第35页。

[41]（清）张渠撰，程明校点：《粤东闻见录》，广州：广东高等教育出版社1990年版，第48页。

[42]（清）吴应逵：《岭南荔枝谱》，彭世奖校注：《历代荔枝谱校注》，北京：中国农业出版社2008年版，第505页。

[43]（清）屈大均：《广东新语》卷十四《食语》，北京：中华书局1985年版，第389页。

[44]（清）张渠撰，程明校点：《粤东闻见录》，广州：广东高等教育出版社1990年版，第120页。

[45]《同治番禺县志》卷四《舆地二》，《中国地方志集成·广东府县志辑》第6册，上海：上海书店2003年版，第26页。

[46]《光绪嘉应州志》卷六《物产》，《中国地方志集成·广东府县志辑》第20册，上海：上海书店2003年版，第71页。

第七章
清代广东农业产业经营的发展特点

清代广东农业产业经营经过不断发展，已经成为广东地区社会经济发展的重要行业与重要标志，具有重要的社会经济地位。清代广东农业产业经营在发展的历程中，经过产业内部不断的优化配置和改革调整，表现出重要的社会历史特点与特色，给整个广东社会经济乃至全国的社会经济都带来了重要的影响。农业产业经营的发展，以及在发展历程中所形成的发展特点，不仅关系到土地资源的开发利用，也影响到社会生产方式的改变；不仅促进了农村社会经济结构的改变，也影响了市镇社会结构的调整与布局；不仅推动了农村经济向集约化方向的发展，也推动了产业技术的提高与升级，真实反映了清代广东农业产业经营的发展趋势与发展方向。总结清代广东农业产业经营的历史发展趋势和发展特点，对于进一步认识清代广东农业产业经营如何在当时的历史条件下，真正成为社会发展的新动能，从而推动广东社会经济的可持续发展，具有重要的意义。

第一节　生产加工专业化

清代广东农业产业经营的发展特点，首先体现在生产加工日趋专业化。专业化生产是指在农业产业经营的生产加工环节，即在某种经济作物或多种经济作物的生产加工过程中形成了专门化、专业化的生产。农业产业经营通过专业化生产，不断提高生产加工过程中的集约化程度和技术性水平，更加全面、充分、有效地利用土地资源，也加速了产业经营的商业化进程与商品经济规模的扩大。清代广东农业产业经营的专业化生产特点，可以从两个方面说明。

一、产业生产的专业化

1. 种植业

种植业的专业化生产，以珠江三角洲地区最为典型。起初，粮食种植和生产虽然受到产业经营的冲击，但仍可保留一席之地。如1910年，在香山县有载："查县属农户最为繁盛，耕种实占粤东之冠。下沙万顷多是禾田，绝无寸土荒弃，约计全属所有耕种之地，禾田占十之六，桑基鱼田占十之三，其余果木杂粮只占十之一。果木则植橘、橙居多，以大南、浪沙为最盛。植桔之地约七八十顷，每年约产十六七万担；植橙之地约四五十顷，每年约产十余万担，价值高下不一。荔枝则各处皆有，不过少数种植。杂粮则薯、芋两种，所种无多。因不敌种桑之利，是以薯、芋甚少，只作供菜蔬之用耳。"[1]但在一些地区，以市场为中心的经济作物的种植与生产，其专业化程度不断提高，发展规模及速度有的已超过一半的粮食生产，特别是在南海、番禺、顺德等地区。如番禺，据载："番禺鹿步都。自小坑火村至罗冈。三四十里。多以花果为业。其土色黄兼砂石。潮咸不入故美。每田一亩。种柑桔四五十株。粪以肥土。沟水周之。又采山中大蚁。置其上以辟蠹。经三四岁。桔一株收子数斛。柑半之。柑树微小于桔。桔茂盛可至二十余岁。柑亦半之。熟时黄实离离。远近照映。如在洞庭包山之间矣。自黄村至朱村一带。则多梅与香蕉、梨、栗、橄榄之属。连冈接阜。弥望不穷。史所称番禺多果布之凑是也。吾粤自昔多梅。梅祖大庾而宗罗浮。罗浮之村。大庾之岭。天下之言梅者必归之。若荔支。则以增城为贵族。柑、橘、香橼。以四会为大家。岁之正月。广利墟卖柑橘秧者数十百人。其土良。其柑甜美。胜于四会、新兴。其种散在他处。香味迥殊。以故居人擅其利。番禺土瘠而民勤。其富者以稻田利薄。每以花果取饶。"[2]说明了在果木产业专业化生产发展的同时，水稻等粮食作物的种植与生产不断萎缩。又载："广州凡矶围堤岸。皆种荔支、龙眼。或有弃稻田以种者。田每亩。荔支可二十余本。龙眼倍之。""舟自南海之平浪三山而东。一带多龙眼树。又东为番禺之李村、大石。一带多荔枝树。龙眼叶绿。荔枝叶黑。蔽亏百里。无一杂树参其中。地土所宜。争以为业。称曰龙荔之民。"[3]又如增城地区，"上都西瓜岭村附近圆岭、新岭、斜贝岭等处，面积约数百亩。光绪三十二年，村人就地编钟乌榄五千余株、荔枝千余株。历年从事扩充经营未艾，现所值之木已发荼滋长，而获利亦薄云"[4]。可知果木种植专业化生产之盛。

其他经济作物的专业化生产，在珠江三角洲地区发展也甚为普遍。如蚕桑种植，在南海县沙头堡，"广袤十余里，民居计烟户七千九百余家，男女丁口四万二千有奇。地土所宜，蚕桑为最，稻田仅居十之一五。其他园圃池塘，所种养芋薯姜葛、瓜蔬果木、鱼虾蚕蛤之类，不绝于时"[5]。又如佛山地区，"麻及蓝靛，本乡所无，惟桑及花卉、药品则有之。桑叶用以饲蚕，价值随丝业之利钝为低昂，相差恒至倍蓰，获利较种稻为易，故近多改禾田以植之"[6]。即使是一些蚕桑种植发展较迟的地区，也受到蚕桑业生产专业化的影响，后来迎追，开始迈向专业化生产。如香山，"蚕，小榄、黄圃、古镇诸乡多养之。顺德县素以蚕业闻天下，小榄与之接壤，故影响所及，乡内稻田，其改植桑者，近已占三分之一。且有欲以新法改良蚕种者，此业当更发达也"[7]。又如花卉种植，在广州河南地区，"花田者。河南有三十二村。旧多素馨。花时弥望如雪"[8]。

既是“弥望如雪”，显然是大面积种植，形成了专业化的生产。又如蔬菜种植，主要是为了满足日益扩大的城市生活消费所需。如广州地区，“附城东北一带，民多为圃，蔬果瓜豆，因时易种，以供城市。即各乡之田，地近墟场者，取其得利捷速，亦多植之”[9]。又如新会地区著名的蒲葵种植，也实行了大规模的专业化生产。有载：“蒲葵树身干似栟榈。花亦如之。一穗有数百千朵。下垂子如橄榄。肉虽薄可食。新会之西沙头、西涌、黎乐、新开滘诸乡多种之。名曰葵田。周迴二十余里。为亩者六千有余。岁之租。每亩十四五两。中人之产。得葵田十亩。亦可以足衣食矣。”[10]新会地区的旱烟种植业也出现了专业化生产。有谓：“河田等田宜旱烟，故种烟者十之七八，种稻者十之二三，其稻多以人耕，罕畜牛也。”[11]随着商品经济的发展，一些原来似乎经济价值不大的植物，也逐步成为地区的经济作物，开始了生产的专业化。如广州地区的排草种植，“排草，状如白茅，对节生叶，两两相排，故名。茎长而干中空。旧产河南及石狮头乡，近年鹿步属冼村、石牌一带多产此草，生草处广百余亩，乡人播植为业。每年春间种之，至六七月即滋生蕃茂，不事灌溉，刈割舁至城西晏公街药材行，贩运为药料之需。气甚芳馥，研末可藏护枷枏。岁销价银约十余万元”[12]。说明在发达的珠江三角洲地区，种植业的专业化生产已具有相当的发展水平，规模颇大，而且出现了多元化生产，经济作物的专业化生产具有了多样性，以满足不同的专业和市场需要。所以有谓：“茶园者。东莞之会。其地若石涌、牛眠石、马蹄冈、金钗脑、金桔岭诸乡。人多以种香为业。富者千树。贫者亦数百树。香之子。香之萌蘖。高曾所贻。数世益享其利。石龙亦邑之一会。其地千树荔。千亩潮蔗。橘、柚、蕉、柑如之。篁村、河田甘薯。白、紫二蔗。动连千顷。随其土宜以为货。多致末富。故曰。岭南之俗。食香衣果。”[13]

清代广东种植业的专业化生产，以珠江三角洲地区发展最快、最为典型，不仅推动了清代广东发达地区社会经济的发展，对一些较为落后的地区或山区也起到了很好的辐射作用，带动了一些较为落后的地区或山区因地制宜，根据地区生态环境与社会条件，逐步开展经济作物的专业化生产。如南海西樵山地区，“又有黄龙洞，居人皆以种茶为业”[14]。又如河源地区，“姜产递运水一带，种者甚多，土人以为生业”[15]。“以为生业”，应当具有专业化生产的意义。又如海阳地区，“菠萝，俗名番浆，近山乡民种此为业，出最多”[16]。又如阳江地区，“砂仁，各郡有之。产阳江者大而有力，其种之所曰果山。以砂仁为果山，犹专以素馨为花田也。鲜者曰缩砂蔤，八月采之。蜜煎为食，可以消中理气。岭北人贩药材者，广皮之外，砂仁为多”[17]。由于专业化生产的发展，阳江砂仁也成为地区的名产，而且还带动了自然条件相似的邻近地区的砂仁种植和生产的发展。如信宜，“缩砂，即砂仁，苗茎似高良姜，五六月实。以阳春为佳，故又名春砂，县中近亦多种”[18]。信宜成为又一个砂仁专业化生产区域。这反映了在一些山区和落后地区，经济作物种植业也开始了专业化生产，而且生产规模不断扩大，给地区社会经济的发展带来了重要影响。

2. **畜养业**

清代广东农业产业经营中，不仅经济作物的种植形成了规模较大的专业化生产，而且家禽畜养也开始形成了专业化生产。如高要地区的养鹅业，“鹅，有灰、白二种，以灰色者为多，六区、七区多以养鹅为业，育雏于市，谓之鹅苗”[19]。又如赤溪地区，“县人善牧豕，几家家饲之，多销售台山、香山、澳门等处。缘县俗赛神、婚礼概用烧猪，复以尾长为贵。尾长者，取有始克终之意也。烧猪豕为最合度，且肉味比他县甘美”[20]。再如佛山地区，“农家言吾乡水土温和，宜于牧猪，昔人多以此致富”[21]。以牧猪致富，生产规模一般较大，应当为专业化生产。又如番禺地区，“本邑无大牧场，上番禺牛田乃合数十家牛而牧之，为一种特殊习惯。其实各家所养仍以足供耕作为度。惟沙湾王姓有乳牛百余头，每日出乳

千余斤，销流于省城及四乡，故沙湾牛乳之名特著。光绪晚年，食牛之戒渐破，东关一带始有广畜菜牛以供口腹者，但仍不如养猪之盛”[22]。番禺养猪专业化生产十分兴盛，而且其附加产业也十分发达。据记载：“凡养猪者，必兼养鸡，盖猪之食糟，狼藉满地，养鸡以啄其余，因可以惜物，而鸡以熟食之故，味尤美。但鲜有以一家而养鸡过百者，间或有之，厥为鸡苗。以火焙卵，孵化成雏，谓之鸡苗。鸡苗之业，聚于河南，总计不过数家，而广州之鸡多出于此，故常盈千累万，然孵化后至迟二三日即散之四方，无待至成长者。”[23]表明已具有专业化生产的产业经营方式。由于生产的专业化，在一些地区，家禽畜养的生产与管理也日趋专业化。如珠江三角洲沙田地区，“更有鸭阜及禾虫埠。泊船围边，船面扎竹为排，上盖葵蓬，以避风雨。每排视其面积，养鸭千数百头不等，一人或二三人手持长竹竿，竿端扎葵叶少许，清晨赶鸭上围基或桓口，纵鸭搜捕蟛蜞或鱼、虾、螺、蚬及虫类为食。暮则赶回鸭排。迨收获后，田中多遗穗，则赶鸭落田，取所谓谷粒食之。鸭至是成长极速，而且肥硕，即可上市，获利不赀。惟利之所在，人所共趋，不有约束，纷争立起。乃设沙夫以管理之。按鸭收费，名曰鸭阜。田禾将熟，每值潮落，辄有禾虫，以禾根涌出，五色斑斓，浮游水面，随流出桓，一去无踪。知者于桓口设布袋截取。煮而食之，其味鲜美，绝可口。嗜之者众，亦可获利，沙夫又出而收费。不纳费则不得在桓口截取，名曰禾虫阜。鸭阜与禾虫埠均属最初筑围之业主。业主不便自理，则组织沙行，雇用沙夫以管理之。……养鸭与取禾虫之外，尚有养鹅、取鱼虾蚝壳等，亦属于鸭阜、禾虫埠之一类，但非一般沙田皆有之”[24]。说明了家禽畜养的专业化生产程度在不断发展和提高。

3. **渔业**

渔业生产方面，除了海上捕捞需要较为专业的海船以及海上航行捕鱼的专业化知识，一开始就体现了专业化生产外，其他淡水养鱼以及沿海养殖方面，也随着产业经营的发展，逐步形成了专业化生产。如鱼苗的生产与供应，在高要地区，有载："粤有三江，惟西江多有鱼花，本粤西溪潭中巨鱼散卵，至端州境内始出子，子曰花者，以其在藻荇之间若花，亦曰鱼苗、鱼秧，而多言鱼花者，又以其类不一，故曰花也。……凡取鱼花，各有疆界，其名曰步。县境共有百余步，业此者于城东沿堤设阜。三四月间，鱼花出水一盅，其鱼数万，谓之海花。远贾销之，畜于水池，养成鱼子，则谓之鱼种，近者销之，岁售约十万余金。"[25]只有在专业化生产的条件下，才有可能维持巨大的鱼苗供应量。而且，鱼苗的销售范围已不限于供应本地，也为其他省份的渔业生产提供鱼苗。有谓鱼苗、鱼花，"分养于塘，水浅向阳，不两月长大盈指。鬻于两粤及豫章、楚、闽之业塘者，水陆并行，获利数倍"[26]。

渔业专业化生产，尤以珠江三角洲地区最具水平，有载："粤俗，凡低田四旁有围者谓之塘，水池可畜鱼者亦谓之塘，分言之曰禾塘、鱼塘。而鱼塘亦有二：养大鱼者，水清而深；养鱼苗者，水浊而浅。视其水色则知所养为何等鱼也，此外又有草塘，专种饲鱼之草。其叶如银杏，惟鲩鱼食之。家无鱼塘者亦可售于人。"又"南海九江之地，周围止三十里。养大鱼者十之三；养鱼苗者，十之七。居民多富饶，以养鱼故"[27]，表明渔业产业已形成了系列化生产。

沿海养殖业也形成了临海家庭副业式、集散式的专业化生产。如广州地区，"合兰海有蠔田，岁凡两种，其法：烧石令红，投海中，蠔辄生石上，千万相累，蔓延数十丈，潮退往取，渔姑、蛋妇咸出，谓之打蠔。以木制如上字形，楼尺许，其直数丈，挂竹筐。女郎以一足蹈横木，一足蹈泥，手扶直木，稍推即动，其势甚轻捷，殆古泥行秊撬之遗意。既至，凿蠔得肉，置诸匡，遇潮长，相率踏款而归"[28]。又如澄海地区，根据地形条件，开展各种专业化的海洋养殖与采集。有载："放湖者，就濒海之地，筑堤围之设闸，

以时启闭，潮长则启鱼虾之类，乘流而入，或有自生长湖坪者，其出恒不穷云。”又载：“途跳，形如小舟，而无两旁踏板，贺赡度云以木为之，长三尺余，厚半寸，而翘其手尾，若半月之状，前立二柱，上横一木，每遇海水落时，鱼虾蠓蛎之类沾浅沙中，不能施网罟，跳足涉之辄陷。渔者因用此舟以左手扶横木，左足跪跳上，而使右足蹴泥，右手拾物。板轻而虚，海泥又甚细滑，其行如飞，其质至细，而价甚高。宜咸水放于泥坪，养之不数月，获息甚夥。水浸入即群毙，更成蚶虎族，生亦收成减半。”[29]人工放养与人工采集相结合，在时序的掌握、潮汐的利用以及有关滩涂的特殊生产工具上，都体现了专业化的生产水平。

4. 林业

林业生产也逐步走向专业化，特别是在山区，农业生产经营相对落后，林业生产的专业化发展有利于推动山区经济发展。如英德地区，“花头竹，即撑篙竹，浈、洭两岸，弥望皆是，其用最广。水竹，土人所植水竹及撑篙竹为多，凡织器用，多是水竹。与撑篙竹皆种，及三年伐取，找排放售省、佛各镇，不可胜计”[30]。山区专营竹木，并通过市场寻找经济发展道路，形成了山区林木的专业化生产。海南少数民族地区也充分利用自然资源发展产业经营，“特产惟藤之利为大，外客出租资于山中起寮，雇黎仔采取之，出而运诸海口，通行各省，取值辄数倍其本焉”[31]。在外来资本的带动下，形成了具有地区特色的专业化生产。又如花县地区，在清代后期，“第一区、第六区居民近山者多种松杉，每当两龙墟期，其运出山货如柴板与各种农用木器以求售者甚夥，其田则以种稻为主，兼种烟草”[32]，充分发挥地区的资源优势，发展林业专业化生产。山区的经济资本一般较为薄弱，生产技术也较低，所以必须引入外来资本以及先进的生产技术。如韶州地区，“香菇，产属内深山。浙人来此赁山，伐桑梓等木，横置于地，凿空藏水，隆冬，菌冒雪生，曰雪菇，有花纹曰花菇，味最香厚，俗呼香信，入春生者味减”[33]。一些地区还利用雇佣劳动吸引外来生产技术。如新兴地区的杉木生产，据载：“江西地产杉秧，携至粤东，为主人辟地种就，乃点数受用。”[34]外来资本和技术对于地区专业化生产经营的发展起着重要的推动和支撑作用。

清代广东农业产业经营的专业化生产已在各个生产部门普遍开展，尽管生产层次、技术水平或高或低，但总体上仍然显示出产业经营兴旺发展的历史趋势。

二、产业加工的专业化

农业产业经营的生产专业化，也推动了产业加工的专业化，发展迅速，规模颇大。如揭阳地区，“山中人以榨油为业，十室而九”[35]。又如新会地区的大头菜生产加工，“拔菜腌制之，大者重可十斤，制法有料制、咸制二种。咸制须适于天时，否则变坏。若料制则法简味香，且适于销行。近年已罕用咸制者矣。此亦农家副产之一大宗也”[36]。

清代广东农业产业经营的专业化加工，既有生产原料的专业化加工，如高要地区，“酒汎叶，木本，高丈许，叶青黄色，可作酒酵，出九坑，水售不下数十万斛，土人呼曰酒饼粉”[37]。又“薯莨，形如芋，面黝黑，禄步、九坑等处多种之，捣其汁可为染料，年输于邑外各地，值十数万元，市面所称薯莨布，即以此为原料也”[38]。也有成品的专业化加工，如佛山猪膏行，“向宰猪店购买猪膏煎油装罐，运销外洋，价略随花生油为低昂，约三四家”[39]。还有半成品的专业化加工，如牛皮行，“土制熟皮自黄鼎司寨边乡购回，红皮则来自南洋，购自香港或省城，贵者沙皮，贱者水牛皮。水皮复有青、白之分，青皮贵而白皮贱。均售于内地各埠商号或鞋履店，皮行三家，皮店五、六家”[40]。又如开平，“皮材，邑中业此者惟古博都郭氏，于水口埠开张烟皮店数家，专收买邑内

水、沙二种牛皮，炭焙成货，售诸省、港、江、佛及各墟市，销流颇广。鹤山业此者亦郭氏，彼早已征税，惟本邑从清季尚听其专利，入民国则有牛皮捐矣”[41]。

产业经营的加工专业化还表现在一些产业行业已经成为地区的重要加工行业，而且加工产品品种多样，销流甚广。如高要地区的竹器加工业，文献有载：“竹器，编织竹器以新桥为最多。金利、禄步次之。其种类曰篮、曰筣、曰筛、曰箩、曰篸，而以雨帽为大宗。亦有钱顶、圆顶、料帽之别。钱顶、圆顶内地通用，料帽顶头特大，销流香港及外洋，然此皆粗笨品物，惟银筣一项独精密坚致。其形式有圆有方，有三角、六角、八角、樱桃、鹅蛋、银屐、扇面等形。宣统时，南京赛会曾获奖牌，其名誉可知，故销流之旺，几遍各省。又光绪初，新桥始有洋篮出现，其法：以竹削丝而成篮，大篮容小篮，递容至五篮为一套。每套时价约银一元有奇。土人以此可获厚利，日益推广，至宣统时销流极旺，新桥竹织品遂以此为大宗。”[42]又如番禺地区，“绞绳业，分麻绳、草绳两种，盛于新桥、大山、土华、小洲，以新桥为最多，一乡所出，足供全邑之用。燕塘一带，多制腐竹，产额亦富，担运入城，络绎不绝”[43]。说明在农业产业经营中，加工日趋专业化，推动了产业规模不断扩大，发展方向也更为多元化。

在农业产业经营的发展历程中，加工专业化是生产专业化的必然延续。因为生产专业化有利于生产规模的扩大和生产数量的增加，而生产原料也只有通过专业化的加工，才能大规模地制作加工成成品或半成品，更进一步满足生产规模扩大化的需要，优化和推动农业产业经营的可持续发展。产业加工的专业化，不仅促进了产业规模的扩大，也有利于产业加工技术水平的提高，从而推动了产业加工的多元化，使自然资源或生产原料得到更加充分和有效的利用。如新会的生产加工，有谓：“蒲葵，树身似槟榔，亦有雌雄，雄者无子，雌者一穗有数千朵，下垂子如橄榄肉，虽薄可食。新会之西沙头、西涌、黎乐、新开滘诸乡多种之，名曰葵田。最宜为扇，大者二三尺，可以蔽日，其叶末作篑笠、篁席、坐团，亦以编屋化瓦。凡新会男女，所以资生，多出蒲葵焉。"[44]又如黄姜，"番禺多种黄姜。以其末染诸香屑为香线、香饼。又可涂龙眼干，使其色黄，充上果，而运行不蠹。为果箱者资之，故龙眼壳多味辛"[45]。在专业化加工的条件下，自然资源的加工、利用得到进一步的优化和发展。

清代广东农业产业的生产与经营，已经形成了专业化生产、加工的系统与架构，产业经营领域的专业化越来越宽广。不仅表现在种植业方面，在家禽畜养业、渔业、林业及副业等方面，专业化程度也在不断提高；不仅表现在生产环节上，也表现在加工环节上，形成了专业化、一体化的运作机制，推动了地区农业产业经营的多元化发展，特别是一些发展较为先进的地区，更是百业兴旺。据载："惟下番禺诸乡。其俗微重朴勤。能尽地力。早禾田两获之。余则莳菜为油。种三蓝以染绀。或树黄姜、粦麦。或蔓菁、番薯。大禾田既获。则以海水淋秤烧盐。其平阜高冈。亦多有荻、蔗、吉贝、麻、豆、排草、零香、果瓜之植。民皆纤啬筋力。以本业为孳孳。亦可谓地无废壤。人无游手者矣。"[46]专业化生产与加工，已成为清代广东农业产业经营的重要特色。

在清代广东农业产业经营专业化发展的历史过程中，一方面，形成了大批的专业技术人员，从而提高了劳动力资源的技术素质。据载："顺德陈村居民酿酒之外，多以种树为业。他处欲种花果，率就陈村买秧。又必使其人手种搏接，其树乃生且茂。其法甚秘，故广州场师以陈村人为最。"[47]又如清末民初的始兴地区，"普通工人以木行、船行为最多。杉木为本境出产大宗，伐木运木，编扎成排，需工人四五千，工作本粗浅，而邻邑人不优为之。往往木之出产地为南雄、曲江、仁化等县，而伐木扎排，必雇始兴人为之，以其有专长也"[48]。专业技术人员的出现，加快了雇佣劳动的发展步伐。如海南黎族地区，“能采香者谓之香仔，外客以银米安其家，雇入山中，犯雾露，触恶兽，辄经旬累月于其中，而偶一得之，不幸者虽历久无获也”[49]。又如佛山地区，“宰猪行，凡业屠牲者，必须孔武有力方能胜任。除屠羊无专工外，猪、牛均有专工。店各一人，工值亦不薄。宰猪店约五十余家，工人五六百名”[50]。专业技术人员的出现，推动了专业化生产与加工的发展，也给城市社会结构与经济结构的调整和变化带来了重要影响。

另一方面，在清代广东农业产业经营专业化发展过程中，根据不同的自然生态环境与社会条件，地域化分工越来越明显，形成了地区产业品牌与产业地理的分布大势。有谓：“南海在在膏腴。其地宜桑宜荔支。顺德宜龙眼。新会宜蒲葵。东莞宜香宜甘蔗。连州、始兴宜茶子。阳春宜缩砂蔤。琼宜槟榔、椰。或迁其地而弗能良。故居人利有多寡。”[51]又据1874年《中国评论》对广东农业产业经济地理的分布所作的总结：“产业地区——丝是广东省最值钱的产品——只限于珠江三角洲西部有限的几个地方，包括顺德、南海部分和香山。茶叶种植于本省北部高地和西江右岸地区。肉桂只在西江南岸的罗定州种植。葵扇是广东的出口产品，为葵扇提供原料的葵树，主要在新会地区种植，其主要的市场是位于澳门西北约30英里的江门。生姜生长在毗连苗族地区的丘陵地带和本省西北部，据说那里广泛种植这种植物。西江的肇庆府也种植生姜。良姜是一种药材，产于高州地区、雷州半岛和海南。姜黄的产地在广州和虎门之间的番禺县。广东出产的菝葜根类似土茯苓、山盐青或其同族之根，它和长江流域及北方各省出产的菝葜根不同，后者列为糖类茯苓，这种植物在省内普遍栽种。甘蔗种植在汕头地区、东江两岸、番禺、东莞、增城、阳春、雷州府和海南。烟草种植于梅岭关北部的南雄州地区以及靠近澳门的新会地区。生盐在西海岸地区大量生产，采用海水蒸发的普通办法制成，产品供应整个两广地区和湖南南部地区。槟榔——槟榔树的果实——生于海南岛和西部海岸一带。八角产于北海附近地区。靛蓝种植于北海地区。柑桔、香蕉、荔枝、龙眼是本省主要水果，另有质量较次的番石榴、杨桃、芒果、柚子等水果。大麻在鹤山一带大量种植。”[52]这段话清晰地反映了清代广东农业产业经营中专业化生产分布的基本状况。这种地理分布，一方面取决于地区的社会经济条件，在发达地区，可以有更具优势的劳动力资源和技术资源，为农业产业经营的专业化生产与加工提供良好的基础；另一方面，自然环境对农业产业经营中生产原料的数量与质量，也可能产生较大的影响，从而对农业产业经营分布格局的形成起到重要的作用。如高要地区，“大禽山，在县城西北六十三里，高一百十三丈，西南为分界村，南通大播、洞元等村，北至云邦口村，以北属广宁，以南属高要，勒石为界，自此山以南，各山多种松、薯莨、香粉树，以北则渐多种竹，亦地理习惯上然也”[53]。说明了农业产业经营生产与加工专业化的形成，乃是社会经济条件和自然生态环境等多种因素经过不断优化和改进，逐步发展而来的。

第二节 产业经营综合化

清代广东农业产业经营的综合化特色，是广东农业产业经营发展中的一个重要方向与趋势，主要包括以下若干方面的内容。

其一，农业产业生产原料的综合利用程度越来越高，加工范围也越来越广。如普通的席草，有谓：“芏草，色深青，状类荸荠叶，亭亭水中。种至四年始可收用。高要宋崇各都民业此，以织赛龙须席。其粗者以为舟帆、货包，贸易各省。”[54]同一原料可以为多种行业提供加工产品。又如高州地区麻的生产与经营，“脂麻，作芝者，非一名。油麻，一名胡麻，有早、晚二种，黑、白、赤三色，茎者方，高者三四尺，可磨为酱，可酿酒，可榨油，黑者入药。电白沙院多，石城所产尤盛，通行外洋”[55]。一些地区农业产业经营的综合化还体现了产业联营的特点。据粤人郑之侨《农桑易知录》中所载：“山坡岭侧，虽不宜于五谷，何尝不宜于竹木？如毛竹一顷，五六年间根深盘结，萌芽滋盛，便可成林。唯锄去间草、杂柴、顽名（石），俾土气轻松，则竹木愈壮大。约二年一小收，三年一大收。不特挖笋做蔑，日用所需，且开槽做纸，其利更薄。做纸之法：将笋竹初开叶，砍入塘内，水浸百日。槌洗竹穰如苎麻样，用石灰水化汁，涂竹下锅，上盖大楻桶，煮七八日。取出竹丝漂洗，用柴灰浆过，再入釜中，煮水滚沸，取出别桶之中，仍以灰汁淋下。至十余日，自然臭烂，入臼受舂，如同泥面。倾入槽内，槽内清水浸浮其面三寸许，入纸药水汁于其中，则水干自成洁白。用手持竹簾，入水荡起，浮上者即为纸。落于板上，积满揭起，焙干起出，即其法也。至于桐、柏、茶树，无山不可栽插，随山坪高低，种植成行。桐树四年，茶树六年，即开花结子，及时拾取榨油，榨之之法：用合抱樟木而空其中，以受诸质，名为平槽；下沿凿一小孔，飞剷一小槽，使油出时流入承藉器中。实槽尖与枋，过斧斤而不过铇，盖欲其涩，不欲其滑，惧报转也。撞木与受撞之尖，皆以铁圈裹者，慎破散也。榨具整备，而后取茶子、桐子入锅慢炒，以香气为度，碾碎而筛，入釜甑蒸。取出，束以稻梢，包裹如饼，箍入槽内，两人对举而撞之，其油自依法流出。茶子每石得油十七八斤，桐子亦得油每石可三十三四斤。其渣名曰枯饼，壅田甚佳，其获利甚多如此。至杉、松杂木，遍地可栽，培育繁茂。其中如药材、木耳、菇蕈、栗子、葛根之类，亦附此滋生。”[56]农业产业经营已形成了综合统筹生产、综合经营利用的系统化运作工程，而且具有广泛性与普遍性。又如增城地区，“柴、炭二项，出产县境上游各都。缘近山居人，以林木为恒产。山植松树，间年可薙取其枝，十年可成修干，子落其下，旋生小松，分年编次，按期采伐，周而复始，每年皆有所获。大者且为器用，其他杂木运途远者，则窑黄为炭。商贾业此者，肩负舟运，水陆亦交错焉”[57]。再如西宁地区的樟木，“有大叶、细叶两种，邑人采其枝叶或木屑，入甑蒸之，有白粉升粘釜底，即成樟脑。入药。子榨其油，可燃灯。又樟叶，有虫食之，土人呼曰天蚕，至四月间熟，擘取其丝，长六七尺不等，可鬻为钓、缗之用，价甚贵”[58]。说明即使在山区或较落后地区，农业产业经营的综合化发展也有相当水平。

其二，清代广东农业产业经营的综合化特色还表现在一些产业行业通过某种组合架构形式，如公司、商号等，形成了农工商一体化的产业联营。如清末民初的始兴县太平镇，据调查：“太平镇各行业经营，大致分为两大类，一类是商品购进销出，单纯做生意，另一类是经营与服务合一，既做生意又参加劳动。”如木排行，“该行经营（一部分兼营竹、木生意）老板在林区买下一片山林，雇工砍伐后，扎成筏，然后顺流而下，销往广州、佛山、顺德一带。主要商号有仁安、鸿昌、刘古、刘苟记，一共九家。竹木生意往往大宗成交，获利不菲”[59]。又如阳山地区凤山的陈采堂，“少年时迁黎埠凤山拱桥坑，初时，耕作糊口，后贩米、酿酒、养猪以积聚财富。同治初年，与原伙伴刘崇荣拆伙，自创捷成商号。……之后，经营油榨、糖寮，兼营开矿，而富甲一方。富而济世，造桥修路，修葺凉亭，捐巨资赈灾”[60]。陈氏集生产、加工、销售于一体，实行公司或商号的统筹运作。又如海南地区，据《民国儋县志》上册所载：“清风乡属之四故村边，自侨植公司开垦种植橡胶、烟叶，橡胶不甚起色，惟种获之烟叶卷成烟仔，其味甚佳。经运往省港发沽，获利甚巨。”[61]农业产业经营中生产、加工、销售一体化经营的初步发展，有利于减少经营成本、提高经营效率，推动了广东农业产业经营进一步向公司化与集团化的近代产业发展方向迈进。

其三，清代广东农业产业经营普遍体现了循环经济的特色。首先表现在农业产业经营的集约化模式，根据不同经济作物的生长特性，采取间接混种的方式，优化配置，形成了一地多用、一地善用

的种植模式，缩短了土地资源的利用周期，提高了土地的利用程度。有谓："沙亭乡江畔。有沙地二三十亩。其种宜排草。农人以重价佃之。春以播秧。至六月始终排草。十月收之。其根长五六尺。卖以合香。叶以泥渍使干。卖与番人为药。每地一亩。以半种姜芋。以半种排草。以菜麸壅之。次年则以种姜芋者种排草。必相易也。农人喜种排草。其利甚厚。惜宜种之地。不能多有。沙亭之外。如潭山、大岭间。亦有数十亩焉。"[62]通过作物的间接混种，趋利避害，有利于降低农业产业的经营风险。据载："如沙田因在海边，不患旱而患风。风至伤禾，瞬即成灾，最为可畏。其次患水，咸流猝至，或潦水积滞不通，亦伤禾稼。防此两患，为业者乃各就地势或地权筑围。围基高丈余，阔数丈，于潮落后，深挖河中之泥而为之。一面阻水之入围，一面利水之出海，至相得也。基上种蕉，间以番石榴及荔枝。荔枝根能护泥，树能阻风，果又最佳。但种之多年，乃有收益。番石榴比荔枝略差，而成长较速，不过两年，使绿叶或荫子满枝矣。蕉则更快，数月之间，便收大数，为围基必种之树。近年亦有种蔗者，蔗可榨糖，其利尤大，而成本比较重，种之两年，便须改换，与蕉相同。两者相间种植，最为适当。"[63]

其次，清代广东农业产业经营的循环经济特色，还表现在形成了生态农业的产业经营链，最典型的是珠江三角洲的桑基鱼塘与果基鱼塘。珠江三角洲地区河汊纵横，土地肥沃，农民往往在低地挖塘，以塘泥为基，一方面防洪防水，另一方面充分利用基围种植桑果，同时在塘中养鱼，桑叶可以养蚕，蚕沙可以喂鱼，成为典型的产业循环经济，进一步促进了地区社会经济的良性互动。又如花生的种植和利用，有谓："粤省民间素用花生油，山间硗确，多种杂粮，而花生之利为最。山农贫苦，依此为生。花生既收，必须榨制，工作万千，藉以糊口，即榨油所余之花生枯，如北方之豆饼，用以粪田种蔗，取资甚多，为利甚厚，所销亦复不赀。故土产之货，花生油、花生枯为大宗，高、廉两府，生理尤大。”[64]通过发展循环经济，自然资源得到充分利用，产业经营效益进一步提高。

农业产业经营的循环经济特色，不仅促进了产业经营的优化配置，也有利于自然资源的充分利用，进一步提高了产业经营的发展效益，给地区农业生态带来了稳定的局面。

其四，清代广东农业产业经营的综合化发展特色，还表现在带动了相关辅助行业的兴盛。如荔枝的生产与经营，有载：“南海、东莞多水枝。增城多山枝。每岁估人鬻者。水枝七之。山枝三四之。载以栲箱。束以黄白藤。与诸瑰货向台关而北腊岭而西北者。舟船弗绝也。然率以荔枝、龙眼为正货。挟诸瑰货。必挟荔枝、龙眼。正为表而奇为里。奇者曰细货。不欲居其务。所谓深藏若虚也。广人多衣食荔枝、龙眼。其为栲箱者打包者各数百家。舟子车夫。皆以荔枝、龙眼赡口。”[65]又如，随着花果种植业的发展，生物防治技术也不断提高，如利用蚂蚁作为花果树木的防虫工具，开始具有重要的产业价值。据载：“广中蚁冬夏不绝，有贸蚁者以纸囊盛而饲之，种树家买取置树头，则花果不为虫蚀，或收其子为酱食。”[66]养蚁也成为广东农业产业经营中的副业行业。

清代广东农业产业经营的综合化发展，在人地关系中不断优化资源配置，人尽其力，地尽其用，加大产出，进一步提高了产业经营的经济效益。

第三节　产业营销商业化

清代广东农业产业经营的另一个重要发展特色，就是商业化程度较高。在清代商品经济浪潮中不断成长的广东农业产业经营的发展历程也充分说明了这一点。

其一，各种各样的商业化专业市场越来越兴盛，遍及各地。如

英德河头市，“河头市，在望夫冈河边，一名鱼花埠，在北帝庙前，每春，南海九江客贩卖鱼花，必泊舟于此，四方来头鱼花者，皆聚此”[67]，这属于鱼花市。又如番禺地区，“更有特别之墟市，则贸易之品限于一物，依期常开者，谓之墟。如新造之牛墟、黄陂之猪仔墟、市桥蔡边之布墟是也。届时乃开者谓之市，如大塘之果市、南村之乌榄市、钟村南村之花生市是也”[68]。专业化墟市已经十分普遍，市场行业种类繁多。佛山地区由于工商业的发展，其专业市的兴旺更为典型。如茧市，“旧在沙头墟新市竹桥之东，后迁万安通津，光绪甲申年建”。花市，“在新市大有街”。桑市，“在儒村乡，金瓯乡约前”。鱼市，“在儒村乡口金瓯书院前”。菜市、茧市，“俱在澜石乡正埠”[69]。专业性商业市场一般只有在商业化程度较高的条件下才有可能生存和发展，单一的商品已能够在交易规模、交易利润方面对商业化专业市场进行强力支撑，反映了社会商品经济的高度发展。如清末香山地区，一些墟市交易的规模就非同小可。“县属商业，除澳门外，以城南石岐为总汇，各乡墟市亦有号称畅旺者，如四都之榄边墟，大都之南莳墟，古镇之乌石墟，阛圆颇盛，榄边茧市，岁入百余万两，黄圃茧市，获利亦丰。”[70]商业化专业市场也是为了适应产业经营的专业化生产而逐步发展的，有利于地区商业化市场的进一步拓展。

其二，清代广东农业产业经营的商业化特色，还体现在已经建立起稳定有序的商业链，这主要表现在商业中介机构不断发展壮大。据《粤海关十年报告（1882—1891）》载：“在本省，茶叶是许多小种植者经营的。他们在乡村市场上把茶叶售给茶行，由茶行将茶营运到通商口岸出售，或就地卖给广州商人，外国商人再从广州商人手中进货。”[71]通过商行等商业中介机构，把生产者手中的商品转移到消费者手中，建立起了完整的产销途径，最终完成了商品运行机制，体现了近代商业化的进程。

类似的商业中介机构，有的称为“栏”，有的称为“行”等。

如广州，“凡食物所聚，皆命曰栏。贩者从栏中买取，乃鬻诸城内外。栏之称，惟两粤有之。粤东之栏以居物，粤西之栏以居人。居物者以果栏为主，果蓏之实，四时间百品芬甘，少干多湿。可爱也”。又“羊城呼市为栏，如竹栏、油栏、果栏之类”[72]。又有谓：“濠畔街鬻果之肆，谓之果栏。栏中所储多未易识认，少干多湿。贩者从栏中买取，转售城内外。其贾人岁以板箱载荔枝、龙眼而北者，谓之果箱。”[73]商业中介机构的发展，又以佛山为典型。据《民国佛山忠义乡志》所载，清中晚期的佛山，商业中介机构林立，百业成行。大批商业中介机构从事中转批发买卖交易，呈现出一派繁荣景象。如“苧麻行，大者曰麻行，小者曰麻店。行代客沽货，法如平码行。麻来自湖南、四川。湖南麻销新会、香山、开平、雷州各属，四川麻销香港及汉口等埠。光绪末，业此者颇获厚利。近年麻之入口萃于省会，本乡营业不如前矣。现大者数家，小者十余家。堂名昭远”[74]。又如“柴栏行，有松柴、柯柴、集柴之别。来自清远、英德、四会、广宁、罗定及广西藤县等处。各水客购柴运到交栏代沽，一如平码行沽谷米之例。柴店、酒店及用柴多之家，恒赴栏购买，并有先到柴船视柴之干湿而订价者，全乡日销五、六十万斤。光绪初年每百斤值银约三毫，光绪末年倍之。近且涨至三倍，其原因一由于河道梗塞，二由于机器缫丝厂用柴颇多所致。业此者，大基尾及太平沙各有数家”[75]。又如“鸡、鸭栏行，专接各江运来之鸡鸭，代沽法与各行之栏同。酒席店屠户均到采买。至墟市之零卖者，则大率本地四乡人所养。大基尾有栏数家”[76]。这些商业中介机构，不仅只是从事简单的商品交收发卖，而且还分类拣选和包装有关商品，以提高商品的整体形态与质量。如佛山槟榔行，“前有十余家，因税厘过重，多迁往香港，今仅存数家。槟有南槟、洋槟之别，前者来自海南、崖州，后者来自南洋。到行后加以拣选，分别大小精粗，然后发售，故亦称筛择行，销行内地及西江等处”[77]，可知商业中介机构的功能越来越广泛。有些商业中介

机构直接收购、发卖商品，从中扣取佣金以获利。如“平码行，亦称九八行，专代广西暨东江、北江各水客销售谷、米、油、麴、豆、麦及各种杂货，包收包结。只于货价内酌扣佣银而已。本乡及各乡之业米、麦、油、豆者恒到行贩回分售。米之名用不一，精粗亦殊，多来自各江各埠，而尤以洋米为大宗。现有数家，堂名光裕”[78]。商业中介机构的发展经营颇为成熟，形式多样。佛山作为一个典型，全面地反映了清代广东农业产业经营商业化发展的历史进程与特色。

其三，在清代广东农业产业经营的商品流向中，外贸越来越占有重要的地位，这也是清代广东农业产业经营商业化发展的一个重要内容与方向。因为外贸的发展意味着商品的销售范围越来越广，已从地区市场迈入国际市场，并对清代广东农业产业经营的商业化发展提出了更高的要求。

清代广东农业产业经营，除了传统的茶、丝商品，其他不少农产品也从内销转向外销，而且数量不断增加。如葵扇，“每年出口约值银四十五万元，销于内地各省者十之九，由外洋采办者十之一”[79]。又如 1878 年，有载：“东莞是主要产糖区，它位于广东省的东南部，由于该区没有像广东西部那样遭受洪水侵袭，糖产区免于受灾。1878 年的出口量比 1877 年的 13.8 万担多出 6 万担，而过去五年的平均出口水平为 20 万担，所以 1878 年的出口量还未达到平均水平。现在很难确定究竟有多少食糖直接从产区用民船运往香港，因为运费和税收不断变化，每年用民船载运数量也不相同，所以在报表上食糖一栏的数字并非该年产量高低的体现。”[80]清代广东农业产业经营中，产品外销不断稳步发展，并且出现了新的发展趋向。

首先，一些产业商品的外销，有的是先运至澳门、香港等地进行再加工，然后运销海外。如 1887 年，据载：“出口至澳门之土货，首推茶、丝、糖、油及草包席。茶叶产自新会河沿岸之新宁、海平及鹤山等地，未经加工则运抵澳门烘烧、包装，再出口外洋。丝皆产自顺德。此地丝厂广布，多集中于西江左岸村落。然运抵澳门者，皆为生丝及大量之蚕茧，供缫丝用。糖、油、草席大多运自雷州、高州、钦州及海南岛，亦有不少葵扇、鸡蛋及生猪贸易。”[81]有的是把商品转运港澳地区，再直接外销。据《1892—1901 年拱北关十年贸易报告》中所载：“用来包装的草席（及茶、糖等），是西海岸地区的特产，如今列于重要出口货物的榜首。草席在雷州府编织，然后运至澳门，再转运到香港。本十年的第一年，此类货物居第四位，出口量近一千七百万件，值银三十万六千两；1901 年为二千五百五十万件，值银八十四万二千两。”[82]

其次，一些农产品的外贸数量和比例超过内贸。如“地席，这是用几种水草，如蒲草或其他类水草编织而成的。地席是广东的一项特产，有各种颜色和各种款式，且用途广泛，在欧洲和北美、南美越来越受欢迎。这里特别要提一下，最长的地席，有 4 英尺宽，30—40 码长。在 116 220 卷、价值 614 507 元的地席中，只有 7 505 卷运到中国各口岸，其余的都出口以满足外国市场的需要”[83]。甚至有些农产品可能专为满足外贸市场需要，而不再内销。清末广州河南地区商业最为繁盛，“有商店数千间，工厂数百间，席庄虽仅十余间，而所办洋庄席行销于外洋。河南洋庄草席，其草产自东安县属之连滩及东莞县属虎门一带地方采购编织，每年米利坚、佛兰西、德意志等国购买出洋，销价约银五十余万元。国外贸易尚得占一席，其余各墟市则农产品及日用品之贸易场耳，间有工艺品，然亦不多也”[84]。这说明，随着广东农业产业经营商业化程度的加深，产业经营中外贸出现了新的发展趋势。

其四，在清代广东农业产业经营商业化发展进程中，有时为了保持产品在市场中的竞争力与市场价值，商家往往对一些囤积已久而最终未能及时行销的产品采取弃销的策略，以保证产品在市场上的产业地位。如南海，“桑叶以鲜采者佳，然天气晴雨不时，不得

不多采以备用。且蚕忌食湿桑，故桑之收贮，必得爽垲之区，匀铺地面，勿使露风。上三造妨水气，水气旺则湿。下三造妨燥气，燥气盛则枯。要之，桑无论已采未采，过久不宜。农人遇蚕造不佳，桑入市无价，恒有贱售不得，弃诸海滨。未采者雇人落叶，免碍下造。生长职是之，故其利益又视乎蚕造为断”[85]。只有在商业高度发展的农业产业经营中，才会出现弃销商品的现象。

其五，在清代广东农业产业经营发展进程中，商业资本与高利贷资本的结合越来越密切。如1883年，有载：“以正在生长着的甘蔗为对象的抵押贷款，大多是月利二分的重利。放款人常常自己就是糖商。他们对产品得到的支配权力是这样，以致排除了外国商人参与本埠糖的贸易。”又如1905年，“彼种蔗之家，专恃本地富户借给资本。成糖之后，即缴送富户，堆存栈内，以待香港买客前来购运。查蔗收割压汁之时，总在九、十月间。而外来买客至新年后方到”[86]。即使在一些大规模的产业经营活动中，类似的货币资本关系也不断加强，越来越密切。如番禺地区，“捕鱼之船。即以所用渔具名之，每一度出海，所需工钱食用等费，千数百元不等，均预向鱼栏息借，一去多日，满载而归。船中咸鱼，交由鱼栏代售，除去本息及佣，所获余利，悉归船中之人”[87]。商业资本推动了农业产业经营向近代化的方向发展。商业资本与高利贷资本密切结合，双生共荣，也是商业高度发展的又一表现。

其六，随着农业产业经营商业化程度的提高，市场上的产品价格也随着市场需求的变化而不断波动，并且波动范围也不断扩大。如光绪年间清远地区，“竹笋茶芽，选后冈旧东门外，俨成行，商人网利争先到，垄断人多，价愈昂”[88]。又如清末阳江地区，“蟠龙山，与阳春分界，山种缩砂，比他处所产价常三倍”[89]，主要是以产品的质量与供求关系决定产品的市场价格。有的买卖双方还可以根据市场需求讨价还价，甚至囤货待沽。如广州地区，“贩卖土茶之商前赴茶山收买，出价过低。而茶山之人未能满意，不肯轻于售卖”[90]。

清代广东农业产业经营的商业化发展，表现形式多种多样，集中反映了清代广东农村经济日趋近代化的发展趋势与特点。

第四节　产业发展早期工业化

清代广东农业产业经营的发展趋势，也体现了早期工业化的特点。按照李伯重先生的解读：“早期工业化这个概念，本来就是为了区别于近代工业化。首先，近代工业化以机器大工业为基本特征，因此早期工业化自然以手工业为基本特征，是不言而喻的。毋庸赘言，在研究早期工业化时强调其手工业的特点，就没有必要了。其次，早期工业化研究关注的焦点是工业发展所导致的工业在经济中所占地位的提高。至于工业生产是靠手工还是机器进行，虽然也会涉及，但不是重点。再次，手工业与机器大工业之间并没有一道截然的界线。特别是在早期工业化时代中，复杂的手工操作往往也要依靠简单的机械和机器（在煤铁等生产中，这种情况尤为明显）。”[91]李先生或许主要是为了说明江南地区的经济发展状况，但这一论述同样适用于清代广东农业产业经营的发展。早期工业化，应该是传统手工业向近代机器工业过渡过程中所必然出现的历史阶段。早期工业化时代，虽然还是以手工业发展为主，但已使用一些简单的机器生产，个别行业甚至可能使用一些较为复杂的机器生产。而且在早期工业化阶段中，整个产业还具有新的生产力与创造力。在区域经济中，早期工业化经济具有重要的地位。在清代广东农业产业经营的发展过程中，我们有理由相信其也经历了早期工业化的历史进程，并且向近代工业化的方向不断推进。

清代广东农业产业经营中的早期工业化，表现最为突出的是缫丝业已经开始使用较为复杂的大机器生产。1872 年，商人陈启沅从

外国返乡，“在简乡村创设缫丝厂，名曰继昌隆，容女工六七百人，出丝精美，行销于欧美两洲，价值之高，倍于从前，遂获厚利。先是，乡间缫，丝循用旧法，闻启沅提议，创用汽机，咸非笑之。及工厂已成，果著成效”[92]。又有谓：“有南海人陈启源〔沅〕者以经商至安南，见法人在安南所经营之缫丝工厂，大有感悟，归乡之后，创设足踏器械，以人力代火力，所制生丝，较之法国所产无多逊，乡人争仿效之，其后遂进而改用蒸汽原动力，是为广东新式器械缫丝工场之起原。”[93]陈启沅开启了广东产业经营采用机器生产的新时代，大大提高了产业经营的生产效率与产品质量。但机器生产的推行开始并不顺利，1874 年，据外国人记载：“采用机器缫丝已引起很多人反对。有些批评是没有道理的，但有些批评则很动人听闻。机器动力代替手工操作，使人们在幻想中觉得恶果很多，这是主要的反对理由。……第二个理由是因为男女在同一厂房里工作，有伤风化。第三个理由是……工匠操纵机器，技艺不纯熟，容易伤人。人们又反对汽笛声音太吵闹，机器响声太大。又说高烟囱有伤风水。最近河南〔广州对岸〕建立了一个机器缫丝厂，遭到很多人反对。”[94]当时的中国处于没落的封建时代，新旧矛盾交替，任何新生事物的出现和发展都不可能是一帆风顺的。清代广东农业产业经营也不例外。实际上，广东缫丝业的机器生产，早在清初就已有所见，如“梁伟俊，字桂轩。顺德水藤乡人。康熙间来佛创立机房，名梁佛号，因家焉。诚实著闻，商业遂振”[95]。开始时机器生产规模还比较有限，即使在陈启沅开始了较大规模的机器生产之时，由于各种条件和因素的影响，清代广东在很长时期内仍处于机器生产与手工业生产或简单机器生产相互并存的局面，未能较为迅速迈向并普及大机器工业化生产。据吕学海在 1940 年 8 月的《顺德丝业调查报告》中指出：“顺德之缫丝方法：大别可分为三种：一为手机，二为汽机缫丝，三为足机。手机为最原始的方法，历史最长，其起源何时已不易稽考，惟今已逐渐淘汰。汽机缫丝，则于同治癸酉

〔一八七三年〕起源于南海西樵简村，而于同治甲戌〔一八七四年〕后采行于顺德。……至足机则亦起源于南海西樵简村，其发明约迟于汽机缫丝三数年。数十年来，汽机缫丝与足机并行不悖。关于经营方式，在手机时代多半为家庭式的手工业，即兼营的小商品生产工业。自汽机缫丝引用后，缫丝小工业就飞跃上工厂工业化的道路。"[96]说明在清代广东农业产业经营发展过程中，即使在缫丝行业中出现了一些较为复杂的机器生产，但仍未能完全摆脱手工业制作或简单机器生产的局面。有载："〔广东〕汽机缫丝的发明和引用，都比足机来得早些，可是盛行时期，却是相反。足机盛行于光绪初年，汽机缫丝则盛行于光绪中叶以后。有些人以为广东缫丝采用的程序，当然是用手机，而足机，有直到汽机缫丝，循着机械工业化之路一往无前的直进，或更以为足机的发明是比汽机缫丝早，这都是误会的。足机缫丝事业的发展，同时也是由于手工业丝织业的发展所推动的。因为织户正需要大量和价钱便宜的踊龕纴丝来作原料，至光绪末踊纴丝且更进一步与汽机缫丝的丝并行欧美，然终因丝质太劣，不能与车丝比较，而绝迹于欧美。"[97]

清代广东农业产业经营中的缫丝产业，尽管出现了一些类似大机器工业的生产形式，但是原始手工业生产以及简单机器的生产仍有较大的生存空间，表现出了早期工业化的发展特色。有谓："土丝为吾邑出口之大宗，缫丝之法，咸同间用手机，称手纴，亦曰大纴。光绪初又用足机，俗称踊纴。及光绪中叶用汽机缫丝者日盛，俗称鬼纴，又曰丝偈。手机成本轻，起丝亦少。足机起丝稍多，而沽价亦贱。惟汽机则费用虽繁，然丝条柔而价值高，其法尤良，其利尤钜，计土丝一项，全省所出约值四千万，吾邑占四分之三，此就光宣间言之。"[98]当然，在早期工业化的发展阶段，尽管传统手工业和简单机器生产与大机器生产并存，但是还是逐步朝着近代化全面大机器生产的方向发展。据报道："当足机引用的初期，通常只系由栽桑育蚕的农家，在家中设置一二具，蚕茧登造时，如遇茧价

则油喷出，停积成固体，名松香。全干鳞刺约一月内，其油始尽，油尽则松枯。松香为药材、蜡烛、串炮等重要原料，大迳出最多”[107]。又如樟木，“近有制樟脑及油，其利尤普”[108]。类似的产业加工不可能完全依靠手工生产，至少也需配置简单的机器进行生产加工。又如造纸业，在阳山地区，据调查，“清代，寨岗乡有人利用本地生产的竹类生产土纸。在中坑、高界、老厂等地各有纸湖四五个。光绪年间，石径村民潘挺学办起均安纸厂，每个纸湖收竹百多吨，年产湘纸、土纸约四十吨”。据称：“生产土纸完全手工操作，主要设备有纸湖、水碓、水槽、竹簾、搅筒、烘干房。其流程为：收购刚出叶的嫩竹，劈成竹片，捆绑成把，放入纸湖，加水混石灰浸泡三个月，发酵后捞成，放入水碓内舂成竹粉，再浸入水槽打浆，然后用竹簾捞纸浆，成为混土纸，经过干榨，烘干（或晾干），排除水分，制成土纸。”[109]实际上，生产过程不可能完全手工化，至少也可以利用畜力或水力等简单机械装置配合生产。

早期工业化的另一个重要标志，就是产业经营在当地的社会经济发展中占有重要地位。清代广东农业产业经营的发展，带动了整个区域经济的腾飞，在推动广东社会经济发展中具有重要意义。

首先，清代广东农业产业经营的早期工业化为产业经营带来了更多的产品品类，促进了生产数额的增加。在早期工业化阶段，虽然手工业生产方式和简单机器化生产方式仍然普遍存在，但在一些行业中已经出现了大机器生产方式，推动了生产工具的改革，必然对产业经营的发展产生重要的影响。如新会地区的麻布生产，“有原白、机白、波罗麻及粗布各种，采办湖南各处青麻、白麻，自行纺织。其先将纱漂白而后织者，为原白。织成布而后漂白者，为机白。用雷州麻生纱织成者，为波罗麻，均极匀细。每疋长十丈，价值十元至廿元间，称为新会夏布，远胜他处。张府志谓新会苧布甲于天下，其色如玉，其缕如丝，新会夏布之可贵，可知也。倘能加以织花斜纹各形，此业当更有进步”[110]。商品市场具有重要的号召力。又如新会的烟叶生产，“菸，宜于近山沙壤，故以鹤山产者最美。邑中种菸，各乡皆邻近鹤山之地也。菸以顶叶为最佳，顶叶每百斤值银十二两至十五两。邻邑鹤山，优者价至二十五两，是优劣之差价过半也。江门有工厂数家，制为菸丝，为邑中出口货之最大宗，亦有用以仿制淡芭菇者，惟未甚发达，将来有成，种菸者或尚可扩充也。此种嗜好物品，可利用之，以征地方税焉”[111]，可以对地方财政作出贡献。又如东莞地区，“计自邑之东北隅，多工纺织。黄家山布鬻给广惠两郡，西南则捆莞为席，辫麦为帽，穿绒为伞，他如拈针挫缫类，取办十指，皆不力耕”[112]。再如阳江，“望夫水，源出望夫山，东南流六里入壖洞河，是为望夫河口，自水源至此，俗皆呼为东水山，产茶极佳，沿河田少山多，居民多种竹，制纸为业”[113]，主要也是依靠农业产业经济维持地方的社会发展，一些产业成为地方经济的重要支柱，体现了早期工业化时代产业经营发展的特征。

其次，早期工业化阶段是从传统手工业向大机器工业逐步转化的历史阶段，所以，随着加工技术的提高和一些机器装置的利用，产业经营的产品质量得到了很大的提高，产品日新月异，新产品层出不穷。如“葵扇，出东莞，其贩于江浙者，特其粗者耳。其精者有彩画人物，极工致，又有柄中镂空，内刻人物，自能运动，其有兼金，大者长三四尺，可为腰扇障日，其葵亦有花”[114]。又如新会地区，“青纱布，麻出湖南宜章县，与四川所产不同，熟之以甑，漂之以灰，色转白。其先漂麻后织布者，名原白。织成布然后漂者，名机白。每匹长十丈，精者可值白金十余两，而次者亦值五六两，薄如沙縠，洁若雪霜，以田边潮莲、牛矢湾、沙塘、天亭织者尤佳，又一种质略粗色青者，以米泔浸洗数次，色如虾肉，制汗衫裤，极佳。邑产麻仔，能作线串及孝服”。“波罗麻、青纱布俱出河村等乡，商贩贸易，每年不下十余万匹，其青纱布愈浣愈白，故为四方所尚，外夷亦重之机白各处皆织，而以潮莲为最云。”[115]又如香山地区，“和兰豆，种出澳蕃，今处处种之，蔓生，花白，荚比藊豆，小而狭长，子青，脆软薄，味甘。近潮州人有以此为罐头品者，比欧洲种更粉腻，销路颇畅，本境如此仿之，亦一利源也”[116]。清代广东早期工业化阶段，通过引入机器化生产方式，改进生产加工工艺技术，使产品无论是数量还是质量，都能在地区市场甚至国际市场中具有更强的竞争力。

再次，早期工业化时代，由于产业经营的不断扩大和发展，需要吸纳更多的劳动力资源，因而使得产业生产从业人员愈来愈多，缓解了地区劳动力资源过剩的状况，使农村人口有了较多的职业出路。如高要地区，“竹丝纸扇，此扇附城人创造。道光初年只一二店，后以价廉，应用推行渐广，交通以来，遂畅销于南洋各埠，附城男女，多藉此艺以谋生”[117]。又如封川地区，“封川之利，纸、炭二厂为大，一人商之，工与运者百人，十人商之，工与运者千人，农忙则归田，农源则受僱，其食于厂者多矣”[118]。在产业经营的带动下，当地的劳动力资源得到充分的利用。又据外国人在1857年的记录，“在广州茶的制造很普遍，郊外很多地方都有，而茶行最多又最好的都在河南。我们坐船渡过珠江，进入一短程运河，便把我们引到人烟稠密的郊区。很多大的茶行就在眼前，据向导说这正是我们要访问的对象。这些茶行都是宏大而宽敞的两层楼的建筑。下层堆满了茶叶和操作工具，上层挤满了上百的妇女和小孩从事于拣茶和把茶分为各种各类的工作”[119]。产业经营的扩大和发展，对于提高地区劳动力的技术素质、加快城镇化的步伐，具有重要的意义。

最后，在清代广东农业产业经营的早期工业化阶段，由于机器工业的不断发展，生产效率进一步提高，一些小型机器也可以直接进入生产区域，给产业生产和加工带来了新的变革。据称，“1751年，有外国人在广东观察到，制糖季节来临之时，有制糖师傅带着自己的小型榨糖工具，在农村里流动加工，他们沿着水道移动，加工农民用船运来的甘蔗，榨汁榨糖”[120]。如阳山地区，据调查，“同冠的沙洲坝土层深厚，土壤肥沃，泥质疏松，耕作极为方便。又临河透水，而耐久旱，兼之地处亚热带而日照强，特殊的河谷地形，昼夜温差大，是种植甘蔗的宝地。清末民初时期，为了提高甘蔗的经济效益，便出现了就地加工甘蔗、蔗汁制糖的糖寮。道光初年（1822—1830），同冠河流域的黎埠就有糖寮 30 余间”[121]。这种情况，在传统手工业生产方式下是难以想象的。机器工业化生产和加工，给产业经营效益和效率的提高带来了新的机遇。

清代广东农业产业经营的早期工业化特点，表现为在传统手工业基础之上，结合简单的机器生产，并在一些行业开始引入一些大机器生产方式。由于生产力的提高，生产规模不断扩大，产量增加，质量提高，行业分工更为细密，在区域社会经济发展中产生了重要影响，具有重要的经济地位。清代广东农业产业经营的早期工业化，也为向近代大机器工业化生产的迈进打下了良好基础。

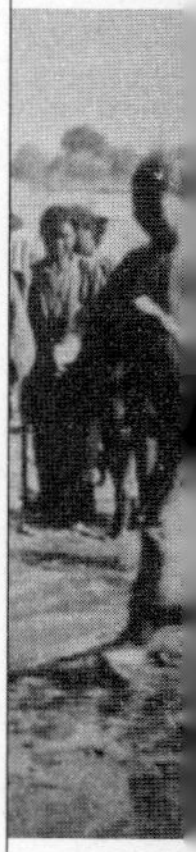

第五节 小结

清代广东农业产业经营的历史发展特点或许可以归纳为生产加工专业化、产业经营综合化、产业营销商业化和产业发展早期工业化等。清代广东农业产业经营历史发展特点的形成，既是广东地区社会经济发展的结果，也是广东农业产业经营发展的重要标志，同时显示了清代广东农业产业经营的发展方向。清代广东农业产业经营的历史发展特点，环环相扣，层层递进，形成了清代广东农业产业经营的系统工程与发展机制，对清代广东社会经济的进一步飞跃产生了重大影响，也成为清代广东发达的市镇化进程的重大推动力。

农业产业经营的专业化、综合化、商业化发展，推动了各种专业市场的形成。随着人流、物流的聚集和交往，人口不断增加，房

屋等附属设施也逐步固定化，进一步扩大了聚居和定居的范围。如南海地区，“箩竹墟，墟分上中下三处，上墟皆民居，中下墟店铺相连，约二百余家，墟内以织竹竹货为大宗”[122]。又如陆丰县大安墟，“在邑北三十里，商情以销咸鱼为大宗，碣石、汕尾之鱼，由水陆而来，络绎不绝，土产有青靛、油糖、烟叶、大蒜出口”[123]。又如阳江东平港，“港内东西相距五六里，南北相距百余丈，容积颇大，常有帆船数百搜湾泊。惟港口水浅，轮船不能入，其商场则在飞鹅山下海壖一带，有商店二百余间，蚕棚百余间，前后杂以民居。石仔地、沙背两处亦居商民，商务以渔业为大宗，船以罟艇为多”[124]。产业经营的发展，不仅推动了交换市场的不断扩大，也形成人流、物流的聚居点与聚集点，逐步成为地区性的工商业中心市镇。所以不少墟市和集市多开始于交通要道上，由于交通、人流和物流的畅旺，最终成为地区重要的城镇。如程乡地区南口圩，“在县治西三十里，旧有公馆，往省孔道也。旁列歇店，商贾货物，往来如织”[125]。又如东莞石龙镇，“为邑之北户，交通惠广，商贾如云，而鱼盐之利，蕉荔橘柚之饶，亦为东南诸邑之冠”。又有“晚近广九铁路告成，南北中贯，往来省港，完报中枢”[126]。这些地方都逐步发展成为重要市镇。著名的佛山镇更是一个典型。由于其产业经营专业化、综合化、商业化程度较高，而且也较早开始了早期工业化进程，所以人口不断增加，城镇范围不断扩大，最终发展成为全国有名的工商重镇。“佛山镇，离广州四十里，天下商贾皆聚焉，烟火万家，百货骈集，会城百不及一也。”[127]人口是城镇形成的重要元素。人口趋向通常具有趋利性，清代广东农业产业经营的专业化、综合化、商业化以及早期工业化特点，需要更多的劳动力资源，也可以为更多的劳动力提供更多的生产生活保障，因此往往成为人流聚汇之处，从而推动了地区市镇化的进程。如阳江地区，“据阮道志载：雍正九年至嘉庆二十三年，人丁二十九万三百四十一，男女统计。其后公私册籍，罕有记载，即倡行保甲，亦不过循例，编查至光绪三十四年，奉行地方自治及选举章程，本邑区域始划定为九区，又分城镇乡名目，不拘人数，余各区以人数在五万以上者为镇，不及五万者为乡，其时调查之数，如有较阮志时所载，又增十七万有奇矣”[128]。阳江地区只是清代广东市镇化进程的一个缩影，但实际上也反映了清代广东市镇化过程中人口不断增多的历史事实。正如《道光佛山忠义乡志》卷一《乡俗志》中所谓：“佛山商旅所聚，店肆多于农田。”

清代广东农业产业经营的发展特点，进一步刺激了地区社会经济的飞跃发展，加速了劳动力资源的优化配置，推动了农村发达地区市镇化程度的提高，成为广东近代化进程的重要内容与发展方向。

注释：

[1]《香山明清档案辑录》，上海：上海古籍出版社 2006 年版，第 977 页。

[2]（清）屈大均：《广东新语》卷二十五《木语》，北京：中华书局 1985 年版，第 633—634 页。

[3]（清）屈大均：《广东新语》卷二十五《木语》，北京：中华书局 1985 年版，第 624—626 页。

[4]《民国增城县志》卷九《实业》，《中国地方志集成·广东府县志辑》第 5 册，上海：上海书店 2003 年版，第 452 页。

[5]《宣统南海县志》卷十一《艺文略》，《中国地方志集成·广东府县志辑》第 30 册，上海：上海书店 2003 年版，第 251 页。

[6]《民国佛山忠义乡志》卷六《实业》，民国十二年（1923）刻本。

[7]《香山县乡土志》卷十四，中山市地方志编纂委员会办公室，1988 年。

[8]（清）屈大均：《广东新语》卷二《地语》，北京：中华书局 1985 年版，第 42—43 页。

[9]《宣统番禺县续志》卷十二《实业志》，《中国地方志集成·广东府县志辑》第 7 册，上海：上海书店 2003 年版，第 164 页。

[10]（清）屈大均：《广东新语》卷十六《器语》，北京：中华书局 1985

年版，第453—454页。

[11]《道光新会县志》卷一《图说》，《中国地方志集成·广东府县志辑》第33册，上海：上海书店2003年版，第91页。

[12]《宣统番禺县续志》卷十二《实业志》，《中国地方志集成·广东府县志辑》第7册，上海：上海书店2003年版，第175页。

[13]（清）屈大均：《广东新语》卷二《地语》，北京：中华书局1985年版，第59页。

[14]（清）顾祖禹：《读史方舆纪要》卷一百一，北京：中华书局2005年版，第4598页。

[15]《同治河源县志》卷十一《风俗志》，《中国地方志集成·广东府县志辑》第17册，上海：上海书店2003年版，第332页。

[16]《光绪海阳县志》卷八《舆地略七》，《中国地方志集成·广东府县志辑》第26册，上海：上海书店2003年版，第452页。

[17]（清）张渠撰，程明校点：《粤东闻见录》卷下，广州：广东高等教育出版社1990年版，第97页。

[18]《光绪信宜县志》卷一《舆地十三》，《中国地方志集成·广东府县志辑》第38册，上海：上海书店2003年版，第445页。

[19]《宣统高要县志》卷十一《食货篇二》，《中国地方志集成·广东府县志辑》第47册，上海：上海书店2003年版，第152页。

[20]《民国赤溪县志》卷二《舆地下》，《中国地方志集成·广东府县志辑》第35册，上海：上海书店2003年版，第57页。

[21]《民国佛山忠义乡志》卷六《实业》，民国十二年（1923）刻本。

[22]《宣统番禺县续志》卷十二《实业志》，《中国地方志集成·广东府县志辑》第7册，上海：上海书店2003年版，第178页。

[23]《宣统番禺县续志》卷十二《实业志》，《中国地方志集成·广东府县志辑》第7册，上海：上海书店2003年版，第178页。

[24]邬庆时：《广东沙田之一面》，《广东文史资料精编》上篇第3卷，北京：中国文史出版社2008年版，第21页。

[25]《宣统高要县志》卷十一《食货篇二》，《中国地方志集成·广东府县志辑》第47册，上海：上海书店2003年版，第154页。

［26］（清）张渠撰，程明校点：《粤东闻见录》卷下，广州：广东高等教育出版社 1990 年版，第 115 页。

［27］（清）张渠撰，程明校点：《粤东闻见录》卷下，广州：广东高等教育出版社 1990 年版，第 14 页。

［28］《光绪广州府志》卷十五《舆地略七》，《中国地方志集成·广东府县志辑》第 1 册，上海：上海书店 2003 年版，第 275 页。

［29］《嘉庆澄海县志》卷六《风俗》，《中国地方志集成·广东府县志辑》第 26 册，上海：上海书店 2003 年版，第 62 页。

［30］《道光英德县志》卷十六《物产略》，《中国地方志集成·广东府县志辑》第 12 册，上海：上海书店 2003 年版，第 503 页。

［31］（清）张庆长撰，王甫校点：《黎岐纪闻》，广州：广东高等教育出版社 1992 年版，第 122 页。

［32］《民国花县志》卷六《实业志》，《中国地方志集成·广东府县志辑》第 4 册，上海：上海书店 2003 年版，第 55 页。

［33］《同治韶州府志》卷十一《舆地略》，《中国地方志集成·广东府县志辑》第 8 册，上海：上海书店 2003 年版，第 230 页。

［34］《乾隆新兴县志》卷二十八《物产》，《中国地方志集成·广东府县志辑》第 48 册，上海：上海书店 2003 年版，第 435 页。

［35］《光绪揭阳县续志》卷四《物产》，《中国地方志集成·广东府县志辑》第 29 册，上海：上海书店 2003 年版，第 626 页。

［36］《新会乡土志》卷十四，香港：香港冈州学会 1970 年版，第 135 页。

［37］《宣统高要县志》卷十一《食货篇二》，《中国地方志集成·广东府县志辑》第 47 册，上海：上海书店 2003 年版，第 516 页。

［38］《宣统高要县志》卷十一《食货篇二》，《中国地方志集成·广东府县志辑》第 47 册，上海：上海书店 2003 年版，第 516 页。

［39］《民国佛山忠义乡志》卷六《实业》，民国十二年（1923）刻本。

［40］《民国佛山忠义乡志》卷六《实业》，民国十二年（1923）刻本。

［41］《民国开平县志》卷六《舆地下》，《中国地方志集成·广东府县志辑》第 34 册，上海：上海书店 2003 年版，第 319—320 页。

［42］《宣统高要县志》卷十一《食货篇二》，《中国地方志集成·广东府

县志辑》第 47 册，上海：上海书店 2003 年版，第 150 页。

［43］《宣统番禺县续志》卷十二《实业志》，《中国地方志集成 · 广东府县志辑》第 7 册，上海：上海书店 2003 年版，第 182 页。

［44］《道光新会县志》卷二《物产》，《中国地方志集成 · 广东府县志辑》第 33 册，上海：上海书店 2003 年版，第 133 页。

［45］（清）张渠撰，程明校点：《粤东闻见录》卷下，广州：广东高等教育出版社 1990 年版，第 100 页。

［46］（清）屈大均：《广东新语》卷十四《食语》，北京：中华书局 1985 年版，第 372 页。

［47］（清）张渠撰，程明校点：《粤东闻见录》卷上，广州：广东高等教育出版社 1990 年版，第 58 页。

［48］《民国始兴县志》卷四《舆地略》，《中国地方志集成 · 广东府县志辑》第 11 册，上海：上海书店 2003 年版，第 78 页。

［49］（清）张庆长撰，王甫校点：《黎岐纪闻》，广州：广东高等教育出版社 1992 年版，第 123 页。

［50］《民国佛山忠义乡志》卷六《实业》，民国十二年（1923）刻本。

［51］（清）屈大均：《广东新语》卷二十五《木语》，北京：中华书局 1985 年版，第 634 页。

［52］广州市地方志编纂委员会办公室、广州海关志编纂委员会编译：《近代广州口岸经济社会概况——粤海关报告汇集》，广州：暨南大学出版社 1995 年版，第 886—887 页。

［53］《宣统高要县志》卷三《食货篇三》，《中国地方志集成 · 广东府县志辑》第 47 册，上海：上海书店 2003 年版，第 50 页。

［54］（清）张渠撰，程明校点：《粤东闻见录》卷下，广州：广东高等教育出版社 1990 年版，第 101 页。

［55］《光绪高州府志》卷七《舆地七》，《中国地方志集成 · 广东府县志辑》第 36 册，上海：上海书店 2003 年版，第 84 页。

［56］（清）陈舜系等撰，李龙潜等点校：《明清广东稀见笔记七种》，广州：广东人民出版社 2010 年版，第 102—103 页。

［57］《民国增城县志》卷九《实业》，《中国地方志集成 · 广东府县志辑》

第5册，上海：上海书店2003年版，第454页。

[58]《民国西宁县志》卷十四《食货三》，《中国地方志集成·广东府县志辑》第51册，上海：上海书店2003年版，第115页。

[59] 曾汉祥主编：《始兴县的传统经济、宗族与宗教文化》，国际客家学会，2003年，第46页。

[60] 谭伟伦等主编：《阳山、连山、连南的传统社会与民俗（上）》，国际客家学会，2006年，第83页。

[61] 转引自陈光良：《海南经济史研究》，广州：中山大学出版社2004年版，第321页。

[62]（清）屈大均：《广东新语》卷二十六《香语》，北京：中华书局1985年版，第682页。

[63] 邬庆时：《广东沙田之一面》，《广东文史资料精编》上篇第3卷，北京：中国文史出版社2008年版，第20页。

[64] 姚贤镐编：《中国近代对外贸易史资料（1840—1895）》（第三册），北京：中华书局1962年版，第1388页。

[65]（清）屈大均：《广东新语》卷二十五《木语》，北京：中华书局1985年版，第624—625页。

[66]《光绪潮阳县志》卷十三《杂录》，《中国地方志集成·广东府县志辑》第28册，上海：上海书店2003年版，第191页。

[67]《道光英德县志》卷六《建置略下》，《中国地方志集成·广东府县志辑》第12册，上海：上海书店2003年版，第313页。

[68]《宣统番禺县续志》卷十二《实业志》，《中国地方志集成·广东府县志辑》第7册，上海：上海书店2003年版，第180页。

[69]《宣统南海县志》卷六《建置略》，《中国地方志集成·广东府县志辑》第30册，上海：上海书店2003年版，第194—195页。

[70]《民国香山县续编》卷二《舆地》，《中国地方志集成·广东府县志辑》第32册，上海：上海书店2003年版，第509页。

[71] 广州市地方志编纂委员会办公室、广州海关志编纂委员会编译：《近代广州口岸经济社会概况——粤海关报告汇集》，广州：暨南大学出版社1995年版，第860—861页。

［72］（清）黄佛颐：《广州城坊志》卷四，广州：广东人民出版社 1994 年版，第 450 页。

［73］（清）张渠撰，程明校点：《粤东闻见录》，广州：广东高等教育出版社 1990 年版，第 92 页。

［74］《民国佛山忠义乡志》卷六《实业》，民国十二年（1923）刻本。

［75］《民国佛山忠义乡志》卷六《实业》，民国十二年（1923）刻本。

［76］《民国佛山忠义乡志》卷六《实业》，民国十二年（1923）刻本。

［77］《民国佛山忠义乡志》卷六《实业》，民国十二年（1923）刻本。

［78］《民国佛山忠义乡志》卷六《实业》，民国十二年（1923）刻本。

［79］《新会乡土志》卷十四，香港：香港冈州学会 1970 年版，第 147 页。

［80］广州市地方志编纂委员会办公室、广州海关志编纂委员会编译：《近代广州口岸经济社会概况——粤海关报告汇集》，广州：暨南大学出版社 1995 年版，第 217 页。

［81］莫世祥等编译：《近代拱北海关报告汇编（1887—1946）》，澳门：澳门基金会 1998 年版，第 126 页。

［82］莫世祥等编译：《近代拱北海关报告汇编（1887—1946）》，澳门：澳门基金会 1998 年版，第 53 页。

［83］广州市地方志编纂委员会办公室、广州海关志编纂委员会编译：《近代广州口岸经济社会概况——粤海关报告汇集》，广州：暨南大学出版社 1995 年版，第 81 页。

［84］《宣统番禺县续志》卷十二《实业志》，《中国地方志集成·广东府县志辑》第 7 册，上海：上海书店 2003 年版，第 180 页。

［85］《宣统南海县志》卷四《舆地略三》，《中国地方志集成·广东府县志辑》第 30 册，上海：上海书店 2003 年版，第 153 页。

［86］李文治编：《中国近代农业史资料第一辑（1840—1911）》，北京：生活·读书·新知三联书店 1957 年版，第 527—528 页。

［87］《宣统番禺县续志》卷十二《实业志》，《中国地方志集成·广东府县志辑》第 7 册，上海：上海书店 2003 年版，第 176 页。

［88］《民国清远县志》卷十四《土产物》，《中国地方志集成·广东府县志辑》第 13 册，上海：上海书店 2003 年版，第 452 页。

[89]《民国阳江县志》卷四《地理四》，《中国地方志集成·广东府县志辑》第40册，上海：上海书店2003年版，第207页。

[90]李文治编：《中国近代农业史资料第一辑（1840—1911）》，北京：生活·读书·新知三联书店1957年版，第532页。

[91]李伯重：《江南的早期工业化（1550—1850年）》，北京：社会科学文献出版社2000年版，第26页。

[92]《宣统南海县志》卷二十一《列传》，《中国地方志集成·广东府县志辑》第30册，上海：上海书店2003年版，第432页。

[93]彭泽益编：《中国近代手工业史资料（1840—1949）》（第二卷），北京：中华书局1962年版，第44页。

[94]彭泽益编：《中国近代手工业史资料（1840—1949）》（第二卷），北京：中华书局1962年版，第45页。

[95]《民国佛山忠义乡志》卷十四《人物六》，民国十二年（1923）刻本。

[96]彭泽益编：《中国近代手工业史资料（1840—1949）》（第二卷），北京：中华书局1962年版，第50—51页。

[97]彭泽益编：《中国近代手工业史资料（1840—1949）》（第二卷），北京：中华书局1962年版，第53页。

[98]《民国顺德县志》卷一《舆地》，《中国地方志集成·广东府县志辑》第31册，上海：上海书店2003年版，第499—500页。

[99]彭泽益编：《中国近代手工业史资料（1840—1949）》（第二卷），北京：中华书局1962年版，第53页。

[100]汪敬虞编：《中国近代工业史资料第二辑（1840—1949）》（下册），北京：中华书局1957年版，第697页。

[101]《香山县乡土志》卷十四，中山市地方志编纂委员会办公室，1988年。

[102]《香山县乡土志》卷十四，中山市地方志编纂委员会办公室，1988年。

[103]彭泽益编：《中国近代手工业史资料（1840—1949）》（第二卷），北京：中华书局1962年版，第114页。

年版。

［28］《新会乡土志》，香港：香港冈州学会1970年版。

［29］《曲江乡土志》，曲江县地方志编纂委员会办公室，1987年版。

［30］《深圳旧志三种》，深圳：海天出版社2006年版。

［31］《程乡县志》，广东中山图书馆，1993年版。

［32］《乾隆嘉应州志》，广东中山图书馆，1991年版。

［33］（清）张嶲撰，郭沫若点校：《崖州志》，广州：广东人民出版社1983年版。

［34］《民国佛山忠义乡志》，民国十二年（1923）刻本。

［35］《明清佛山碑刻文献经济资料》，广州：广东人民出版社1997年版。

［36］《〈申报〉广东资料选辑》，广东省档案馆，1995年版。

［37］《中国科技史资料选编——农业机械》，北京：清华大学出版社1982年版。

［38］李文治编：《中国近代农业史资料第一辑（1840—1911）》，北京：生活·读书·新知三联书店1957年版。

［39］彭泽益编：《中国近代手工业史资料（1840—1949）》（第一卷），北京：中华书局1962年版。

［40］彭泽益编：《中国近代手工业史资料（1840—1949）》（第二卷），北京：中华书局1962年版。

［41］聂宝璋编：《中国近代航运史资料第一辑（1840—1895）》，上海：上海人民出版社1983年版。

［42］聂宝璋编：《中国近代航运史资料第二辑（1895—1927）》，上海：上海人民出版社1983年版。

［43］姚贤镐编：《中国近代对外贸易史资料（1840—1895）》，北京：中华书局1962年版。

［44］《近代中国史料丛刊》，台北：文海出版社1998年版。

［45］《广东文史资料精编（上编）》，北京：中国文史出版社 2008 年版。

［46］《香山明清档案辑录》，上海：上海古籍出版社 2006 年版。

［47］广州市地方志编纂委员会办公室、广州海关志编纂委员会编译：《近代广州口岸经济社会概况——粤海关报告汇集》，广州：暨南大学出版社 2006 年版。

［48］莫世祥等编译：《近代拱北海关报告汇编（1887—1946）》，澳门：澳门基金会 1998 年版。

［49］《清实录经济史资料（农业编）》，北京：北京大学出版社 1989 年版。

二、学术专著及论文

［1］《珠江三角洲农业志》，佛山地区革命委员会，1976 年版。

［2］方行等主编：《中国经济通史·清代经济史》，北京：中国社会科学出版社 2007 年版。

［3］王双怀：《明代华南农业地理研究》，北京：中华书局 2002 年版。

［4］周宏伟：《清代两广农业地理》，长沙：湖南教育出版社 1998 年版。

［5］谭棣华：《清代珠江三角洲的沙田》，广州：广东人民出版社 1993 年版。

［6］李伯重：《江南的早期工业化（1550—1850 年）》，北京：社会科学文献出版社 2000 年版。

［7］李伯重：《江南农业的发展（1620—1850）》，上海：上海古籍出版社 2002 年版。

［8］吴郁文：《广东省经济地理》，北京：新华出版社 1986

［36］邓芬：《桑基鱼塘——珠江三角洲主要农业特色》，《农业考古》2003年第3期。

［37］刘志伟：《清代广东地区商品经济的发展》，《中国经济史研究》1988年第2期。

［38］李龙潜：《明清时期广东墟市的类型及其特点》，《学术研究》1982年第6期。

［39］穆素洁：《商业性农业及其变化限度：1644—1834年的珠江三角洲》，《广东社会科学》1989年第7期。

［40］冼剑民：《清代广州城郊农业的模式和演进》，《广东社会科学》2005年3月。

［41］许檀：《鸦片战争后珠江三角洲的商品经济与近代化》，《清史研究》1994年第3期。

［42］许檀：《明清时期农村集市的发展》，《中国经济史研究》1997年第2期。

［43］叶显恩：《略论珠江三角洲的农业商业化》，《中国社会经济史研究》1986年第2期。

［44］叶显恩、谭棣华：《明清珠江三角洲农业商业化与墟市的发展》，《广东社会科学》1984年第2期。

［45］姜守鹏：《清代前期广东商业性农业的发展》，《华南农业大学学报》1983年第4期。

［46］周雪香：《明清闽粤边客家地区商品流通与城市市场》，《中国经济史研究》2007年第2期。

［47］连浩鋈：《晚清时期广东对外贸易及其对农村社会经济的影响》，《中国社会经济史研究》1990年第3期。